新文科背景下
管理案例的开发与教学应用

陈明 编著

华南理工大学出版社
SOUTH CHINA UNIVERSITY OF TECHNOLOGY PRESS
·广州·

图书在版编目（CIP）数据

新文科背景下管理案例的开发与教学应用/陈明编著. —广州：华南理工大学出版社，2024.12

ISBN 978-7-5623-7482-4

Ⅰ.①新… Ⅱ.①陈… Ⅲ.①高等学校-文科（教育）-教案（教育）-研究 Ⅳ.①G642.421

中国国家版本馆 CIP 数据核字（2023）第 220209 号

新文科背景下管理案例的开发与教学应用
陈　明　编著

出 版 人：	房俊东
出版发行：	华南理工大学出版社
	（广州五山华南理工大学17号楼，邮编510640）
	http://hg.cb.scut.edu.cn　E-mail：scutc13@scut.edu.cn
	营销部电话：020-87113487　87111048（传真）
策划编辑：	吴翠微
责任编辑：	宗　艺　刘　锋
责任校对：	王洪霞
印 刷 者：	广州一龙印刷有限公司
开　　本：	787mm×1092mm　1/16　印张：16　字数：410千
版　　次：	2024年12月第1版　印次：2024年12月第1次印刷
定　　价：	65.00元

版权所有　盗版必究　印装差错　负责调换

前　言

案例教学（case method）是由美国哈佛法学院前院长克里斯托弗·哥伦布·朗代尔（C. C. Langdell）于1870年首创，后经哈佛企管研究所所长郑汉姆（W. B. Doham）推广，并从美国迅速传播到世界许多地方，被认为是代表未来教育方向的一种成功的教育方法。20世纪80年代，案例教学被引入我国。

在课程教学中，要选择适合的案例来使用。所有的案例都是为了一定的教学目的开发的，选择案例一定要考虑案例开发者的着眼点。有的案例着眼于方案选择，有的案例着眼于过程推理，有的案例着眼于人物线索，有的案例着眼于故事情节。不同的着眼点反映了开发者不同的意图，服务于不同的教学目的，自然也会带来不同的教学效果。

案例教学的目标是启发学生对现实问题的思考、讨论和进一步探索，基于问题和探索问题是这种教学方法的核心特点，而案例中所富含的鲜明、强烈和错综复杂的问题意识则是引发学生思考与讨论的出发点。

不同主题的案例强调不同的理论背景，也体现不同的理论方面的要求，有的旨在应用某些理论观点来进行决策或判断，有的则用以阐发某些理论的应用价值，有的要质疑某些理论并引导学生发散性地思考，有的则重在给学生一定理论思考的空间，以激发各种闪光的思想，等等。

教育部提出要促进"产教融合"，教育要为社会实践服务，要为解决社会问题服务。同时，教育部大力主张开发"金课"，这些课程不但要传授知识，而且要注重学以致用，让学生们在学习中学会运用理论剖析现象、分析矛盾，提出方案。案例教学不但能够鼓励学生独立思考、引导学生从注重知识转向注重能力，同时还在教学过程中注重与学生的双向交流，从而可以促使教师加深思考，并根据不同学生的不同理解补充新的教学内容，进而显著提高教学效果。因此，案例的开发与应用就显得尤为重要。

2021年4月，习近平总书记在清华大学考察时强调"推进新工科、新医科、新农科、新文科建设"，这一重要讲话精神将推进"四新"建设在构建一流大学体系、用好学科交叉融合、调整升级现有学科专业体系、瞄准科技前沿和关键领域、加快培养紧缺人才等方面的催化，表明了"四新"建设与学科专业优化、创新能力提高、产学研用融合、时代新人培养有着紧密的联系。

新文科建设是新时代高等教育改革创新的重要举措，也是培养适应新时代要求的应用型复合型文科人才的必然选择。案例开发与应用作为一种有效的教学方法，能够构建以学生为主体、以教师为引导、以案例为载体的教学模式，促进文科知识和方法的交叉融合与实践应用。本书从新文科建设的背景、意义、特征和任务入手，分析了案例开发与应用在新文科建设中的作用和价值，探讨了案例开发与应用的基本原则、方法和步骤，总结了案例开发与应用的现状和存在的问题，展望了案例开发与应用的未来发展方向和趋势，对推动文科教育改革和学科发展、培养高素质文科人才具有重要的理论意义和实践价值。

案例教学，是一种开放式、互动式的新型教学方式。通常，案例教学要经过事先周密的策划和准备，要使用特定的案例并指导学生提前阅读，要组织学生开展讨论，进行反复的互动与交流。此外，案例教学一般要结合一定理论，通过各种信息、知识、经验、观点的碰撞来达到理论教学和启迪思维的目的。

在案例教学中所使用的案例既不是编出来讲道理的故事，也不是写出来阐明事实的事例，而是为了达成明确的教学目的、基于一定的事实而编写的故事，案例在被用于课堂讨论和分析之后会使学生有所收获，从而提高学生分析问题和解决问题的能力。

管理案例教学是适用于高等管理教育的独特手段。要有效地使用这种手段，提供高质量的案例，无疑是一个极为重要的前提。因此，对于高等管理教育机构来说，优秀管理教学案例的开发与积累，便是一项重要性不亚于师资队伍培养与正规系列教材编写的基本建设项目。

有关管理案例的采写和开发，以及争取入库乃至评奖，各大案例库都有不同的范式。尤其针对用于实际教学的案例，各大案例库都有着各自不同的规定和要求，需要做进一步深入的探讨和总结。

为了给教师们提供一个快速掌握各大案例库入选案例的范式以及使用说明的途径，并帮助他们有效地将这些案例应用在MBA（Master of Business Administration，工商管理硕士）、EMBA（Executive Master of Business Administration，高级管理人员工商管理硕士）、MEM（Master of Engineering Managment，工程管理硕士）、MPAcc（Master of Professional Accounting，专业会计硕士）等课程的教学之中，本书选择了哈佛商学院案例库（简称"哈佛案例库"）、毅伟商学院案例库（简称"毅伟案例库"）、中欧国际工商学院案例库（简称"中欧案例库"）、中国管理案例共享中心（CMCC）案例库（简称"CMCC案例库"）、清华大学经济管理学院中国工商管理案例库（简称"清华案例库"）这五家目前国内外知名的案例库的优秀案例，一一进行剖析，详细介绍了管理案例开发的类型、原则、主题选择、范式规范等，供教师们参考学习。

此外，为了能更好地帮助教师在课堂中应用案例以开展教学，本书对笔者在全国工商管理专业学位研究生教育指导委员会于2021年开展的首届"全国管理案例教学精品课"评选出来的一门精品课程进行了全面的复盘整理，并对照案例原文以及使用说明，对课前、课中以及课后的具体步骤和实施要求进行了归纳，希望能帮助读者更好地理解本书所介绍的案例教学方法。

在本书的撰写过程中，得到了华南理工大学工商管理学院许治院长、万良勇副院长、华南理工大学MBA/MPAcc/MEM教育中心办公室宋丽主任、华南理工大学EMBA教育中心办公室徐瑛主任、华南理工大学MBA项目主管李卫宁教授、华南理工大学EMBA项目主管陈远志副教授、华南理工大学MPAcc项目主管谢军教授、华南理工大学MEM项目主管余建军副教授的大力支持，得到了华南理工大学工商管理学院张卫国教授、李志宏教授以及华南管理案例研究中心刘向阳副教授的热情指导。同时，参阅和引用了余凯成教授的著作《管理案例学》以及中国人寿保险股份有限公司上海保险研究院编撰的《案例研究与探索》中的诸多内容，并借鉴和引用了周长辉、郭文臣、王淑娟、陈世敏、马晓蕾、崔森、欧阳桃花、李纯青、王跃梅、王楠楠、李婷婷等各位专家学者的论文内容及观点，在此表示衷心的感谢。刘伊平和阳怡分别参与了第二章和第四章的写作，刘桠灵、王一涵、陈嘉淇、文泓、杨天宇、梅沈样、韩若曦，以及徐晓晖、陈彦霖、孙亦琳等参与了材料的收集与文稿的编写工作，特在此一并致谢！

全国 MBA 教育指导委员会中国管理案例共享中心管理案例精品课的网址为：http://www.cmcc-dlut.cn/CaseVideos/Index，若需案例原文与教学使用说明请联系华南管理案例研究中心，电话：020-87114100。

陈　明

2023 年 7 月于广州华园

目 录

第1部分 概述

第1章 新文科建设概述 ... 3

第2章 新文科背景下管理案例的开发与教学应用概述 ... 5
2.1 新文科背景下管理案例开发与教学应用的挑战及困境 ... 5
2.1.1 理论解释与管理实践的脱节是制约案例质量提升的首要挑战 ... 5
2.1.2 真实管理情景的缺失是制约人才培养的关键难题 ... 6
2.1.3 中国特色管理模式的价值模糊是制约本土化案例传播的现实困境 ... 6
2.2 新文科背景下管理案例开发与教学应用的指导思想 ... 7
2.2.1 以"学科交叉、彰显中国特色、师生共创"为指导思想 ... 7
2.2.2 以"案例课堂教学、企业实践应用"为实施原则 ... 8
2.3 新文科背景下管理案例开发与教学应用的实施原则 ... 9
2.3.1 讲好中国管理故事——兼具国际视野与中国特色 ... 9
2.3.2 共创交叉学科管理案例——兼备管理思维与技术思维 ... 11
2.3.3 培养管理领域时代新人——兼顾创新育人与文化育人 ... 14

第2部分 新文科背景下管理案例的开发

第3章 管理案例的定义、特点、形式与类型 ... 19
3.1 案例与管理案例 ... 19
3.1.1 案例 ... 19
3.1.2 管理案例 ... 20
3.2 管理案例的形式 ... 21
3.2.1 书面形式 ... 21
3.2.2 录像形式 ... 21
3.2.3 经历形式 ... 22
3.3 管理案例的类型 ... 22
3.3.1 描述型案例 ... 22
3.3.2 决策型案例 ... 23
3.4 应用管理案例的注意事项 ... 24
3.4.1 教师的主导作用 ... 24
3.4.2 以学生为主体 ... 24

3.4.3 总结与提升 …… 25

第 4 章 新文科背景下的管理案例开发要求 …… 26
4.1 传统管理案例开发的局限性与创新要求 …… 26
4.1.1 缺乏对新文科的充分认识和适应 …… 26
4.1.2 缺乏对新时代的敏锐洞察和回应 …… 26
4.1.3 缺乏对新文化的尊重和包容 …… 26
4.1.4 缺乏对新人才的培养和输出 …… 26
4.2 新文科背景下管理案例开发的设计要求 …… 27
4.2.1 目标层 …… 27
4.2.2 内容层 …… 27
4.2.3 形式层 …… 27
4.2.4 评价层 …… 27
4.3 新文科背景下管理案例开发的典型模式 …… 27

第 5 章 管理案例开发的类型确定 …… 29
5.1 为什么要确定案例类型 …… 29
5.2 何时确定案例类型 …… 29
5.3 如何确定案例类型 …… 30
5.4 不同类型案例开发的侧重点 …… 31
5.4.1 案例采集环节的侧重点 …… 31
5.4.2 案例开发环节的侧重点 …… 32
5.4.3 案例编写环节的侧重点 …… 32

第 6 章 管理案例的开发原则 …… 34
6.1 管理案例开发的通用原则 …… 34
6.1.1 案例正文的要求 …… 34
6.1.2 案例使用说明的要求 …… 36
6.1.3 难度设计原则 …… 41
6.1.4 编撰原则 …… 41
6.1.5 案例成果检查原则 …… 42
6.2 代表性案例库的开发原则 …… 42
6.2.1 哈佛商学院案例库 …… 43
6.2.2 毅伟商学院案例库 …… 43
6.2.3 中欧国际工商学院案例库 …… 44
6.2.4 中国管理案例共享中心（CMCC）案例库 …… 48
6.2.5 清华案例库 …… 49

第 7 章　管理案例开发的步骤 ·············· 51

7.1　明确主题 ·············· 53
7.1.1　宏观层面 ·············· 53
7.1.2　微观层面和社会背景 ·············· 53
7.1.3　案例开发的意义 ·············· 54

7.2　制定规划 ·············· 54
7.2.1　按照企业成长路径进行案例设计 ·············· 54
7.2.2　按照案例所涉及的知识模块之间的联系进行设计 ·············· 56

7.3　信息收集 ·············· 56
7.3.1　二手资料收集 ·············· 57
7.3.2　一手资料调查——案例企业的访谈设计 ·············· 58

7.4　复盘还原 ·············· 64
7.4.1　何谓"复盘还原" ·············· 64
7.4.2　复盘些什么 ·············· 64
7.4.3　如何进行复盘 ·············· 64

7.5　补充调研 ·············· 67
7.5.1　何谓"补充调研" ·············· 67
7.5.2　补充调研些什么 ·············· 67
7.5.3　如何进行补充调研 ·············· 68

7.6　要点解析 ·············· 68

7.7　整合撰写 ·············· 69
7.7.1　素材的筛选 ·············· 69
7.7.2　构思与写作框架 ·············· 70
7.7.3　掩饰处理 ·············· 73
7.7.4　审校 ·············· 73
7.7.5　教学注释的编写 ·············· 73
7.7.6　案例的再加工 ·············· 74

第 8 章　管理案例撰写范式 ·············· 75

8.1　哈佛案例库 ·············· 75
8.1.1　哈佛案例库案例撰写基本结构与格式要求 ·············· 75
8.1.2　哈佛案例库案例正文写作范式 ·············· 75
8.1.3　哈佛案例库案例教学笔记写作范式 ·············· 78

8.2　毅伟案例库 ·············· 80
8.2.1　毅伟案例库案例撰写基本结构与格式要求 ·············· 80
8.2.2　毅伟案例库案例正文写作范式 ·············· 82
8.2.3　毅伟案例库案例教学笔记写作范式 ·············· 96

8.3 中欧案例库 ······ 104
8.3.1 中欧案例库案例撰写基本结构与格式要求 ······ 104
8.3.2 中欧案例库案例正文写作范式 ······ 114
8.3.3 中欧案例库案例教学笔记写作范式 ······ 122

8.4 CMCC 案例库（中国管理案例共享中心案例库） ······ 130
8.4.1 CMCC 案例库案例撰写基本结构与格式要求 ······ 130
8.4.2 CMCC 案例库案例正文写作范式 ······ 133
8.4.3 CMCC 案例库案例使用说明写作范式 ······ 143

8.5 清华案例库 ······ 160
8.5.1 清华案例库案例撰写基本结构与格式要求 ······ 160
8.5.2 清华案例库案例正文写作范式 ······ 163
8.5.3 清华案例库案例教学笔记写作范式 ······ 167

第 3 部分　新文科背景下管理案例的教学应用

第 9 章　案例教学的定义与发展历史 ······ 173
9.1 案例教学的定义 ······ 173
9.2 案例教学的发展历史 ······ 173

第 10 章　新文科背景下管理案例的教学 ······ 175
10.1 传统案例教学 ······ 175
10.1.1 成人学习的特点 ······ 175
10.1.2 案例教学的特点 ······ 175
10.1.3 案例教学的典型模式 ······ 177
10.1.4 传统案例教学的局限性 ······ 178
10.2 新文科背景下案例教学的创新路径 ······ 178
10.3 新文科背景下案例教学的设计要求 ······ 180

第 11 章　案例教学中教师的作用与学生的任务 ······ 182
11.1 案例教学中教师的作用 ······ 182
11.1.1 角色设定 ······ 182
11.1.2 准备与实施 ······ 183
11.1.3 成绩的评定与考试 ······ 185
11.2 案例教学中学生的任务 ······ 187
11.2.1 管理案例的学习 ······ 187
11.2.2 管理案例的阅读 ······ 188
11.2.3 管理案例的个人分析与准备 ······ 189

11.2.4 案例学习小组的集体学习与准备 193
11.2.5 管理案例的课堂讨论 196
11.2.6 学习中心得体会的记录 198
11.2.7 管理案例书面分析报告的撰写 199
11.2.8 管理案例考试的准备与参加 201

第12章 管理案例教学应用的战略与战术

12.1 管理案例教学应用的战略制定 203
12.1.1 课程战略的意义 203
12.1.2 案例课的主要战略目标 203
12.1.3 案例课的根本战略意图 204
12.1.4 主要战略因素的分析 204
12.1.5 课程战略的具体制定 205
12.2 管理案例教学应用的战术考虑 205
12.2.1 聚集力的调节 206
12.2.2 提问的处理 206
12.2.3 联系外界实际经验 207
12.2.4 案例学习的道德问题 207

第13章 管理案例教学的实施路线

13.1 知识主题设定 209
13.1.1 复杂决策主题 210
13.1.2 悖论争议主题 210
13.1.3 理论解释主题 210
13.1.4 方法应用主题 210
13.2 创建案例情景 211
13.2.1 选择合适的案例内容 211
13.2.2 案例的类型 211
13.2.3 案例的获得 211
13.2.4 案例的编辑 212
13.2.5 案例知识点分析 212
13.3 确定案例问题 212
13.4 自主学习 212
13.5 协作学习 213
13.6 教学效果评价 213

第 14 章 管理案例的教学实施步骤 ··· 215
14.1 课前 ·· 215
14.1.1 具体步骤 ··· 215
14.1.2 实施要求 ··· 216
14.2 课中 ·· 216
14.2.1 具体步骤 ··· 216
14.2.2 实施要求 ··· 219
14.3 课后 ·· 224
14.3.1 具体步骤 ··· 224
14.3.2 实施要求 ··· 224

第 15 章 精品课程示范 ··· 226
15.1 课前计划 ·· 226
15.2 课堂教学设计 ··· 226
15.3 课程实录和使用说明的变化内容 ·· 230

参考文献 ·· 232

附 1 "全国百篇优秀管理案例"评选评审指南 ································ 234

附 2 《哈佛商业评论》投稿指南 ··· 237

附 3 华南理工大学工商管理学院华南管理案例研究中心介绍 ············· 239

附 4 华南管理案例研究中心企业案例工作坊 ··································· 241

第1部分

概 述

第1章 新文科建设概述

新文科是在新时代背景下，以人文社会科学为主体，与自然科学、工程技术等相互交叉融合，形成的具有创新性、应用性和国际竞争力的学科领域。

新文科以社会主义核心价值观为指引，以数据密集、跨学科、强合作和问题驱动为特征，涵盖了文、史、哲，经、管、法，教、艺等8个学科门类。新文科的根本理念是立德树人，遵循"一体两翼三结合"的发展路径，即以专业升级为"主体"，以课程变革和实践育人为"两翼"，结合师资队伍优化、科研能力提升、创新创业引领，培养具有创新精神和创业能力的复合型、创新型人才，为国家应对复杂的国际国内形势、服务经济社会改革发展、增强文化自信、培养时代新人、全面建成社会主义现代化强国和世界一流大学、推动人类命运共同体建设等提供有力支撑。

"新文科"是文科教育的创新发展。从世界发展来看，世界的新变革呼唤新文科建设；从中国发展来看，新时代呼唤新文科建设；从教育改革发展来看，教育方针呼唤新文科建设；从方位来看，中国的高等教育应立足于世界舞台，不仅要参与国际竞争，还要参与国际高等教育治理，参与国际高等教育标准的制定。

2019年，教育部、科技部等13个部门联合启动"六卓越一拔尖"计划2.0，全面推进新工科、新医科、新农科、新文科建设。2020年，《新文科建设宣言》发布，为新文科工作做出了全面部署。宣言指出，要坚持走中国特色的文科教育之路，以构建具有世界水平、中国特色的文科人才培养体系为任务，遵循守正创新、价值引领、分类推进"三个基本原则"，把握专业优化、课程提质、模式创新"三大重要抓手"，培养适应新时代要求的应用型、复合型文科人才。

新文科之"新"不仅是新旧的"新"，更是创新的"新"，表现在交叉融合、价值重塑、论域拓展、话语主导、研究范式五个方面[①]。

1. 新在"交叉融合"

关于新科技革命与文科的融合化发展，已经形成初步共识。一方面，新科技催生了以跨界融合为特征的新产业和新业态，新产业和新业态的快速发展产生了对跨学科融合以及实践能力强的新型人才的迫切需求，催生出交叉新专业，促进开设新课程，探索育人新模式，并推动学科设置体系的全面创新。另一方面，科技进步不断创造着研究学习的新方法和新手段，新科技发展和新产业、新业态持续引发着新的研究课题，不仅促进自然科学进步，也促进文科学术视野的拓展和思维范式的变化，推动文科研究内容与方法融合创新。因此，"新文科"之"新"首先在于新科技发展与文科融合引致的文科新增长点，传统文

---

① 徐飞. 新文科建设："新"从何来，通往何方 [J/OL]. 光明日报，(2021-03-20) [2023-4-01]. http://news.gmw.cn/2021-03/20/content_34701706.htm.

科专业、课程以及人才培养模式的更新换代①。既要传承传统又要融合创新,突破"小文科"思维,构建"大文科"格局,打破学科壁垒,实现跨学科、多学科交叉融合发展,借助互联网、云计算、大数据、物联网等新技术、新手段,开拓文科发展的新视野和新领域。

2. 新在"价值重塑"

新文科的着力点需从探讨人文社科所涉对象的规律性,转向对社会价值观的重塑;需注重揭示理性背后的正当性和正义性,弘扬知性美德和善意,为理工科乃至为国家和社会提供思想指引与价值选择,坚持价值性、思想性和知识性、学理性相统一,弘扬知性美德和善意。其中,人与自然、人与技术、人与社会的关系是新文科价值重塑的重点。人类应该摒弃"人类中心主义"的偏见,尊重和保护大自然,与之和谐共生,实现可持续发展。同时,人类也应该警惕新科技革命带来的风险和挑战,不让算法和计算取代理性和价值,找回人类的意义世界和价值空间。

3. 新在"论域拓展"

新文科是一个涵盖人文科学和社会科学的广泛论域,包含文、史、哲等基础文科和经、管、法等应用文科,以及教、艺等8个学科门类,占据了14个学科门类中的大半江山。新文科的核心是研究"人"及其相关的"事",追求人理的通达。随着人工智能和机器人的发展,新文科也面临着"人"的概念和形态的变革,需要不断地拓展和丰富自身的内涵。

4. 新在"话语主导"

新文科在借鉴汲取世界各民族的优秀理论成果和最佳实践的同时,还要扎根中国大地,厚植华夏文明。这些年来,中国管理学界逐步完成国际接轨,大批中国学者已经快速学习并掌握了西方规范化的研究方法。当下,本土学者最应该做的就是扎根中国经济管理实践,以中国改革开放为契机,以中国话语体系为主导,以中国管理实践为依托,以问题导向为方法,以原创性为目标,讲好中国故事,阐释中国精神、中国价值、中国力量,贡献中国智慧。

5. 新在"研究范式"

根据图灵奖得主 Jim Gray 的观点,科学研究经历了从"实验归纳"到"模型推演",再到"仿真模拟"的三次范式革命,现在方兴未艾的"数据密集型科学发现(data-intensive scientific discovery)"正是演进中的第四次范式革命。新文科要跨越规范研究、实证研究、量化研究等研究范式,紧跟科学研究的范式革命,充分利用大数据、云计算、人工智能等新技术,开展数据挖掘、模式识别、智能分析等研究,提高研究的精度和效率。

总结来说,新文科建设强调既要传承传统又要融合创新,实现知识性和价值性相统一,以文史哲修身铸魂,以经管法治国政,以教育学培元育才,以艺术学化人美人,通过文科教育的融合发展以及文科与理工农医的深度交叉融合,引领带动文科专业建设整体水平提升,从而培养出充满自信心、自豪感和具备自主性的新时代文科人才,进而更好地担当起传承中华文化、传播中国声音、创新中国理论和开创中国未来的责任和使命。

---

①樊丽明. 新文科建设:走深走实 行稳致远[J/OL]. 中国教育,(2021-05-10)[2023-04-01]. http://www.jyb.cn/rmtzgjyb/202105/t20210510-575326.html.

第 2 章 新文科背景下管理案例的开发与教学应用概述

2.1 新文科背景下管理案例开发与教学应用的挑战及困境

我国案例本土化开发与教学经过不断探索、不断实践的艰难过程已经迈出了重要步伐。国内部分高校已经搭建起自主案例库，进行系统的案例开发与教学实践，包含了案例采集、撰写、入库和教学全流程。然而，当前存在一个突出问题：中国本土案例开发与教学仍然不能满足形势发展需要。新型冠状病毒感染给全球经济带来了前所未有的冲击和挑战，美国特斯拉等新能源汽车企业崛起、英国脱欧引发的政治经济危机、华为遭遇美国制裁等案例为总结与反思中国企业的管理实践经验提供了丰富的范例和借鉴。中国企业如何在国际化的过程中实现管理本土化，从我国国情出发办好自己的事，有效应对复杂变化的全球经济形势和激烈的国际经济竞争，做到趋利避害、化危机为契机无疑是一个严峻的课题。如今，置身新文科的大背景下，重新审视工商管理案例本土化开发与教学更是成为一项重要的战略任务。

2.1.1 理论解释与管理实践的脱节是制约案例质量提升的首要挑战

我国的案例建立了三个车间理论：企业案例研究是第一车间。第一车间主要是发现我国已经变化的管理事实，让企业从案例研究中实现企业品牌的提升，为管理教育提供后备资源；教学案例是第二车间，将来源于企业的实证案例改制成教学案例；案例的国际化是第三车间，企业是案例的"原材料基地"，紧紧围绕企业获取资源、寻找闪光点，才能确保案例的真实性和生动性[1]。在我国，企业出于保密、声誉、销售等方面的顾虑，往往不愿意向外界透露自身的问题和经验，也不积极配合高校收集和整理案例资料。高校到企业采集案例时，往往考虑自身的利益和目的，没有真正深入了解企业的情况和需求。高校的教师和案例开发人员也大多缺乏企业的实际管理经验，对企业的认识不够全面和深刻，也就无法挖掘案例的背景、问题和经验的内涵。这就导致了案例开发形式大于内容，与企业的真实管理过程脱节，造成理论解释与管理实践不相符的情况。

当前，管理案例开发的主要矛盾已经从"案例量的积累"转向"案例质的提升"。案例开发与教学向来密不可分，开发本土案例资源是提升中国案例教学水平的关键。在新文科背景下，如何在案例开发过程中紧密结合理论解释与管理实践，保证案例教学的质量，是广大案例开发人员共同面临的首要挑战。

---

[1] 夏旭晖，廖晓明，陈建付. 工商管理案例本土化开发的困局和出路 [J]. 企业导报，2010 (12)：246-249.

2.1.2 真实管理情景的缺失是制约人才培养的关键难题

管理类学科作为新文科论域中的应用型文科,与基础文科和工科类教学相比,既具有某些自然科学的特征,又具有典型的社会科学特点,涉及面较广,甚至综合了若干传统独立学科的一定内容。这种双重性质决定了其在培养方式的构成上应既具有理论教学形式,更包括无限接近社会与企业真实管理情境的体验感悟教学形式。管理类教育的最终目标可以概括为:建立管理观念、改善心智模式、获取管理知识、提升管理能力[①]。当前,管理案例中真实管理情境的缺失主要表现在三个方面:一则,过于强调组织理性,忽略了管理情境的复杂性和多样性。当前的管理案例往往把管理者描述成一个理性的分析师,他们可以通过逻辑推理和数据分析做出最优的决策。这种案例忽略了管理者在真实情境中所要考虑的各种因素,比如组织的文化、价值、政治、伦理等,以及管理者的个人特征、动机、情感、信念等。这些因素都会影响管理者的决策过程和结果,使得管理情境变得复杂和多样,而不是简单和一致。因此,管理案例应该反映出管理情境的复杂性和多样性,让学生能够认识到管理不是一个单一的科学问题,而是一个涉及多方面的社会问题。二则,过于偏重高层战略决策,忽略了管理者的日常工作和责任。当前的管理案例往往集中在组织高层的战略决策,把管理者描述成一个孤立的思考者,他们可以在一个安静的环境中做出重大的决策。这种案例忽略了管理者在实际工作中所要处理的各种紧急事件、突发情况、人际冲突、道德困境等,也忽略了管理者的其他责任,比如领导、协调、沟通、激励、培训等。这些都是管理者的日常工作和责任,也是管理者的核心能力。因此,管理案例应该反映出管理者的日常工作和责任,让学生能够感受到管理者面临的工作压力和挑战,也能够培养学生的应变能力、协调能力、沟通能力和领导能力。三则,过于受制于教师评价的控制,忽略了学生的自主性和创造性。当前的管理案例教学往往是教师主导的,教师会给出每个案例的教学目标、教学方法、教学过程和教学评价。学生的学习过程表面上是主动参与,但实质上是被控制的,学生不得不按照教师的要求和指导来学习和讨论案例,也不得不通过猜测教师的意图和期望来回答问题。这种教学方式抑制了学生的自主性和创造性,使学生不能根据自己的兴趣和需求来选择和探究案例,也不能根据自己的经验和想法来解决和创新案例。

因此,在新文科背景下,如何开发反映企业真实管理情境的案例,设计引导学生自我建构的教学形式,使学生能够在案例教学中与情境反复碰撞,激发学生的主动性和创造性,是高校教师和案例开发人员亟待解决的关键难题。

2.1.3 中国特色管理模式的价值模糊是制约本土化案例传播的现实困境

新时代不仅需要会讲中国故事的人才,更需要能够讲懂中国故事和讲好中国故事的人才。现有研究表明,高质量案例的缺乏是阻碍管理案例教学发展的关键因素,优化案例教学效果需提升案例的新颖性、典型性和针对性,也需要赋予案例跨越地域的全球传播特质。其中,兼具故事性和传播性的英文管理案例在教学实践中逐渐形成了固定体例,代表

---

① 王淑娟,马晓蕾. 基于案例教学的经管类研究生知识与能力建构机理研究[J]. 管理案例研究与评论,2014,7(3):260-268.

着全球管理案例的统一准则,也是在国际舞台上讲述中国管理故事的可用逻辑之一。英文管理案例能否讲好中国管理故事的关键在于案例分析的价值,即能否提炼出该案例体现的中国特色管理模式。

中国管理学科的萌芽与发展离不开西方成熟的学科体系,因此西方的经典管理理论仍然是管理案例分析的主要工具,表现为用经典理论解释经典现象、用经典理论解释新兴现象两种形式。这种学习吸收思维帮助中国管理案例及开发团队实现快速增长,但固化的理论框架对新兴独特的商业实践的解释力不足,中国特色管理模式的价值提炼不充分,从而导致本土化案例难以走出国门。

要突破此类困境,最根本的方法是发掘兼具中国特色和世界价值的管理理论,用于解释近年来涌现的各种新兴商业实践,实现中国情境与管理认知的紧密结合,帮助国际舞台上的人们听到、听懂、能讲、会讲中国管理故事。当前,由于缺乏完善的学科体系与案例资源,中国的英文管理案例开发仍处于探索阶段。在新文科背景下,如何提炼中国特色管理模式的价值,开发出具有中国特色和国际水准的管理案例,是使本土化案例传播突破制约的关键因素。

2.2 新文科背景下管理案例开发与教学应用的指导思想

在全球新科技革命、新经济发展、中国特色社会主义进入新时代的背景下,"积极应变、主动求变"是新文科建设的基本出发点。新技术改变了文科的学术研究与人才培养方式;新需求要求文科在人才培养、社会服务方面追求创新与卓越;新国情促使文科应具中国特色并走向世界舞台中央。

对于工商管理专业的学生而言,本科毕业后在激烈的市场竞争中因为知识体系过于单一,很多时候并不具有竞争力,因此对工商管理学院教育模式的改革势在必行。其中,案例教学是一种正在推进、仍需改善、行之有效的方法,能够满足新文科的目标。因此,继承与创新、交叉与融合、协同与共享既是新文科自我革新的主要途径,也是新文科背景下突破管理案例本土化开发与教学困境的重要指导思想。

继承与创新指新文科建设既要传承中华优秀传统文化,也要创造性地转化和发展,形成具有中国特色、中国风格、中国气派的哲学社会科学体系,为中华民族伟大复兴提供强大的思想武器和精神支撑。交叉与融合指新文科建设既要推动文科内部各学科之间的交流互动,也要促进文、理、工、医等不同领域之间的跨界融合,形成具有前瞻性、创新性、应用性的交叉学科和交叉专业,为经济社会发展提供高质量人才和知识支持;协同与共享指新文科建设既要加强高校内部各院系之间的协作协调,也要拓展高校外部各方面的合作联动,形成具有开放性、包容性、共赢性的协同创新机制和共享平台,为国家治理体系和治理能力现代化提供智力贡献和服务保障。具体而言,"继承创新、交叉融合、协同共享"的新文科思想对于管理案例的开发与教学,有以下两点指导作用。

2.2.1 以"学科交叉、彰显中国特色、师生共创"为指导思想

1. 管理案例开发要注重学科的交叉与融合

首先,由不同专业领域的老师组成案例开发小组,同时推进校企交叉,邀请企业家代表参与案例开发小组,形成交叉团队。然后,充分利用大数据、信息检索等技术,推动案

例开发工具创新。最后，具体实施不同学科交叉，包括管理学、哲学、艺术等文科内部交叉，文科与工程技术之间交叉。通过创造出开放、交叉、多元、融合的跨学科管理案例教学模式，进一步打破学科专业壁垒，推动文科专业之间深度融通，以及文科与理、工、农、医交叉融合。同时，融入现代信息技术以赋能文科教育，让学生具备一定的理科思维和理科素养，从而培养全方面人才。此外，还让学生理解其他专业的相关专业术语，促进逻辑思维和创新思维、想象力与洞察力的交互融合，打通不同专业领域的知识，使学生形成对事物更全面的看法。

2. 管理案例开发要立足于中国经济发展的问题，彰显中国特色

可以通过寻找应用中国式管理理论的典型企业、将西方思想中国化的典型企业、应用中国管理思想的外国企业、具有国际化经营管理意识的中国企业，来探索中国式管理理论与管理思维，并融入中国传统思想文化，利用中国式管理思想解释中国管理实践。选择具有前沿意识，同时又具有高度社会责任的企业进行案例开发，以培养出知中国、爱中国、堪当民族复兴大任的新时代文科人才。高等文科教育作为培养青年人自信心、自豪感、自主性的主战场、主阵地、主渠道，要坚持以文化人、以文培元，充分利用管理案例教学平台，大力培养具有国际视野和国际竞争力的时代新人。摒弃对西方管理理论的盲目崇拜，将西方管理思想结合中国管理实践，进行中国化探索。教师可以邀请当地优秀企业家代表、杰出校友开设相关专题讲座，介绍企业实际运营情况，让学生了解到优秀企业的管理理念。同时，深入部分企业进行实地调研，体验先进企业的管理模式，总结优秀管理经验，为管理案例开发积累素材。

3. 管理案例开发要坚持师生共创

让学生参与到案例开发的过程中，推动学生进行创造性发现、创造性分析与创造性解决，提高学生的创造力和理论应用能力。同时，也可以提高教师的案例开发与教学水平。教师在实践中验证其所研究的概念、理论与模型的正确性，并针对现有理论体系的不足进行创新，提出新的管理理论和研究方法，实现师生共进。教师可以开设"管理案例开发"学生研究计划项目，招收对管理案例开发感兴趣的学生，让他们参与到研究项目当中。在项目中，教师引导学生总结国内外优秀案例库标准范式，并在此基础上鼓励学生自主选择相关企业案例，使学生在充分了解企业发展背景、时代的机遇与挑战、企业的创新与变革的基础上进行案例的开发。

2.2.2 以"案例课堂教学、企业实践应用"为实施原则

1. 提升课程质量，认识到课堂教学是文科教育教学的主渠道、主阵地

首先，可以在课堂教学中穿插引入管理案例，借助具体案例来帮助学生理解理论知识；然后，邀请企业家进入课堂，为学生讲述管理企业的心路历程。同时，建设案例教学文科"金课"，合理增加课程难度，拓展课程深度，增加课程的互动性，将案例教学引入课堂实践，把课程培养作为人才培养的核心要素，不断提高高等教育教学的时代性、学术性和针对性。引导学生思考企业案例中的理论模型、管理框架，通过分析和解决问题，使学生在掌握理论知识的同时，锻炼和提升个人能力。

2. 坚持协同与共享的思维方式，准确识变、科学应变、主动求变

首先，可以促进学生之间的知识与学习经验共享，推动本科生与MBA学生交流。同

时，创新校企协同模式，推动企业家与学生共同探讨管理理论研究，在推进案例教学理论知识学习的同时，打造校企合作良好平台，让师生到实践中去，在企业中解决问题，形成产学研用一体化的开发、研究和教学体系。教师可以将开发出来的管理案例共享给企业，让企业在实际生产中应用这些管理理论，同时积极收集企业的应用体验与问题反馈，不断完善管理案例。

2.3 新文科背景下管理案例开发与教学应用的实施原则

新文科背景包含两个重要层面，一是战略层面，二是技术层面。从战略层面上来看，新文科建设是党和国家面对世界"百年未有之大变局"，推动新时代经济社会高质量发展对教育领域提出的新思路和新要求；从技术层面上来看，以信息技术为代表的新一轮科技革命奔涌而来，在重塑全球生产与生活方式的同时，也全面嵌入人文社科领域。身处新文科建设的大背景下，案例教学的价值在于更强调以跨学科视角革新以人为本的人才培养模式，从而满足新时代对具有融合思维和创新能力的复合型人才的呼唤[1]。总结来说，新文科背景下的案例教学应遵循三个"兼具"原则，即"兼具国际视野与中国特色""兼备管理思维与技术思维"以及"兼顾创新育人与文化育人"。

2.3.1 讲好中国管理故事——兼具国际视野与中国特色

新文科体系的建构要求与时俱进，要有勇气应对全球化时期各种异质文明与文化思潮的挑战，在"不忘本来"的基础上"吸收外来"，建构面向未来、面向国际，具有中国气度的新文科建设范式。置身新文科建设的大背景下，开发管理案例，尤其是基于中国实践的管理案例，更应充分分析和提炼中国和世界丰富的管理经验，在中国管理实践中体现、发展和完善中国管理理论，用中国管理理论研究、阐释和反哺中国管理实践乃至全球管理实践，从而为构建人类命运共同体贡献中国智慧和中国方案[2]。

1. 中国管理故事的内涵与价值

中国管理故事是指以中国管理实践为背景和素材，反映中国管理现象的复杂性和多样性，生动且具有感染力的案例故事。中国管理故事不仅是对中国管理理论的具体化和形象化，也是对中国管理文化的传承和创新。中国管理故事可以从不同的层面、角度和领域展开，如国家层面的"一带一路""脱贫攻坚"，企业层面的"华为""字节跳动"，以及个人层面的"马云""雷军"等。中国管理故事的价值体现在三个方面：其一，展示中国管理实践的成就和经验，为中国管理理论的构建和发展提供丰富的案例和素材，增强中国管理理论的信度和效度；其二，传播中国管理文化的精神和特色，为中国管理理论的国际化和本土化提供有效的途径和载体，增强中国管理理论的影响力和吸引力；其三，激发中国管理创新的动力和潜力，为中国管理理论的更新和改进提供不断的动力和源泉，增强中国管理理论的活力和竞争力。

---

[1] 刘俊颖，王一威，关新雅. 新文科与新工科价值共创模式研究：共生、场景与实践 [J]. 天津大学学报（社会科学版），2023，25（1）：1-6.
[2] 龚旗煌. 新文科建设的四个"新"维度 [J]. 中国高等教育，2021（1）：15-17.

2. 如何讲好中国管理故事

在新文科背景下,管理案例开发要讲好中国故事,就要兼具国际视野与中国特色。国际视野是指,能够从全球角度看待管理问题,能够理解和尊重不同国家和地区在政治、经济、社会、文化、法律等方面的差异和联系,能够运用国际化的知识和方法,参与和推动国际合作和竞争。中国特色是指,能够从中国实际出发,把握中国特点和优势,坚持中国道路和理念,运用中国智慧和方案,解决中国问题和挑战的特色。例如,可以结合中国特色社会主义理论体系、习近平新时代中国特色社会主义思想、中国梦等核心价值观念,开发一些反映中国治理体系和治理能力现代化、中国经济社会高质量发展、中国文化自信和软实力提升等方面的优秀案例。要想兼具国际视野与中国特色,可以概括为讲述中国故事时遵循五个"既要又要"原则。其一,既要考虑国际管理理论的发展和趋势,也要体现中国管理实践的背景和特点;其二,既要与国际管理现象进行比较和对话,也要突出中国管理文化的独特性;其三,既要关注国际前沿动态和最佳实践,也要反映中国实际情况和特殊经验;其四,既要展示中国在全球化背景下的参与和贡献,也要展现中国在应对挑战和转型升级中的创新和突破;其五,既要借鉴国外成熟的案例开发方法和标准,又要形成具有中国特色的案例开发体系和模式。

3. 讲好中国管理故事的四种策略

张兵红等认为,中国管理理论的未来延伸方向是先"中国语言,中国故事",然后同步发展"国际语言,中国故事"和"中国语言,国际故事",最后的终极目标是"国际语言,国际故事"①。在新文科建设的背景下,国内教学案例的开发要想做到平衡国际化和本土化,兼顾国际视野与中国特色,也需要遵循"中国语言、中国故事;国际语言、国际故事"之间的组合策略。

"中国语言"指用中文表达的中国管理理论概念,反映了中国管理实践的特点和规律,具有本土性和原创性,如"和谐管理""道德人"等。"中国故事"指以中国管理实践为背景和素材的案例故事,反映了中国管理现象的复杂性和多样性,具有生动性和感染力,如"阿里巴巴""海尔"等。"国际语言"指用英文或其他外语表达中国管理理论的概念,反映了中国管理理论与国际学术界的对话和交流,具有普适性和通用性,如"harmonious management""moral person"等。"国际故事"指以国际管理实践为背景和素材的案例故事,反映了国际管理现象的共性和差异性,具有参考性和启发性,如"苹果""沃尔玛"等。以下为讲好中国管理故事的四种策略。

(1) 用"中国语言"讲述"中国故事"。一方面,可以利用整理出的中国管理理论知识,寻找和开发与该理论相关的中国本土跨学科管理案例,这是为了验证中国管理理论的普适性和有效性,以及探索其在不同领域和环境中的应用价值和创新空间。例如,可以利用中国管理理论的核心概念,如"修己安人""易经""中庸"等,来分析一些国内外的成功或失败的案例,如海尔集团、华为公司、蒙牛集团、丰田汽车、微软公司、星巴克咖啡等。通过对比和归纳,可以发现中国管理理论的优势和局限,以及与其他管理理论的异同和互补之处。另一方面,可以用中国管理理论解读中国企业发展以及企业家成长的故事,以展示中国管理理论的实践意义和影响力,提高其在国内外的认可度和传播度。例

---

① 张兵红,吴照云. 中国管理理论概念研究:演变、重构及延伸 [J]. 商业经济与管理,2021,(11):47–61.

如,可以用中国管理理论来阐述一些中国企业家如何从创业到成长,如何应对市场变化和竞争挑战,如何实现社会责任和价值创造,如马云、刘强东、雷军、王健林、李彦宏等。通过讲述他们的故事,可以突出中国管理理论的特色和贡献,以及中国管理理论与中国文化和国情的紧密联系。

(2)用"中国语言"讲述"国际故事"。这种策略用中国的逻辑思维与研究框架来研究一般的管理实践。这一步的目的是提炼具有中国情景或中国特色的管理理论,扩展中国管理理论适用范围,使其可以同时用来解释西方的管理实践,以实现中国理论的国际化发展。此类案例成果多投稿于中文案例库。

(3)用"国际语言"讲述"中国故事"。这种策略用科学规范的语言推广和扩展适用于中国情境下的管理案例,提升中国在管理案例研究中的话语地位,从而与西方的管理理论进行更多的交流与融合,实现平等对话。此类案例成果多投稿于外文案例库,如哈佛案例库、毅伟案例库等。

(4)用"国际语言"讲述"国际故事",这种策略通过案例积累实现中国理论到中国案例,再到中国理论的丰富与完善,形成国际认可的、可以用于解释一般管理实践的中国管理理论。

2.3.2 共创交叉学科管理案例——兼备管理思维与技术思维

新文科的本质内涵是当代人对新科技、新媒介所引发的社会新现象、新问题和新变化的一次认知重启,是为了进一步理解当下社会并把握人类发展趋势所进行的跨界思考与专业生态重构[①]。因此,新文科不是生硬的跨专业叠加,而是面向未来社会的认知重启与专业生态重构。在这样的背景下,管理案例开发应该紧跟科技革命和产业变革的步伐,反映大数据、人工智能、云计算、物联网等新技术在管理领域的应用和创新。同时,也要注重培养学生的管理思维和技术思维和以问题为导向,运用管理理论、方法和工具,分析、解决和预防实际管理问题的能力。此外,还要提升学生的数智化素养,锻炼他们的逻辑思维、创新思维和批判思维,以适应数字经济时代的需求。

1. 交叉学科管理案例的内涵

交叉学科可以分为文理跨学科和文科内跨学科两方面。文理跨学科是指文科与理工科之间的交叉,如与经济数学、计算机语言学等学科的交叉;文科内跨学科是指文科内部不同学科之间的交叉,如法律社会学、教育心理学等学科的交叉。

交叉学科管理案例是指涉及多个学科领域的知识、方法、理论和实践的管理问题和解决方案的案例。交叉学科管理案例可以反映管理现象的复杂性、多维性和动态性,促进管理学科的创新和发展。"文文交叉"型管理案例主要是为了解决企业管理的复杂问题,需要借鉴不同的理论框架、方法论和研究视角;"文理交叉"型管理案例则主要是为了应对新技术的发展和影响,需要利用新的数据源、计算工具和模型分析人类行为和社会现象。

2. 管理案例开发共创

管理案例开发共创,即通过多方参与和协作,共同完成案例的选题、收集、编写、评价等工作。具体来说,即以项目式学习为教学模式,以企业管理问题为案例主题,组织学

[①] 廖祥忠. 探索"文理工艺"交叉融合的新文科建设范式 [J]. 中国高等教育,2020(24):6-7.

生分组进行调研、分析、设计、展示等。在这个过程中，可以邀请企业管理者、专家学者、行业协会等作为案例开发的合作伙伴，为学生提供真实的案例素材、专业的指导意见和反馈评价。通过这种方式，有利于实现教师、学生、企业、社会等多方的共同创造，使得管理案例更加贴近实际、反映问题、富有启发性。共创型管理案例有三个主要特点：其一，以问题为导向，尤其关注交叉学科领域的重大或新兴管理问题，如数字化转型、社会责任、可持续发展等；其二，以协作为基础，邀请学校和企业、教师和学生以及管理学科人才和技术学科人才等多方参与案例开发过程，分享信息、经验和观点；其三，以创新为目标，展示不同领域或背景的人员之间如何通过不同的学科知识、方法、理论和实践，实现管理问题的创新解决方案。

3. 共创交叉学科管理案例需要兼备管理思维与技术思维的原因

管理思维与技术思维是指在面对问题和解决问题时所采用的两种不同的思维方式和方法。管理思维是指对组织、人员、资源、流程等管理问题进行分析、解决、优化的思维方式，具有系统性、战略性、创新性等特点。管理思维可以帮助共创者确定交叉学科管理案例的主题、目标、范围、结构等要素，以及案例中涉及的管理问题、原因、影响、对策等内容，使案例具有逻辑性、完整性和实用性。技术思维则是指对技术原理、方法、应用等进行探索、运用、改进的思维方式，具有实证性、实验性、创造性等特点。技术思维可以帮助共创者运用相关技术知识和工具，收集、处理、分析案例中涉及的数据和信息，以及展示和传播案例的形式和效果，使案例具有准确性、客观性和吸引力。

兼备管理思维与技术思维的价值共创是指，在新文科背景下，以人类社会发展的需求为导向，以创新思维和创造能力为核心，以交叉融合和协同合作为手段，以促进人类文明进步和社会可持续发展为目标，通过管理思维和技术思维的相互激发、相互促进、相互补充、相互提升，实现学科、学术、教育、产业、社会等多方面的价值最大化的过程。

4. 价值理性与工具理性的互动：兼备管理思维与技术思维的四种案例领域

教育生态系统的理念强调了高校作为一个有机体的属性，注重科研与育人中的生态集群发力与系统能力培养。因此，如何推动兼备管理思维与技术思维的价值共创，是健全教育生态系统的必要课题。结合刘俊颖等人[①]的分析，在当前工具理性与价值理性并存的教育逻辑中，价值理性是指对某种行为（无论是伦理的、美学的、宗教的或其他任何形式的）有一种无条件的、固定的、纯粹的信仰，不考虑是否能够实现目标；价值理性强调信仰的纯洁性，主张人的价值。工具理性是指以外部事物的状况和他人行为的预期为手段，目的是达到预期结果的一种选择理性；工具理性推崇功能与技术，强调效益与效率。

由于注重技术创新的技术思维更倾向于工具理性，而重视人文能力的文科思维更推崇价值理性，故二者之间也相应地存在着类似矛盾。鉴于当代科学技术爆发式发展的时代背景，学科交叉融合已成为解决综合性复杂理论和实践问题的有效途径。因此，新文科可以借鉴以"工具理性"为核心的计算机科学、区块链技术、模式识别、机器学习等新工科领域内的技术与方法，在价值内涵、思维方式、行为模式等方面培育高层次的"价值理性"，从而形成新兴交叉研究领域。兼备管理思维与技术思维的四种策略及其优势案例领

---

① 刘俊颖，王一威，关新雅. 新文科与新工科价值共创模式研究：共生、场景与实践 [J]. 天津大学学报（社会科学版），2023，25（1）：1-6.

域（见图 2-1）如下。

（1）高工具理性，高价值理性。这种策略既重视客观事实和规律，又关注主观意义和价值。可适用于涉及社会责任、伦理道德、文化传承等方面的管理学科领域，如战略管理、企业社会责任、商业伦理、组织文化等。例如，*Unilever's New Global Strategy：Competing through Sustainability* 案例就介绍了联合利华如何通过可持续发展战略来应对全球化竞争和社会责任的挑战。

（2）低工具理性，高价值理性。这种策略更强调主观感受和情感表达，而忽视客观事实和规律。可适用于涉及艺术创作、情感交流、人文关怀等方面的管理学科领域，如创意产业管理、领导力与沟通、人力资源管理等。例如，*Pixar Animation Studios：the Art of Storytelling* 介绍了皮克斯动画工作室如何通过讲故事的艺术来创造出经典的动画电影；*Leading Change at Simmons*（A）讲述了西蒙斯床垫公司的 CEO 如何通过引入"大梦想"计划来改变公司的文化和绩效。

（3）高工具理性，低价值理性。这种策略更注重客观事实和规律，而忽视主观意义和价值。可适用于涉及技术创新、数据分析、商业智能等方面的管理学科领域，如运营管理、信息系统管理、财务管理、市场营销等。例如，*Innovation at Uber：the Launch of Express POOL* 分析了优步如何通过创新推出快车池服务来降低乘客成本和提高司机收入；*Vispera：Visual Intelligence for Retail* 揭示了 Vispera 如何运用计算机视觉和机器学习技术来为零售商提供智能解决方案。

（4）低工具理性，低价值理性。这种策略既不重视客观事实和规律，也不关注主观意义和价值。可适用于涉及随机事件、无序现象、无目的行为等方面的管理学科领域，如风险管理、危机管理、创新创业管理、行为决策等。例如，*4 Behaviors that Help Leaders Manage a Crisis* 提出了在危机中领导者需要培养的四种行为，包括快速决策、大胆适应、可靠交付和有效沟通；*When Every Employee is a Risk Manager* 分享了瑞士电力网络公司如何将风险管理融入每个员工的日常工作中，通过建立全面的风险框架和开放的风险文化，实现了高效和安全的运营；关于海尔企业的案例分析则介绍了海尔是如何通过不断创新管理模式和运营战略来应对市场变化和竞争压力的。

高工具理性，低价值理性	高工具理性，高价值理性
运营管理、信息系统管理、财务管理、市场营销等	战略管理、企业社会责任、商业伦理、组织文化等
风险管理、危机管理、创新创业管理、行为决策等	创意产业管理、领导力与沟通、人力资源管理等
低工具理性，低价值理性	低工具理性，高价值理性

图 2-1 案例开发兼备管理思维与技术思维的四种策略及其优势案例领域

资料来源：刘俊颖，王一威，关新雅. 新文科与新工科价值共创模式研究：共生、场景与实践 [J]. 天津大学学报（社会科学版），2023，25（1）：1-6.

2.3.3 培养管理领域时代新人——兼顾创新育人与文化育人

我国现代学科体系是在借鉴西方经验的基础上形成的，但也存在着传统文科过分西化、缺乏自主创新的弊端。管理领域时代新人的培养，既要注重创新育人，培养学生的创新意识和创造能力，又要注重文化育人，培养学生的文化自信和文化素养。尤其置身新文科浪潮之中，面对新形势、新任务、新挑战，新文科要求，发扬"常为新"的先锋精神，担当"探路者、开拓者、攀登者"的角色，树立文化自信，深入挖掘中华文明的智慧和价值，探索符合时代发展和人民需求的新知识、新思想、新理论、新方案。新文科要求坚持以立德树人为根本任务，以文化人，坚持"德才兼备、以德为先"，建立和完善符合文科教育规律、具有鲜明中国特色的人才培养体系，把引导学生树立正确的世界观、人生观、价值观作为首要课题，培养更多有情怀、有眼光、有器局、有专长的人才，推动"人的现代化"①。

1. 培养管理领域时代新人的内涵

培养管理领域时代新人是管理学科教育的重要目标，要求管理学科教育不仅要传授专业知识和技能，还要培养学生的思想觉悟、价值取向、创新精神和社会责任感，使他们能够运用新的技术以适应并引领经济社会发展的新形势、新变化、新需求，成为复合型人才。具体而言，管理领域时代新人的价值取向应该符合社会主义核心价值观，体现爱国主义、集体主义、社会主义荣辱观，坚持正确的政治方向和道德标准。他们应积极服务国家发展战略和社会进步事业，为实现中华民族伟大复兴的中国梦而奋斗。他们应紧跟新一轮科技革命和产业变革的步伐，熟悉并掌握数字化、网络化、智能化等技术在管理领域的应用和影响，能够运用新技术解决管理问题，推动管理理论创新和实践创新。此外，管理领域时代新人还应突出通识教育与专业教育相结合，强化文理交叉与多学科融合，培养广博的知识面、深厚的专业功底、灵活的思维方式、协调的沟通能力、开放的创新精神等。

2. 新文科建设之"新"与培养管理领域时代新人之"新"

新文科建设之"新"与培养管理学科领域时代新人之"新"都是基于文化自信和价值引领进行的。文科教育是培养自信心、自豪感、自主性，产生影响力、感召力、塑造力，形成国家民族文化自觉的主阵地。管理学科教育是培养企业管理、服务社会、推动发展的重要力量。两者都要坚持以习近平新时代中国特色社会主义思想为指导，不断提升学生对中国特色社会主义道路、理论、制度、文化的认同感和自豪感，培养学生践行社会主义核心价值观的优秀品格。

管理案例开发是培养管理领域时代新人的重要手段和载体，案例开发要满足培养管理领域时代新人的需要，即要符合新文科建设之"新"的指导，突出中国特色、时代特征、交叉特点、实践特色等，反映中国管理实践的特点和成就，展示中国管理理念和文化的魅力和影响力，紧跟新时代、新形势、新要求下的管理问题和挑战，展示新科技、新产业、新业态、新模式下的管理创新和变革，反映管理学与其他学科领域的交流和碰撞，展示多学科视角和方法对管理问题的分析和解决。同时，案例开发也要结合产教融合的实践基础，加强与政府、行业、企业等多方的合作，充分利用校内外实践基地、项目、竞赛等资

---

① 龚旗煌. 新文科建设的四个"新"维度[J]. 中国高等教育，2021（1）：15-17.

源,选择具有代表性和前沿性的管理问题和情境,借鉴国内外优秀案例的开发经验和方法,注重案例内容的真实性、复杂性、多维度性等。

3. 兼顾创新育人与传统育人的重点

在新文科建设的背景下,要培养管理领域时代新人,管理案例开发需要兼顾创新育人与文化育人。既要反映管理实践中的新问题、新模式、新方法、新成果,激发学生的创新意识和创造力,又要强化价值观和思想观的引导和塑造,反映管理实践中的道德规范、社会责任、公平正义等价值取向,培养学生的价值观念和道德品质。这样有利于促进学生的专业素养和创新能力的提升,引导他们树立正确的世界观、人生观、价值观,重点在于以下三个方面。其一,要坚持立德树人,将社会主义核心价值观贯穿于管理教育全过程,将爱国主义教育、集体主义教育、社会主义荣辱观教育等作为重要内容,为培养具有正确价值取向和道德标准的管理人才打牢基础;其二,要突出创新育人,将创新精神和创造能力作为重要目标,将创新理论、创新方法、创新实践等作为重要内容,为培养具有前瞻性思维和解决问题能力的管理人才提供条件;其三,要强化文化育人,将中华优秀传统文化和行业文化作为重要资源,将文化认同、文化传承、文化创造等作为重要内容,为培养具有文化素养和文化自信的管理人才提供支撑。

4. 创新育人与文化育人的发展策略

在新文科背景下要实现创新育人与文化育人的兼顾,需遵循如图 2-2 所示的圈"点"阶段、连"线"阶段、铺"面"阶段三个发展阶段,各阶段的发展策略如图 2-2 所示。

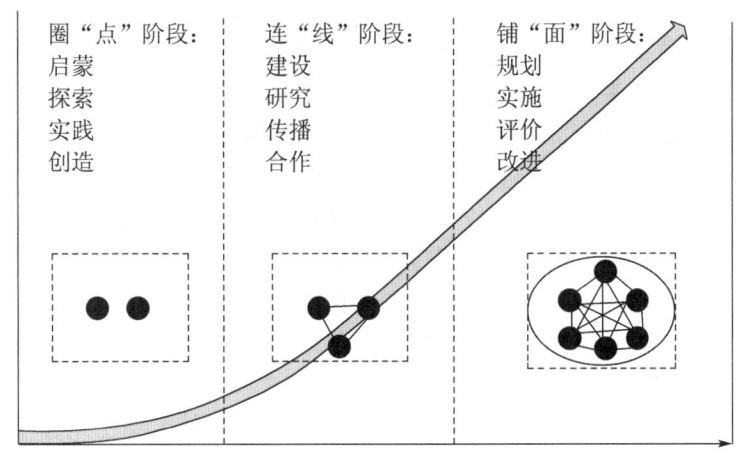

图 2-2　创新育人与文化育人发展策略

(1) 圈"点"阶段。

从个体学生的角度,创新育人和文化育人的发展阶段分为启蒙、探索、实践、创造四个阶段,旨在培养学生的创新意识、创新能力、创新成果、创新影响力和文化素养、文化知识、文化传承、文化自信。圈"点"阶段的具体策略包括:一是启蒙阶段,即通过基础教育和通识教育,培养学生的创新意识和文化素养,激发学生的学习兴趣和动机,为后续的创新和文化学习打下基础;二是探索阶段,即通过专业教育和选修教育,培养学生的创新能力和文化知识，引导学生选择自己感兴趣和适合的创新和文化领域，为后续的创新和文化实践提供方向；三是实践阶段，即通过校内外实践活动，培养学生的创新成果和文化传承，推动学生将理论知识运用到实际问题中，为后续的创新和文化创造奠定基础；四是创造阶段，即通过参与社会服务和社会发展，培养学生的创新影响力和文化自信，推动学生将创新成果转化为社会价值，为后续的创新和文化发展作出贡献。

（2）连"线"阶段。

从教师团队的角度，创新育人和文化育人的发展阶段分为建设、研究、传播、合作四个阶段，旨在提升教师队伍的整体水平和专业水平，推动教学理论创新和实践创新，推动优秀案例、课程、教材等教学资源的共享和传播，促进教师之间和师生之间的交流和合作。连"线"阶段的具体策略包括：一是建设阶段，即通过组建多学科、多层次、多类型的教师团队，提升教师队伍的整体水平和专业水平，为后续的创新和文化教学提供保障；二是研究阶段，即通过开展跨学科、跨领域、跨界别的教学研究，推动教学理论创新和实践创新，为后续的创新和文化教学提供支撑；三是传播阶段，即通过编写、评审、出版、推广等方式，推动优秀案例、课程、教材等教学资源的共享和传播，为后续的创新和文化教学提供资源；四是合作阶段，即通过建立校际、校企、校社等合作交流平台，促进教师之间和师生之间的交流和合作，为后续的创新和文化教学提供平台。

（3）铺"面"阶段。

从教育体系的角度，创新育人和文化育人的发展阶段分为规划、实施、评价、改进四个阶段，旨在制定符合国家战略需求和社会进步需求的人才培养方案、专业设置方案、课程体系方案等，采用多样化、灵活化、个性化的教学方法和手段，建立科学合理、全面客观、动态多元的教育评价体系，不断调整和完善教育方案、方法、资源等。铺"面"阶段的具体策略包括：一是规划阶段，即通过制定符合国家战略需求和社会进步需求的人才培养方案、专业设置方案、课程体系方案等，明确培养目标、任务、内容、要求等，为后续的创新和文化教育提供指导；二是实施阶段，即通过采用多样化、灵活化、个性化的教学方法和手段，实现教学内容的有效传授和教学目标的有效达成，为后续的创新和文化教育提供实施手段；三是评价阶段，即通过建立科学合理、全面客观、动态多元的教育评价体系，对教育过程和教育效果进行有效监测和反馈，为后续的创新和文化教育提供评价；四是改进阶段，即通过分析评价结果和存在问题，不断调整和完善教育方案、方法、资源等，为后续的创新和文化教育提供改进方案。

第 2 部分

新文科背景下管理案例的开发

第3章 管理案例的定义、特点、形式与类型

3.1 案例与管理案例

在说明什么是管理案例之前,必须先解释什么是案例。

3.1.1 案例

案例在广义上一般是指"采用文字声像等媒介给出的一段或一个真实的情景或个案。"从某种意义上来说,案例就是人们在生产生活当中所经历的典型的、富有多种意义的事件陈述,是人们对所经历的故事进行有意截取的片段。人们常常把案例作为一种进行说服、思考和教学的工具。

案例的特性可以从三重意义上把握。一是真实性,也称客观性。案例是纪实的,是对事实的描述。二是具体性。案例涉及具体的人和事,因而是可观察的。三是权变性。案例通常是实践中未有定论的现象,要求具体情况具体分析,即权变或称"随机应变"。与一般意义上的学术成果相比,案例的优势在于其描述了特殊的、含义丰富的事件,提供了关于人或人的经历的详细信息,它的叙述方式通常容易被人们所接受和理解,所以更具有可读性和吸引力。案例的缺陷也是明显的,比如,事例不够典型、过于特殊、某些经验过于个人化等,不具备普遍性,也就没有了推广的意义。

本书所研究的案例特指描述和研究企业管理实践的案例,这类案例一般分为以下三大类。

1. 最佳实践案例

最佳实践(best practice)是一个管理学概念,认为存在某种技术、方法、过程、活动或机制可以使生产或管理实践的结果达到最优,并减少出错的可能性。简单来说,把岗位做事的最佳方式和个人做得最好的事项一一总结出来,就是组织的最佳实践。

最佳实践案例的开发是对企业管理实践、专业技术、工作流程等的具体操作、实际应用进行经验萃取,说明性地加以描写,使案例达到可复制可传承的效果,从而实现企业隐性知识向显性知识的转变。最佳实践案例的主要特点在于,通过结构化的萃取,对专业技术、工作流程等进行清晰说明。即,要求案例内容是对专业技术、工作流程等的描述与呈现,主要应用于企业经验或技术的复制和传承。整个案例可以是一篇完整的文字材料或由多篇文字材料构成。

该类案例内容主要是介绍一家企业或某一位高层管理人员的成功实践,常见的有新产品开发、新技术采用、成功转型、海外并购、社会责任等。常见于企业传记、畅销期刊上的企业经验介绍和创业故事等都属于这一类型,企业往往比较愿意参与此类案例的开发,可以起到对外宣传的作用。

2. 研究型案例

研究型案例是为了开展理论探讨而开发的案例,目的是进行学术研究和理论发现,一

般采用质性研究（qualitative research）的方法，其编写结果可能会提出新概念。最常见的形式是通过对一家公司实践进行细致与系统的观察，总结出一些假设（或理论），是从实践到理论的过程。该类型的案例所涉及的企业个数可能是一个或多个。文献中也有一些所谓的多案例研究（multiple cases study），其目的是通过对多家公司实践的观察，在质性上"验证"一些假设，是从理论到实践的过程，与常讲的实证研究（quantitative research）思路一致。

研究型案例通常只有一个问题，其资料来源可能是直接调查，也可能是对现有资料进行改写。不同于教学案例，研究型案例的开发主体主要为研究人员，使用对象一般也是研究人员，更贴近现实，有一定的深度，属于分析性质的文章，可能会提出新的概念。

3. 管理案例

管理案例专门用于教学，其开发过程涉及对企业真实发生的典型事件分阶段的具体描述，但每阶段的开发不包含对过往事件真实的解决方法、措施或具体效果等的介绍，目的在于引出问题，引发思考。管理案例本质上是一种教学工具，它必须设定清晰的教学目标，让案例使用者通过案例分析，理解或掌握一两条知识点，将理论联系实际，让他们掌握分析问题、解决问题的方法。管理案例需要有相应的教学笔记才能供其他教师有效采用，管理案例的开发主体应该是有教学实践的教师。

管理案例与其他两类案例的关系体现在：一般而言，研究型案例与最佳实践案例不能支撑一堂完整的案例课程讨论，但通过一定的设计与二次开发，研究型案例或最佳实践案例有可能成为高质量的管理案例。

3.1.2 管理案例

1. 定义

管理案例是对某一特定管理情景的客观描述或介绍。它是对企业的实际活动及活动背后的逻辑关系的描述、解释和探索，通过对企业的实际描述，为其他企业的发展提供学习模板和实践经验。Gragg 指出，管理案例实际上是对管理人员所面对的商业问题的记录，同时包含对管理人员所做决定有影响的环境的描写。应当补充说明的是，这些介绍的对象往往涉及一个组织中的人员、行动、事件、背景与环境，通过对事实描述、对话记录以及数据与图表等形式来呈现。

2. 特点

管理案例的本质在于"情境 + 思考 = 知识 + 应用"，具有"问题导向、数据支撑、结构规范、应用目标"四个特点。

（1）以问题为导向，强调从实际管理情境中提炼出具有挑战性和价值性的问题，并以此为线索引导学生进行思考和探究。要密切联系热点，提高学生参与案例的积极性。讲究时效性。

（2）以数据为支撑，强调从多种渠道收集真实可靠的数据和信息，并以此为依据构建完整翔实的案例文本。案例必须来源于真实的生活和工作实践，使学生具有将理论应用于实践并不断创新的能力。讲究实践性。

（3）以结构为规范，强调按照一定的结构和逻辑编写案例文本，并使之条理清晰和可读性强。同时，案例的难易度应控制在既能说明教学的重点和难点，又能培养学生分析问题的能力的尺度上。讲究适用性。

（4）以应用为目标，强调根据不同的教学目标和对象，设计合适的教学方法和策略，并通过有效的教学评价方式检验教学效果。案例要反映教学内容和目的，具有较强的针对性；要与具体教学环节相吻合，讲究目的性。

要特别注意"客观"这两个字，有以下三层含义。一是，管理案例原则上必须以企业的实际原型作为依据。案例中企业名称、相关人物的姓名以及案例中所描述的活动都必须属实。二是，管理案例基本上是写实的，是对确已发生过的事实的记录，不是杜撰、虚构与主观臆想的产物，不同于写小说。三是，管理案例是对事实的白描，不得带有撰写者的分析与评论。

然而，以上说明并不全面，它漏掉了两个重要的方面。一是，管理案例有明确的目的，是为适应特定的教学目的而开发的。这说明它不是素材的胡乱堆砌，而是经过仔细筛选，精心编排的。二是，虽然每个管理案例都有其不同的具体教学目的，但有着一个共同的基本目的，这便是为学生提供模拟的管理情景，使他们能够锻炼与提高自己分析与解决问题的能力。因此，管理案例总以一个或一些问题作为主线或核心，围绕着它（们）来展开和铺陈情节。管理案例是对管理事件的一种全方位的、有条理的、逻辑严密的叙述，讲述企业在运营中遇到的各种问题。企业的成败得失、经验教训和方法路径，都可以通过这种故事的载体进行传授或者教导。

因此，管理案例注重的是事实（显在的）和问题（隐含的）。其性质是中性的，并不预先设定其中的管理方式和方法是否有效，而是提供未经深化（能够激发思考且无现成结论）的素材，以供使用者或学习者自行分析和研究，从中总结适当的经验或教训。

管理案例应该是经验性或实证性的研究成果，而非纯理论的研究。因此，案例虽然是以讲故事的形式进行叙述，但是所叙述的问题需要有相对的原型。这样的管理案例才是真正通过模拟一种实际的管理情境，给学生提供一个解决实际问题的机会，训练学生分析问题、评价不同方案、最终进行决策解决问题的能力。

尽管管理案例强调对管理事件的真实回放，但企业一般不希望过多地对外透露自己的信息。因此，出于保护企业隐私的需要，管理案例通常以常见的困境为主题，根据商业场景的需要，对案例中的细节适当虚拟，在尊重实际情况的基础上，将案例中提到的企业名称、人物姓名以及相关数据进行处理，以免造成不良后果。

3.2 管理案例的形式

3.2.1 书面形式

以文字形式呈现的管理案例是目前管理案例最常见的形式。最早实施案例方法的法律教育和商业教育领域都采用了这种形式的案例。它也是当前管理案例最普遍、最流行的呈现形式，通常意义上的案例更多地指这种案例。

3.2.2 录像形式

以录像的方式对某一具体场景加以记录并配以相关的文字说明的案例，相对而言，是较新的管理案例形式。在目前网络社会和新的培训方式日趋成熟的情况下，这种管理案例形式开始逐渐走向成熟。

3.2.3 经历形式

如果说上述两种案例都是通过某种媒介加以呈现的，那么这种经历式的案例并不需要进行专门的呈现。在某些教学活动中，教学双方共同参与的这一教学经历便是案例，如近年较为时兴的现场教学，就是一种以经历的方式呈现管理案例的形式。

3.3 管理案例的类型

目前，案例界把管理案例分为描述型案例与决策型案例两种。

3.3.1 描述型案例

1. 定义与特点

描述型案例又称评价型案例、实例展示型案例。它是指案例中包含对某一问题从出现到解决的全过程的描述性介绍，学生的任务是分析、评估或评价案例中所描述的客观事实。

描述型案例的显著特征在于，只要求学生动态地分析理解导致公司成功或失败的因素，不需要学生做出决策或提出建议，强调对所应用理论的理解和分析（案例被应用于概念或理论的学习之后）或是发现理论（案例被应用于概念或理论的学习之前）。

描述型案例可以描述发现、处理问题的全过程，达到扩大学生知识面、验证与加深学生对管理理论的理解的效果。其最大特点是运用管理实践来印证管理的基本理论与方法，使人们通过对这类案例的分析获得某种经验性的思维方式。

2. 开发要求

描述型案例大多只写到拟定好的方案为止，对已经发生的事实进行复盘，不涉及对未来的规划，更不加以总结与评价，而给学生留有余地。尽管不需要在案例正文之后出现决策点，但是在案例使用说明中要提出恰当的思考问题来引导学生分析和讨论。

3. 教学目的

学生通过对描述型案例的学习，能够强化对管理理论和知识的理解，运用有关的理论和知识对案例中所描述的现象进行论述和评价，并且能够指出企业的成功经验或失败教训。

4. 案例结构

描述型案例主要描述一个故事，常用的一个结构是按照时间顺序来叙述事件的发生、发展及其结果。

描述型案例可以按照事件发生的背景、原因、过程以及做出的决策等顺序进行叙述。事件发生的背景主要是指公司自身的发展以及外部宏观经济环境、市场环境及产业政策，以引出事件的起因。接着逐步深入地描述事件发展的过程，包括公司管理层人员是如何对问题进行决策的。这一部分出现了案例的冲突点，随着事件的进一步深入，矛盾激化，问题急需解决，管理者不得不对相关的问题进行决策，以避免公司陷入更深的矛盾之中。通过对案例进行逐步深入的描述，向读者展示整个事件发生的全过程，可以使读者应用相关的理论对案例进行评价。

一般来说，描述型案例只需要写到管理层做出的决策即可。由学生对该案例进行论述和评价，这也是描述型案例的主要教学目的。描述型案例也可以采用倒叙的形式，先对管理层的决策进行叙述，再描述整个事件的全过程，让读者在了解整个事件的基础上对案例进行评价。

3.3.2 决策型案例

1. 定义与特点

决策型案例又称问题型案例。它描写管理情境，使学生站在决策者的角度对案例中的情境进行批判性的思考，并且为有效地解决情境中存在的问题提出建议。

决策型案例的显著特征在于，要求学生在阅读案例后，做出决策以解决案例企业面临的危机或是影响企业发展的长远问题，强调对所做决策的分析。决策型案例反映了现实世界的情境，让学生扮演决策者的角色，在类似于现实生活的背景中做出艰难的决策。它能够鼓励学生对复杂的信息进行系统的、严密的思考。决策型案例在对管理情况的描述中会隐含一定的问题，需要学生把这些问题发掘出来，分清主次，探究原因，拟定对策，最后做出决定，这无疑有利于培养学生的管理能力，体现了案例教学的基本要求。因此，决策型案例在管理案例中比较常见，成为管理案例的主流。

决策型案例对企业实况方面的非完整性、解决问题途径的多元性和环境影响因素的模糊性以及未来发展的不确定性等问题的描述，使其更接近企业的实际，能增强学生独立判断企业问题或机遇的能力，从而提高学生的决策能力。

2. 开发要求

开发决策型案例不仅需要从已出版的材料和文件中寻找资料，更需要通过实地调研和一般性经验获得资料。因为在真实的管理环境中，管理层通常从各种非正式渠道收集各种资料，从而做出决策。而通过实地调研、人员访谈、观察所得的资料能够使案例作者对当前环境有一个真实的描述。

决策型案例是复杂的，模棱两可的，开放多元的，它是从精心制定的研究设计和调查研究中开发出来的。有效的决策型案例能够引发多层次、深入的讨论。在这种讨论中，没有唯一正确的答案，几个讨论小组的结论可能大相径庭，任何一项决策都有利弊得失。案例讨论的目的是发展学生分析和解决问题的能力，这种能力可以给教师提供一种从多角度思考问题的方法或者思维方式。决策型案例的决策点是案例的灵魂，需要在恰当的时候出现。

3. 教学目的

决策型案例旨在让学生通过对案例的学习，运用相关管理理论分析企业面临的复杂情境，分析企业的现存问题及问题产生的原因，在此基础上做出相应的决策。决策型案例以提高学生分析问题和解决问题的能力为导向。

4. 案例结构

决策型案例常见的结构是始于对一个决策者所面临的问题或困境的描述。在抛出问题或困境之后，并不是接着就对其进行详细的描述，而是笔锋一转，描述与公司相关的内外环境。决策型案例主要向读者展示一个决策的场景。众所周知，一个管理者在做某项决策的时候，通常受多种因素的制约，如外部因素、内部因素、财务信息、非财务信息等。有时，为了增加案例的难度，还可以对一些非相关因素进行描述。因此，决策型案例在对公司内外环境进行描述时，通常会比较详细，注重对图（产量图、销售趋势图、人员结构图等）、表（财务报表、销售收入表等）的运用，为读者创设一个真实的决策环境，使其身临其境，站在决策者的角度进行决策。

接下来就应该对案例的决策点进行描述。案例的决策点是决策型案例的重中之重，在这一部分，需要运用多种技巧来展示各个矛盾冲突点。可以设置几个相关的故事情节，设置悬念，引人入胜，重点展示公司所面临的危机和问题、公司相关人员对问题的态度和反应，着重突出公司做出决策的必要性；可以引用对话的形式，将相关人员的看法以第三人的角度讲述出来，既增强了案例的客观真实性，又丰富了案例的内容。在这一部分，案例作者应该在需要做出决策的地方停止对案例的描述，转入案例的结尾阶段。

决策型案例可以突然结束，让读者站在决策者的角度进行决策，也可以对案例进行一个简单的总结并且提出相关的问题让读者给出解决方案，还可以提出多个备选方案让读者进行评价和选择。如果在现实生活中公司已经做出了具体的决策，则可以在案例使用说明中进行相关说明，既可以满足读者的好奇心，又可以让读者比较自己所做决策与公司管理层所做决策之间的差异，从而吸取经验教训。决策型案例不需要在正文中描述执行决策的方式。

3.4　应用管理案例的注意事项

管理案例的开发完成后，如何在教学中发挥案例最大的作用也是一个值得探讨的问题。

3.4.1　教师的主导作用

首先，教师对于管理案例的选择要把握以下原则：一是，案例要真实可信。真实性是教学案例的基本原则。二是，案例反映的问题应是与课程内容相关的重点或有争论和分歧的观点。三是，案例涉及的知识不能过于专业，以免影响讨论的展开。四是，案例反映的问题与接受培训对象的工作或生活密切相关。五是，案例既要有理论的、现实的意义，又要富于启发性、生动性，并力争涵盖学科的主要内容。

其次，教师在引导学生对案例进行研讨的过程中要善于提出富于启发性的思考题，使学生有深入思考、发表意见的广阔天地，要善于引导学生围绕案例展开分析研讨，避免脱离主题的泛议。要善于发现学生发言中的差异、矛盾和不同观点，并及时明确指出，引导学生讨论、辩论，把研讨引向深入。

最后，对于管理案例研讨的总结，不能是即兴的，教师要事先做好充分准备，围绕案例教学所要解决的问题，从理论与实践结合的角度进行深入分析，并注意充分反映讨论中学生的正确意见和闪光思想。对学生认识的偏颇之处，则应明确指出，适当剖析。

3.4.2　以学生为主体

运用管理案例进行教学的目的在于，使学生在对案例进行分析的基础上，结合企业管理的现实问题进行深入思考，激发学生接受教学内容的主动性和积极性，从而提升学生依据所学知识解决实际问题的能力。这就要求学生在课前认真阅读案例材料，分析案例，最好做好发言提纲；在教学现场学生们要积极地开展对案例的分析、讨论和辩论，既要畅所欲言，还要认真听取别人的意见，有不同意见要大胆开展辩论。

3.4.3 总结与提升

在教学结束后，教师应该综合大家的意见，就讨论和辩论做出小结。小结既要全面反映学生的研究成果，又要在理论上有所深入，以提高学生的认识。

此外，还要整理案例分析，巩固研究成果。由学生负责修改案例，整理编写案例分析，经教师审阅并修改后作为教学研究的成果。

第 4 章 新文科背景下的管理案例开发要求

4.1 传统管理案例开发的局限性与创新要求

在新文科背景下,传统管理案例的开发模式存在以下不足和创新空间。

4.1.1 缺乏对新文科的充分认识和适应

新文科建设涵盖了人文社会科学领域内多个学科的交叉、融合、渗透或拓展,也可以是人文社会科学与自然科学交叉融合形成的新兴领域。因此,管理案例的开发需要跟上新文科的发展趋势,不仅要关注传统文科的内涵和外延,也要关注新技术、新领域、新问题和新方法的引入和运用;要勇于跨越学科边界和领域界限,针对涉及多个学科或领域的前沿问题和热点话题,选择或构建具有代表性和启发性的案例主题和内容,引导学生从多个角度和层面进行分析和讨论,培养学生的跨学科综合能力和创新思维能力。

4.1.2 缺乏对新时代的敏锐洞察和回应

我们正处于一个百年未有之大变局的时代,面临着前所未有的挑战和机遇。作为以人和社会为研究对象的新文科,必须紧密联系时代背景和社会需求,解决在新的环境下企业管理中遇到的实际问题和现实困境,为国家发展和社会进步以及企业的经营管理提供智力支持和价值引领。因此,管理案例的开发需要具有时代感和问题意识,不仅要反映历史经验和现实状况,也要展望未来趋势和发展方向。

4.1.3 缺乏对新文化的尊重和包容

作为以人和社会为研究对象的新文科,必须具有开放的视野和包容的心态,尊重不同的文化传统和民族特色,借鉴各国的优秀经验和智慧成果,促进文明对话和交流互鉴。因此,管理案例的开发需要具有多元性和国际性,不仅要关注本土文化和本国实践,也要关注世界文化和国际实践。

4.1.4 缺乏对新人才的培养和输出

新时代需要新人才,新人才需要新教育。作为以培养人才为根本任务的新文科,必须适应社会发展和人才需求的变化,培养具有创新精神、创造能力、创业意识和创造价值的高素质人才。因此,管理案例的开发需要具有实践性和创造性,不仅要传授知识和理论,也要培养技能和能力,不仅要解决问题和困难,也要创造机会和价值。

4.2 新文科背景下管理案例开发的设计要求

4.2.1 目标层

在目标层,要根据新文科的内涵和特点,确定符合时代要求和社会需求的教学目标,不仅要培养学生的知识和理论,也要培养学生的技能和能力;不仅要培养学生的创新思维和创造能力,也要培养学生的创业意识和创造价值。

4.2.2 内容层

在内容层,要根据新文科的发展趋势和前沿领域,选择具有代表性和启发性的案例主题和内容,不仅要反映传统文科的内涵和外延,也要反映新技术、新领域、新问题和新方法的引入和运用;不仅要关注本土文化和本国实践,也要关注世界文化和国际实践。

4.2.3 形式层

在形式层,一方面,要积极利用大数据、云计算、人工智能等技术,收集更多、更全面、更准确的案例资料,开发更丰富、更生动、更精彩的案例文本,设计更多样、更互动、更高效的案例教学活动,评价更客观、更全面、更及时的案例效果。另一方面,要根据新文科的特征和需求,选择或创造适合于教学对象和教学环境的案例形式和媒介,不仅要利用传统的文字、图表、音频等形式,也要利用现代的数字人文、虚拟现实、增强现实等形式;不仅要采用单一的书面或口头方式,也要采用多样的网络或现场方式,为案例开发提供更多可能性和创造性。

4.2.4 评价层

在评价层,要根据新文科的目标和效果,建立客观、全面、及时的评价体系和方法,不仅要评价案例文本、案例教学活动和教学效果等方面,也要评价学生的知识掌握、技能运用、能力提升等方面;不仅要利用传统的考试、问卷、观察等方法,也要利用现代的数据分析、反馈机制、互动平台等方法。

4.3 新文科背景下管理案例开发的典型模式

管理案例开发是指根据教学目标和要求,从实际情境中选择或构造具有典型性、代表性和启发性的管理事件,通过对事件的分析、解释、评价和讨论,达到教学目的的过程。

根据新文科背景下管理案例开发的设计要求,管理案例开发的典型模式如图4-1所示,包括问题界定、数据获取、案例构建和案例应用四个阶段:第一个阶段是问题界定,指明确教学目标、教学内容和教学对象,确定案例主题、类型和范围;第二个阶段是数据获取,指根据问题界定的要求,从多种渠道收集相关的数据和信息,包括文献资料、实地调查、访谈记录等;第三个阶段是案例构建,指根据数据获取的结果,按照一定的结构和逻辑,开发出具有完整性、真实性和可读性的案例文本;第四个阶段是案例应用,指根据教学目标和对象,设计合适的教学方法和策略,如讲授法、讨论法、演示法等,以及相应的教学评价方式,如考试、报告、反馈等。

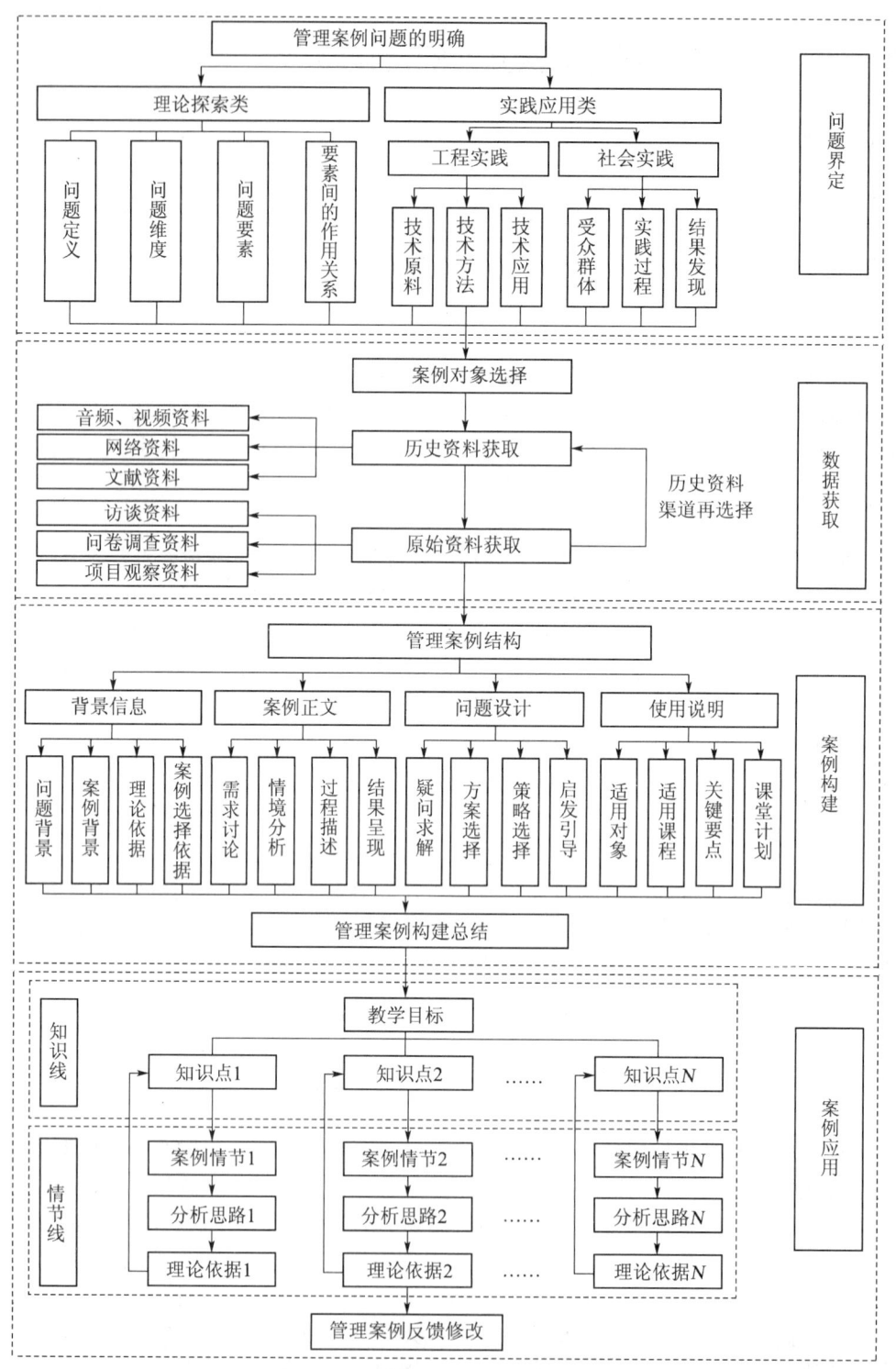

图 4-1 管理案例开发的典型模式

资料来源：钱明辉，李天明，舒诗雅，等．教学案例开发框架模型的构建及其应用［J］．管理案例研究与评论，2018，11（2）：210-220.

第 5 章　管理案例开发的类型确定

5.1　为什么要确定案例类型

确定案例类型的必要性是不言而喻的。之所以提及此问题，是因为有的学者在案例开发实践中没有确定案例类型，不清楚描述型案例和决策型案例在内容、结构、教学目标等方面存在的差异，导致其分不清所开发案例的类型，从而影响案例的使用效果。

开发案例是一种非常昂贵的开发教学材料的方法。案例开发的成本非常大，通过提高案例的开发效率可以节约成本。一般来说，如果不能确定案例类型，就无法明确不同类型案例的特点、开发重点等，想节约成本是不可能的。确定案例类型，明确开发案例的重点，有助于提高案例开发的质量和效率，进而提升案例教学的针对性和价值。

5.2　何时确定案例类型

案例开发是一项非常具有挑战性的工作，在现实生活中，并没有一个案例开发的最佳模式。每个案例作者都有自己独特的风格，开发的流程都会带有自己的印迹。案例开发的一般流程可划分为七个阶段：确定案例教学目标（案例主题）、拟订案例开发计划、寻找和评估案例线索、公司接洽和资料信息采集、案例开发、案例使用说明编写、案例修订和公开发表。在案例开发过程中必须确定案例类型，至于何时确定案例类型，目前有四种不同观点。

第一种观点认为，在案例开发的第一阶段，即确定案例教学目标和案例主题时，案例作者就需要确定是开发描述型案例还是决策型案例。因为，案例作者在开发案例之前必须明确开发的案例将被用于哪门课程的哪个章节，学生能够从这个案例中获得怎样的知识和在解决案例中所出现的问题时获得怎样的技能。即明确所开发的案例是为了帮助学生理解管理理论和知识，提高学生对理论的理解能力，还是培养和提高学生分析问题与解决问题的能力和决策能力等。

第二种观点认为，案例类型应在第二阶段，即拟订案例开发计划阶段确定。案例开发计划通常包括以下内容：①案例需要解决的主要问题和决策层次；②案例的难度；③案例的目的和用途；④案例的类型；⑤案例的篇幅；⑥案例开发的时间进度安排。

第三种观点认为，案例类型应在第四阶段，即公司接洽和资料信息采集阶段确定。在明确案例开发的主题、寻找到案例开发的线索之后，案例作者需要与目标公司进行初次接触，并与相关人员进行实地访谈。这一期间的访谈是一个试探性的过程，主要问一些开放性的问题，来检验目标公司发生的案例与教学目标是否相符，并根据已掌握的素材和信息确定案例是属于描述型案例还是决策型案例。

第四种观点认为，案例类型应在第五阶段，即案例开发阶段确定。目前，持此观点的学者不在少数，其主要观点是案例开发的内容具有不确定性，只有将开发的所有信息进行汇总，在案例开发时才能确定该案例是描述型案例还是决策型案例。

基于描述型案例和决策型案例在内容、结构和教学目标等方面的差异，以及案例开发的复杂性、难度、成本、质量和效率的提高等方面的综合考虑，笔者认为第三种观点比较符合案例开发的实际，即在与目标公司初步接触、明确目标公司与案例教学目标相符合并获得目标公司的一些基本信息后，确定案例类型。理由如下：若在第一阶段和第二阶段就确定案例类型，由于缺乏实地访谈的第一手资料，可能会造成实际信息与最初设想的方案有较大出入，难以实现最初确定的教学目标和开发计划。若在第五阶段即案例开发阶段确定案例类型，必然造成采集信息阶段目标不清晰、缺乏重点，眉毛胡子一把抓，不仅会浪费采访对象的大量时间，而且会增加开发成本。若在第四阶段确定案例类型，不仅可以避免上述问题，还可以使开发思路更为清晰、提问更有针对性，不至于遗漏重要的信息，并且能够节约开发时间和成本，提高案例开发的质量和效率。

5.3　如何确定案例类型

在案例开发过程中，有多种因素影响案例类型的确定。

其一，案例教学的目标、主题清晰与否会影响案例类型的确定。若案例教学目标是为了加深学生对管理理论和知识的理解且有明确的主题，则开发的案例必然是描述型案例；若案例教学目标是为了提高学生分析问题与解决问题的能力且有明确的主题，则开发的案例必然是一个决策型案例。

其二，案例的线索也会影响案例类型的确定。案例作者在开发案例之前，需要对案例中所发生的事件有一个清晰的认识，包括什么时间、什么地方、发生了什么事情、参与的人员有哪些、如何发生以及为什么发生，因为这些内容决定了案例的焦点问题。由此可见，案例的线索如果比较清晰，就能够确定案例类型。如果案例有比较完整的故事情节，可以开发描述型案例；如果案例是一个复杂的、有待解决的问题，那么可以开发决策型案例。

案例开发流程中的一个十分重要的环节是采集信息。收集二手信息在互联网时代相对比较容易，而通过实地采访收集信息相对比较困难，原因在于采访过程中存在诸多不确定性因素，如采访对象以保密为由不愿意过多透露信息、案例涉及的相关人员已经离职导致关键信息不全、采访的信息与预期要获得的信息不相符等。如果与采访对象进行初步接触后，仍无法获取所需的基本信息，就需要调整采访计划，通过各种方式对目标公司或采访对象进行深入采访以获取所需的信息。实际情况常常是获取的信息越多、越零散，就越难以厘清线索。因此，案例信息采集的不确定性会导致确定案例类型的时间后移，甚至可能到信息采集完毕后才最终确定案例类型。

有一种情况例外，即案例开发者希望获得与案例相关的所有信息，以便于自由选择案例的写作类型。对此，有专家持有不同看法：由于实际条件的限制，观察和记录所有与案例相关的信息几乎是不可能的，案例作者应该避免追求这种完美。

在对国内已经公开发表的优秀教学案例进行阅读和统计分析后发现：难以分清许多教学案例的类型，有的描述型案例在结尾处提出了决策问题，有的决策型案例在提出决策问题之后又进行了分析和描述，甚至提出意见和建议。例如，描述型案例对一个冲突事件的前因后果进行了完整描述,但开发者在结尾处突然提出了一个新的决策问题,即决策之后出现了新的问题,案例作者将这一新问题作为决策问题在结尾处提出。其实,这应该是另外一个决策问题。否则,开发的案例将永无止境,因为新问题随时都可能发生,一个案例不可能描述多个决策问题。

描述型案例和决策型案例的内容和结构是否完全不同呢?答案当然是否定的。例如,每一种类型的案例都包含一个难题、说明一个理论、存在戏剧性的冲突、具有决策问题、含有大量信息,都具有真实性、故事性、理论性、典型性和针对性等特征。案例的结构大体上都包含引言、正文、结尾三部分,只不过每一部分的写作方式有所不同。任何一种类型的案例都必须提供背景信息,客观描述发生的事实或产生的冲突,不允许夹叙夹议或发表个人看法等。因此,笔者侧重论述描述型案例和决策型案例开发的不同之处,并不否认二者在内容和结构方面存在着很多相同之处。

5.4 不同类型案例开发的侧重点

5.4.1 案例采集环节的侧重点

在开发案例之前必须明确案例的类型以及案例可能适用的课程、主题(具体适用于哪一章、节、题目)、教学目的,初步拟订开发案例计划。开发计划应是一个富有弹性的计划,具体包括开发的目标企业及访谈对象、案例类型,开发的内容属于管理故事还是管理情境,是一个企业实践活动还是有待决策的问题,案例涉及的是理论还是规则等。

在根据访谈计划与目标企业访谈对象初步沟通,并获得了案例的基本信息、确定了案例类型之后,应调整案例采访计划,重新制定采访提纲,明确采集的侧重点。

描述型案例和决策型案例信息采集的侧重点比较见表 5-1。

表 5-1 描述型案例和决策型案例信息采集的侧重点比较

比较要素	描述型案例	决策型案例
教学目标	侧重于管理理论和知识的理解	侧重于管理实践问题的分析与解决
主题	聚焦于理论问题	聚焦于实践问题
基本线索	侧重于完整的故事情节	侧重于复杂的决策情境
关键内容	①聚焦于管理实践活动过程及其涉及的理论、知识、观念 ②侧重于与管理理论及知识点相关的故事、事例等信息的采集	①聚焦于影响管理决策的因素、决策要素和规则 ②侧重于管理决策问题的发掘、企业面临的机会与挑战等信息的采集
关键人物	一个故事主角	一个决策者
关键问题	4W1H (who, what, where, when, how)	4W (who, what, where, when)
隐含问题	why	how

资料来源:郭文臣,王楠楠,李婷婷. 描述型案例和决策型案例的采编 [J]. 管理案例研究与评论,2014,7 (5):427-435.

5.4.2 案例开发环节的侧重点

案例开发环节是指案例信息和资料的开发过程,即案例正文的写作过程。开发案例就像制作面包一样,为了制作美味的面包,需要优质的谷物、发酵剂和水,可以将这些原料按不同的数量和次序加进去,制作任何想要的面包。描述型案例和决策型案例就像是两种不同口味的面包,需要按照不同的写作方法和写作风格将所收集到的资料进行整合和开发,才可以写出高质量的教学案例,否则写出的案例就可能既像描述型案例,又像决策型案例,无法满足特定的教学目标。

5.4.3 案例编写环节的侧重点

案例的引言即开场白非常重要,它在全文中就像"龙首"一样。众所周知,描述型案例主要是介绍事件发生发展的全过程,因此描述型案例的开场白可以始于案例中的关键人物做出的某个决策,主要阐明关键人物在某个场景下做出了一个影响公司长期或是短期发展的决策,吸引读者的注意力。而决策型案例主要是向读者展示一个完整的决策场景和管理层所面临的决策问题,使读者能够意识到决策的紧急性和重要性,因而能够站在决策者的角度对案例中的问题做出自己的决策。因此,一个好的决策型案例的开场白经常是描述案例中的关键人物所面临的困境和问题,或是公司面临的危机,为读者营造一个真实的决策情境。

描述型案例和决策型案例都会涉及对关键人物的描写,在案例中,关键人物就好比一条主线,贯穿在案例的始终。因此,对关键人物的描写至关重要。决策型案例更要注重对关键人物的描写,通过对关键人物所做的一两件突出事件的描写,可以让读者察觉到关键人物的性格、做事风格、决策方式等,可以更加生动、具体地向读者交代他们在案例中担任的角色。而描述型案例则不用刻意对关键人物进行描写,可以设计一个故事主角,只需在叙述整个案例的过程中突出其所做的决策和所起的作用即可。

1. 决策型案例编写的侧重点

让读者在真实的商业环境中做出决策是决策型案例的最终教学目的,因此相比于描述型案例而言,决策型案例最大的不同点在于对决策点的描述。决策型案例要求案例作者在行文过程中制造跌宕起伏的情节,交代清楚矛盾的焦点,让读者有阅读和讨论的欲望。决策型案例究竟该如何制造跌宕起伏的情节,何时提出决策的问题是案例作者应该关注的重点问题。在开发决策型案例时,首先要对案例的背景进行描述,如果开发的是公司层面的案例,则背景一般是关于行业及公司自身的相关信息;如果开发的是关于某个部门的案例,则背景一般是关于公司及该部门的相关信息。对背景进行描述的一个原则是不仅要有定性资料的阐述,还要有相关的定量数据(数字、图、表),这样才可以让读者得到足够的资料进行分析,从而做出理性的决策。要使决策型案例具有跌宕起伏的情节,就需要对案例中所发生的情节进行合理的布局,设置悬念,增强戏剧性。

例如,在案例《GDC公司内部的文化冲突》中,案例作者着重描写了3个展现矛盾冲突的事件,分别是"风波乍起""风波再起""石破天惊"。从标题就可以看出作者展现矛盾的方式是逐步深入的,并且是按照时间结构来进行叙述的,这是决策型案例常用的一种展现矛盾的方式。随着矛盾的不断深化,案例作者就可以在某个矛盾激化的关键事件之后提出决策问题，将案例推向高潮。

2. 描述型案例编写的侧重点

描述型案例的教学目的主要是向读者展现一个完整的商业故事，只需将故事的前因后果描述清楚即可。相比于决策型案例，描述型案例的写作要求相对较低，只需将事件的来龙去脉交代清楚，提供尽可能多的信息量即可，至于如何使用则由读者根据自身需要进行取舍。在对描述型案例进行开发的过程中，对收集来的信息进行合理取舍是非常重要的，尤其是在描述型案例的第一部分相关背景的描述上更要注意这一点，与案例发生原因相关的信息一定要加以介绍，剔除与案例内容无关的信息。有一些与公司发展历史相关的信息、财务报告和图表则可以放在附录中，供读者选择使用。由于描述型案例全篇在向读者讲述一个真实、生动的故事，因此在开发的过程中应更加注重对时间结构的运用，可以按照时间顺序，将一件件的事情串联起来，使读者对案例的发生发展有一个清晰的认识。与决策型案例相比，描述型案例虽然不用对决策点进行描述，但是需要对关键人物所做的决策进行叙述，这也是整个案例的高潮部分。随着案例中故事情节的延展，或是公司面临的困难、问题的加剧，需要关键人物做出决策；或是公司面临着发展的关键阶段，需要案例中的关键人物做出某个影响公司发展的决策，对该决策进行具体生动的描写也是非常重要的，可以增强案例的真实性和可读性。

俗话说"编筐编篓，全在收口"，如何收尾是案例开发的重中之重。基于描述型案例和决策型案例在内容结构和编写体例等方面存在的差异，结尾也有所不同。有一个非常有趣的现象，现在许多案例作者无论是开发描述型案例还是决策型案例，案例结尾总会以问题来收尾，这种做法是值得商榷的。毫无疑问，决策型案例多以问题来结尾，因为决策型案例就是要向读者提出一个管理决策问题。在结尾处将需要做出决策的问题提出来，可以使读者明确问题，进行分析与决策。而描述型案例是不适宜用问题来结尾的，因为在描述型案例中，已经对案例中存在的问题及决策方案或措施进行了描述。因此，描述型案例应该以所做的决策或该决策取得的成效结尾，而不应该以问题结尾。但这并不意味着描述型案例的结尾只能是平淡的客观描述。相反，描述型案例的结尾相较于决策型案例的结尾应更加富有艺术性，比如可以采用具有故事性、哲理性、启发性、激励性或展望性的语言来结尾。

案例开发不仅是一项具有挑战性的工作，而且是一项具有弹性的工作，要求案例作者根据时间、环境变化和开发内容的需要等不断地调整、修正开发计划，采用多种方式方法，确保开发信息的真实性、全面性、系统性。描述型案例和决策型案例在采集和开发两个环节各有侧重，只有抓住开发的关键要素，才能开发出实用、高质量的管理案例。

第6章 管理案例的开发原则

6.1 管理案例开发的通用原则

案例开发是指生成优质案例的整体规划、产出技术及实施过程,是为实现经验描述、知识萃取、教学传授、实践创造等后续案例应用与创新奠定的坚实基础。案例开发涉及案例基本格式、案例撰写步骤、案例编辑重点等内容,为保证案例开发工作有序、科学、系统地进行,控制案例的质量、可用性与规范性,笔者整理出以下多个有关管理案例开发的通用性要求和原则。

管理案例的开发是对企业真实发生的典型事件从头到尾全貌还原的具体描述,其内容主要为"真实事件+情境化决策",即要求案例内容对真实事件进行分阶段的描述与呈现,最大限度地体现案例冲突的场景,从而应用于教学。整个案例可以是一篇完整的文字材料或由多篇文字材料构成。

从案例的类型来看,决策型案例事实全面性较低,但问题集中、矛盾突出,要解决问题需要在案例之外再收集相关企业及行业的有价值的资料和信息。决策型案例以训练思维、引导决策为宗旨,是案例教学的主要载体,也是目前国际知名案例库的构成主体。而描述型案例要求高度掌握事实,信息量充足,能够观察和解剖企业微观组织,作为发现新问题、建立新理论的起点,主要适用于科学研究领域。

6.1.1 案例正文的要求

虽然不同案例库的特点导致对案例正文的体例与内容的要求有所不同,但是,对作为教学服务的案例在很多方面的要求都是一样的。现以中国管理案例共享中心(CMCC)案例库的案例正文的格式及要求为例,谈谈对组成案例正文的各个部分的要求。

1. 案例名称

案例名称以不带暗示性的中性标题为宜。要提供企业的真实名称,如需隐去,另附说明。选题要有一定的典型性和代表性,能够反映某地区、某行业或更大范围的经营管理问题。此外,一个正规的案例正文应包含一个核心的主题,案例的研讨、学习应当始终围绕这个核心主题进行。

根据2011年3月举办的第二届"百优案例"评选活动投稿情况统计,全国98所MBA培养院校的317篇案例所涉及的学科领域及选题范围分布如图6-1所示,可以看出目前案例作者所关注的选题领域。好的选题,一般要求有本土性(案例作者熟悉的企业和领域)、代表性和典型性,给人有故事感,有一定的社会意义(如能解决社会问题并能给予学生启迪,同时跟时代和政策靠得很紧等),并有新意。

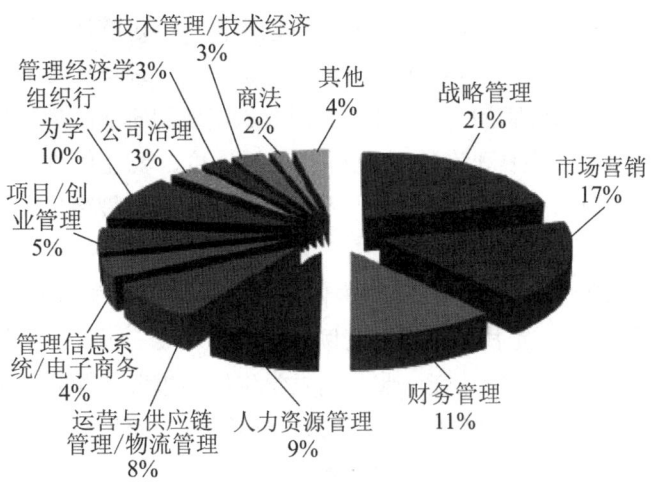

图 6-1 投稿案例学科覆盖情况

资料来源：王淑娟，马晓蕾，崔淼. 中国本土案例撰写现状再分析——第二届"百篇优秀管理案例"评选综述 [J]. 管理案例研究与评论，2012，5（1）：69-76.

2. 首页注释

首页注释包括作者姓名、工作单位、案例真实性等；版权说明，注明案例只用于教学目的，不对企业的经营管理做出任何评判等。

3. 内容提要及关键词

内容提要需要总结案例内容，不作评论分析，300 字以内，关键词 3～5 个。

4. 引言/开头

引言/开头需要开门见山或点题，并点明时间、地点、决策者、关键问题等信息，尽量简练。

5. 相关背景介绍

管理案例相关的背景包括行业背景、公司历史沿革、财务状况、主要人物、事件等，内容翔实充分，能有效辅助案例课堂进行讨论分析。

6. 主题内容

大中型案例宜分节，并有节标题。要求陈述客观平实、不出现作者的评论分析，决策点突出，所述内容及相关数据具备完整性和一致性。下面从埋藏理论、展现冲突、海量信息和情节安排四个角度介绍管理案例常见的撰写方法。

（1）埋藏理论。管理案例要明确在教学上的用处，说明一些"理论"（不是传统意义上的"理论"），或者提炼总结出工作技能和实操经验，从而体现案例的价值。

案例是实施案例教学的技术基础，它是根据教学目标，对现实经济生活中发生的真实事件进行调查、整理、提炼、开发而形成的知识产品。它绝不是对已发生事件的简单描述，而是将管理理论知识蕴含其中，将理论知识与应用知识（实践经验）有机融合，才形成的完整案例。

理论在管理案例开发的方方面面起着重大作用，例如，选择样本企业的首要依据是所要讲授的理论，在样本企业确定下来后，理论贯穿于整个案例开发设计过程。一个优秀的管理案例必须包含所要传授的理论，并为分析讨论提供一个足够清晰的蓝图，这样的开发设计才能够决定搜集什么信息和采用怎样的理论分析策略；现场搜集的信息是否切题更是取决于理论及对于所要讲授理论的深层理解。因此，实地调研前的理论构建工作是必不可少的环节。此外，案例开发中理论的"埋藏"也要适度，要能够在课堂讨论中被识别、理解并融会贯通。可以说，理论是管理案例开发的最初动因和最终目的，案例开发是为讲授理论服务的。

（2）展现冲突。管理案例应该在案例中体现冲突，冲突和争议是案例教学中学生开展研讨和引发思考的基石。尤其是决策型案例，更应该一波三折、引人入胜，一个问题解决了，又出现了新的问题，这样才能一步步引发学生们的思考和探究兴趣。

（3）海量信息。管理案例应该包含足够深入分析的海量信息，便于学生运用信息进行逻辑分析和深度思考，或提出有针对性的解决方案。

案例材料要求真实客观；在排序时，既要考虑时间顺序，又要考虑与文中埋设问题的逻辑相关性；表达上应使用专业术语，不能只用企业提供的原始材料，要进行专业加工；减少图片和照片的使用，文字信息更有价值。

（4）情节安排。案例情节应满足：故事主线与辅线，简洁清晰但不简单；框架与细节的呈现，有目的而不罗列；与说明书有呼应，埋伏笔、有依据；从学生的认知角度看，故事有代入性；谋篇布局、转折起承、跌宕起伏。

7. 结尾

管理案例的结尾一般有两种形式，描述型案例的结尾通常是顺其自然，案例事实结束，文章就结束。而决策型案例的结尾一般是出现转折，对出现的问题提出需要决策的问题，然后结束，留有充分的想象空间，不会牵着学生的鼻子走，为后续的多元分析提供条件。

8. 脚注、图表、附录等

脚注以小号字附于有关内容同页的下端，以横线与正文断开。图表要有标题（中英文），有编号。有助于理解正文的相关资料、数据可作为附录列出。

9. 与中文相对应的英文案例名称、作者姓名、工作单位、摘要、关键词

注意英文摘要150～200个英文单词，英文题目和摘要符合科技英文书写规范。

10. 企业授权书

企业授权书是企业对案例内容的肯定，同意以案例的形式将企业实情公之于众，用于教学讨论或其他非商业用途。作者向案例共享中心出具企业授权书也是对案例所述内容真实性的承诺。此外，从国际案例的出版规范来看，企业授权书是案例的一部分，是一篇案例进入国际知名案例库进行全球发行的必要条件之一，对企业授权书的强调也是助推中国本土案例走向国际舞台的重要一环。

6.1.2 案例使用说明的要求

正是由于管理理论"埋藏"在案例中，不同的人对文字的理解角度、层次都不尽相同，因此为了提高案例的实用性及使用效率，国际上通用的办法是由案例开发者根据个人

的理解专门撰写一篇案例使用说明。在案例使用说明中,作者会将埋藏在案例中的理论知识、应用知识和教学使用方法等一一罗列出来,供其他案例使用者参考,这也成为案例工作者之间一种特殊的交流方式。案例使用说明作为与案例正文相伴相生的重要部件始终是国内外各大知名案例库十分重视的项目之一。

现在看来,案例使用说明的篇幅越来越长,关键点的聚焦不够,知识点找不到对应的案例,案例素材找不到对应清晰的知识点,广泛性有余而专业性不够,要引起注意。

下面,依然以中国管理案例共享中心(CMCC)案例库的案例使用说明的体例要求为例来做一个说明,一篇案例使用说明大概包括以下几个板块。

1. 教学目的与用途

主要说明案例适用的课程、使用对象,教学目标。

(1)适用的课程。要考虑使用者用它来启发学生消化哪一个知识点或者书本中哪一个章节的内容和主题,不要涵盖太多的知识体系和领域。也就是说,说清楚一篇案例针对某教材某一章一到两个知识点即可,加强专业性。

(2)使用的对象。最好是有管理背景、管理经验的,也可以根据案例情景及学生的实际情况设定。

(3)目标要聚焦。细化课程与目标(最好不要涉及过多的知识点和课程),做到知识点凝练。太过庞大的知识点体系不易通过思考题解决。教学目的要对理论知识点进行展开和具体化,层层分析、步步递进。要明确掌握什么知识,培养什么能力,目标、知识点、能力要求点要具备明确、合理、精确的特性。通过学习案例和理解理论知识,学会用理论来分析问题和解决问题。

(4)可将1～2个主要知识点分解为4～5个子理论、子知识点进行分析讨论,设置相应课程目标,每个目标与后面"启发思考题、分析思路、理论依据与分析"各部分相互对应。

(5)不能将教学目标编辑成文章摘要。

(6)需要注意知识点的前后一致性,与"适用课程"定位标准匹配,主要保证章节和后面分析运用的理论知识点相对应,不能看起来相关,但实际上毫无关联,梳理好章节和理论知识点之间的逻辑关系。

2. 启发思考题

提示学生思考方向,2～5题为宜。

(1)由表及里,层层递进,逻辑关联(时间、由浅入深等,根据理论知识点的逻辑关系展开)。

(2)精简思考题数量(与理论知识点数量有关),为教师、学生提供可选、灵活发挥的空间。表述简短、清楚,每个问题不宜超过100字。

(3)合理性。注意设置的合理性(题目数量、题目的前后关联);题目表述不应过于宽泛,应适当引导学生向某个方向思考;需要聚焦主题,单一思考题应解决一定范围内的问题、使学生掌握适当的知识点,而非试图涉及过于庞大的知识框架;分析类题目也不要牵扯出太多的问题。

(4) 关联性。每个题目设置应与教学目的、用途、教学目标联系紧密；思考题既要结合情节，又要融合理论。

(5) 注意附件、正文要提供足够资料以帮助解决启发思考题提出的问题。

(6) 注意决策点前后的一致性，案例正文中的决策点和启发思考题的决策点需要保持一致。

(7) 启发思考题虽然常常在正文之后直接抛给读者，但有案例教学经验的教师在课堂教学中并不直接依此提问，它更多的是作为一种引导读者、学生思考的引子。

3. 分析思路

给出案例分析的逻辑路径。

分析思路图是撰写案例教学使用说明书和进行评审的重点和难点，体现出细节决定成败的特点，它能展现整体案例事例和故事情节与教学的知识点和课程理论的对接情况。有了分析思路图，就能清楚地知道如何组织案例使用说明，明确要体现的知识点是什么，以及为什么选择这些知识点和如何实施教学。分析思路图可以展现清晰的逻辑，而且逐层深入。

在进行案例开发及应用的过程中，分析思路都起到了指引、控制的作用，为案例正文、使用说明各模块之间的紧密联系及教师的便捷应用提供保障。在设计分析思路时关键要做到逻辑清晰。这包括明确知识点之间的联系、思考题之间的逻辑关系、故事发展的脉络、结构框架，以及确保故事与理论的对应、案例细节与知识点的对应。

案例的分析思路图架构可以是：教学目标—理论知识点（展开并具体化）—启发思考题—理论依据（拓展学习）—案例情节及分析—决策分析。

接下来介绍两种用于思路分析的案例开发方法。

(1) 基于 SPS 方法的 TSS——教学案例开发模型（表 6–1）。SPS (structured-pragmatic-situational，结构化—实用化—情境化) 是由潘善琳教授创立的一种新型案例研究方法论。这一方法论包括三个基本原则，八个步骤和六种建模方式。该方法采用结构化的方法与布局，通过有效的系统操作流程和基于理论的模型构建方法，帮助定性研究者根据具体情境，发掘案例中的特色与理论创新点（见表 6–1）。

SPS 案例研究方法的主要步骤包括：确定研究目标、收集数据、分析数据、提出结论，并最终提出建议。

第一，研究者需要确定研究目标，以便确定研究的范围和方向。研究者可以通过查阅文献、访谈专家、观察社会现象，以及其他方式来确定研究目标。

第二，研究者需要收集数据，以便更好地理解研究的案例。研究者可以通过调查、访谈、观察、实验，以及其他方式来收集数据。

第三，研究者需要分析收集的数据，以便更好地理解研究的案例。研究者可以使用统计分析、文本分析、图表分析，以及其他方法来分析数据。

第四，研究者需要提出结论，以便更好地理解研究的案例。研究者可以根据分析的数据，提出有关研究的结论。

最后，研究者需要提出建议，以便更好地理解研究的案例。研究者可以根据研究的结论，提出有关研究的建议，以帮助解决社会问题。

总之，SPS案例研究方法是一种有效的研究方法，它可以帮助研究者深入了解一个特定的社会现象，以及该现象如何影响社会。

表6-1 基于SPS方法的TSS——教学案例开发模型

案例正文：用理论说故事					
步骤1：Theoretical（理论化）		步骤2：Situational（情境化）		步骤3：Structured（结构化）	
	研究问题	情境	发生时间	按时序排序	开始撰写
理论体系	Q1：公司+行业	情境1	时间1	情境5	按照时间顺序撰写案例，在情境之间加入过渡段连接成案例正文
	Q2：理论知识点	情境2	时间2	情境3	
	Q3：理论知识点	情境3	时间3	情境1	
	Q4：理论知识点	情境4	时间4	情境6	
	Q5：个案到普适	情境5	时间5	情境2	
	Q6：决策案例方案	情境6	时间6	情境4	
案例分析：用故事说理论					

TSS：理论和情节可以不是一一对应的，因为案例时间跨度很长，故理论可以对应多个情节。但是每个知识点涵盖全篇的话会增加适用难度，最好是有对应性，按时间轴线来分情境对应，以增加分析深度，同时应注意目标清晰和知识点的逻辑性。

（2）基于3P模型的案例开发和教学KSQ模式。3P模型通过整合学习主体（教师、学生）与客体（教学过程、教学环境、学习结果）等因素，描述了课堂教学过程的三个阶段，包括前提（presage）阶段、过程（process）阶段和结果（product）阶段。3P模型强调了学生特质与教师特质的交互作用，体现的是一种良性互动关系的维护，这与案例教学的实质和内涵不谋而合。而3P导向下的案例教学过程，表现为深层次与高成就的传授方式，更加强调师生角色的合理分配以及更广泛的学生参与。

因此，这里提出了一种基于3P模型的案例开发和教学KSQ模式（见图6-2），"KSQ"即知识点（knowledge points）、情节（situations）和问题（questions）模式，可视为管理案例的三要素。在该模式中，知识点指案例所涉及的理论知识、概念、原则、方法等，是管理案例教学的基础和核心。

在案例开发中，应根据教学目标和内容，选择与之相符合的知识点，梳理成脉络清晰的知识线；教学时则应引导学生通过案例分析，掌握和运用知识点，提高对知识的理解和应用能力。

情节指案例所描述的具体场景、事件、人物、对话等，是案例教学的载体和切入点。在案例开发中，应根据知识点的特点，设计出贴近实际、具有代表性和启发性的情节。一环扣一环的情节线能够有效吸引学生的注意力和兴趣，激发学生的情境感知和情感共鸣；教学则应引导学生通过情节展示，感受和体验真实的管理情境。

问题指案例所提出的需要解决的难点、疑点、争议点等，是管理案例教学的动力和焦点。在案例开发中，应根据情节的特征，提出具有挑战性、探究性和创新性的案例问题；

教学时则应引导学生进行案例问题讨论，激发学生的思考和探索。

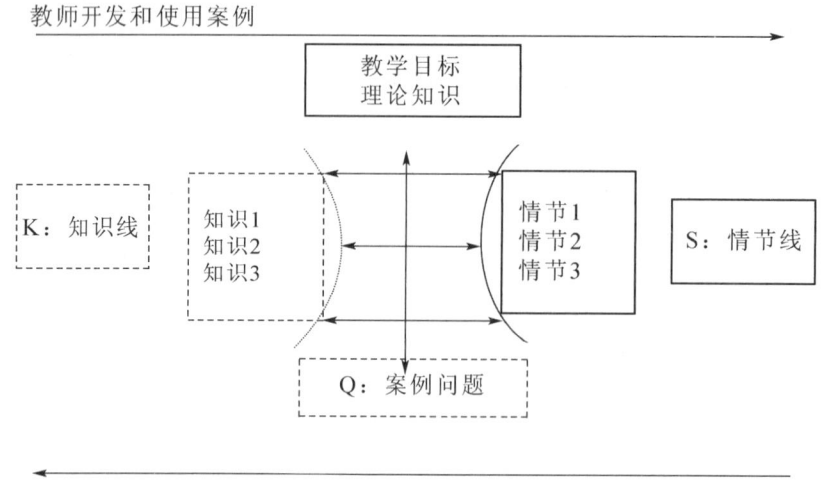

图 6-2　基于 3P 模型的案例开发和教学 KSQ 模式

资料来源：刘志迎，徐笑悦，胡芬，等. 教学案例：写、教、学流程画布和逻辑闭环 [J]. 管理案例研究与评论，2023，16（2）：239-249.

4. 理论依据与分析

此部分是案例使用说明的重点和篇幅最长的部分，主要是为了提供相关的理论和分析工具。教学案例的价值更倾向于检验理论。因此，对于管理案例来说，合适的、有重要意义的管理理论就是能够很好地解释案例中所述管理问题的成熟理论。

（1）理论依据要正确、贴切。不能用百度之类的，要找到经典，追根溯源，不能有歧义；应当能够解释和解决现实管理问题，要有深度和解释力；应从教学实践的角度出发，贴合新文科的要求；理论知识不宜太陈旧，宜使用前沿理论。知识点应依据"What—Why—How"逐层深入；在教师手册里提到的理论知识点在案例里埋伏笔，避免突兀；注明参考文献档次、图和表出处及对应情况，提高信任度；细节需值得推敲。

此外，在一篇案例中所要阐述的理论数量不宜过多，理论数量过多会导致学生在分析讨论的过程中因线索太多而失去重点。一般常用的中型案例理论数量为 2~3 条为宜，具有适度的综合性，适合课堂讨论并利于学生深入理解每条理论。即使是大型的课程案例，阐述的理论数量也不应超过 5 条，大型案例往往覆盖了比较多的知识点，需要用比较长的时间来梳理和分析，一般一门课程至多不会使用三个以上的大型案例。

（2）在进行案例分析时，应先明确教学目的或目标。同时，处理对应情况应真实可靠，并注重对细节的推敲（内容有无歧义）。应以理论知识教授为先，然后是分析和能力的提高。注意教学目标和知识点要适合案例教学，案例现象与知识点应相对应。分析的逻辑为先介绍理论再进行分析，先介绍概貌再深入细节。根据知识点提思考题和讲解理论。依据理论分析思考题、决策题等。

在案例使用说明中，"启发思考题"部分往往会先简明扼要地提示分析主线，然后"分析思路"部分会详细地阐明该案例要分析解决的问题及分析路径，最后在"理论依据与分析"部分阐明支撑的理论依据及理论与现实问题的契合点。

5. 背景信息

背景信息包括案例进展程度、报表、新闻报道等其他案例正文中未提及的背景信息。

6. 关键要点

此部分为案例分析中的关键所在，包括案例教学中的关键知识点、能力点等。根据案例内容的写作需要或案例作者的写作习惯，可以分析的关键要点为主，也可以教学的关键要点为主，还可以两者兼具。当然，在很多情况下，两者并无明确的界限，案例的分析要点与教学要点是可以高度统一的，教学是在分析之后的行为。

7. 建议的课堂计划

此部分涵盖案例教学过程中的时间安排、黑板板书布置、学生背景了解、小组分组及分组讨论内容、案例的开场白和结束总结及如何就该案例进行组织引导的建议。

（1）完善板书设计。板书设计应符合教学逻辑，简明扼要、分类清晰，采用"提问－学生回答"的模式，明确是围绕问题展开还是围绕知识架构展开。

（2）可以加强案例教学过程的可复制性。让其他老师拿到案例后知道如何教学。

（3）把握课堂，合理规划。

（4）做到完整、合理，突出教师注意点；注重整体的合理性（时间、板块、内容）。

（5）师生两端的设计条理要清晰、简洁，板书一定要在课堂上用过。

8. 案例的后续进展

案例的后续发展可以放到正文里面去。

9. 相关附件

附件可以是图表、视频、课件等。

6.1.3　难度设计原则

案例开发的难易程度需根据案例使用对象及教学方式的不同而区别对待。一般来说，可以从概念方法、信息表达和分析思考这三个维度进行考量。

1. 概念方法维度

案例中出现或隐含的相关概念或理论，能否被案例使用对象所理解。

2. 信息表达维度

案例开发的长度、内容结构的清晰程度、包含信息的充分度等，能否方便案例使用对象阅读。

3. 分析思考维度

对案例中所涉及的问题进行分析、思考、解决的难易程度，能否适用于案例使用对象。

6.1.4　编撰原则

案例的撰写过程应遵循以下六个原则。

1. 段落清晰

段落架构要清楚，如果开发大型案例，不仅要分段落，还应分作几个子标题进行描写。

2. 语句措辞

语句表述要明确，尽量不用长句，注意语法与标点。少用或不用模棱两可的词，慎用行业术语（使用行业术语应加以注释）。

3. 时态问题

案例中的事件是发生在现在还是过去，一般在案例撰写中应使用过去时。

4. 善用情景

一篇好的教学案例，应使使用者在阅读案例的过程中，能够代入到案例中的真实情境，以案例中主人公的身份进行分析和决策，从而达到案例教学的目的。

5. 中性表述

在表述案例时，要尽量少地使用抽象和判断性的语言，作者不能表述自己的观点、意见、喜好、评价或解决方法。

6. 保留问题

开发管理案例时，应该在需要决策的地方停止对案例的描述，让案例使用者自行寻找解决方案。

6.1.5 案例成果检查原则

案例撰写完成后，应根据以下六个原则对案例进行检查。

1. 一致性

案例撰写中使用的词汇和专业术语是否和案例描述对象的真实情况一致。

2. 完整性

案例是否完整地包括开展案例分析所需的必要信息，是否存在场景线索上的断裂或疏漏。

3. 逻辑性

案例的描述是否符合逻辑顺序。

4. 正确性

案例描述所使用的时态、文字、标点、语法是否正确，图表和附件是否采用相应的格式。

5. 清晰性

案例描述中的词汇是否清晰易懂，是否存在含糊或者被曲解的可能。

6. 连贯性

句子与句子、段落与段落之间的衔接和过渡是否顺畅连贯。

6.2 代表性案例库的开发原则

虽然案例开发有一定的通用原则可以遵循，但在实际开发过程中，案例开发者需根据不同的案例承载主体（案例库）、服务对象、具体目标等情况参考更为具体的案例开发要求和方法。当前，新文科背景下对本土案例对外传播提出了更高的要求，笔者总结了国内外具有代表性的哈佛商学院案例库、毅伟商学院案例库、中欧国际工商学院案例库、中国管理案例共享中心（CMCC）案例库、清华大学经济管理学院中国工商管理案例库等国内外 5 大案例库的开发原则供读者参考。

6.2.1 哈佛商学院案例库

哈佛商学院案例库（简称哈佛案例库）的案例着重于对案例的背景、参与者和问题的描述，有大量描述性内容，着重以实地调查为主，多采用两种及以上的管理案例分析方法。要求开发过程有实地调查，在管理案例分析方法上不会被一种方法所限制，一般采用两种以上。

哈佛案例库的案例关注对问题的描述，因此案例范式多以实地调查为主。比如，以解决企业的实际问题为主题撰写案例，需要深入企业内部，通过调研、访谈等多种方法获得产生问题的信息，展开来分析原因，寻求解决方法。

哈佛案例库的案例重视教育应用，首先通过优秀的案例、案例讨论营造活跃的课堂氛围，带领学生进入充满挑战和乐趣的商业决策中。接着，通过帮助学生学习丰富的案例，使学生获得跨越多个业务领域的真实商业场景知识。然后，提倡学生进行思想表达、思维创新及批判性思维的建设，以应用于实际环境。

哈佛案例库地址：https：//hbsp.harvard.edu/cases/

哈佛案例库具备科学性、典型性、实践性、真实性，其具体特征及要求如下。

1. 取材原则

哈佛案例库的案例取材注重逐层递进，信息内容丰富，聚焦实际问题，强调实地调查，结构上下有序，从基础案例逐渐提升为高水平案例。案例材料信息丰富，篇幅很长，更贴近企业真实的决策场景。强调开发者在案例撰写过程中，将自己代入案例当事人角色，切身体会并解决问题。因此，哈佛案例库的案例关注对问题的描述，注重以实地调查为主的案例范式。例如，案例撰写的主题是解决企业实际问题，应不断深入企业内部，通过调研、访谈等多种方法发现问题、分析问题原因并寻找问题解决方法。哈佛案例库对案例的时效性要求并不高，更注重案例的典型性，如案例是否能够激发读者反思，是否能提供多方向的问题解决思路。

2. 案例应用（教学）设计逻辑要求

（1）课程团队。课程计划由课程团队制订而非教师单独完成。课程团队会对案例进行多个专业方向的解读，深化对案例的认识，保证设计结果的科学性和灵活性，使案例使用者获得良好的课堂掌控感与选择权。

（2）内容详尽。课堂设计计划应尽可能详尽，保证提供大量的现实案例及丰富信息。

（3）高挑战性。应侧重理论应用，并不设计标准答案和解决问题的具体方法，以学习者为中心，强调对案例的多角度应用解读，启发调动学生自主讨论，提升学生在特定复杂现实环境下的问题诊断能力和决策能力。

（4）设计内容包括学习目标（知识、应用、态度）、如何引发学生讨论与观点的交锋、问题提出的逻辑顺序、多方案的课程开场白以及黑板记录内容。

6.2.2 毅伟商学院案例库

毅伟商学院案例库（简称毅伟案例库）是由毅伟商学院建立的国际著名案例库，现有超过 8000 个商业案例，是世界第二大商业案例库，与哈佛案例库、欧洲案例库并称为

"国际三大商业案例库",代表国际教学案例的最高标准,其案例被全球各大商学院购买并广泛使用。毅伟案例库的开发模式比较成熟,可以总结为"八步走""两收集""两部位"和"七部分"。"八步走"是指寻找案例线索、确定案例计划、取得企业合作、制定与实施计划、确认案例议题、确定案例故事、写作与修改案例和出版案例;"两收集"是指两种数据的收集方法——实地采访法和文献检索法。实地采访包括访谈案例主角,参观企业或工厂、办公室和市场等;文献检索一般包括查阅历史和事件时间表、管理者的媒体言论等。"两部位"指的是案例撰写和以案例为教材的教学提纲撰写(以案例教学为目的);"七部分"是指一个完整的案例所包括的内容——起首段、组织历史、背景、公司组织焦点行为、写作延伸、结语和附录。毅伟案例库独到的案例开发方法已被世界各大高校效仿和沿用。

毅伟案例库地址:https://www.iveypublishing.ca/s/

毅伟案例库强调在案例开发过程中保持开发者的多元化,动员多方力量,由教师、博士生、研究生、职业案例创作人员、业余案例写作者等共同参与,以使案例具备良好的专业性和稳定的开发速度,实现文学创作、管理实际、教学过程的有机结合。同时,毅伟案例库强调对案例的开发者、使用者、接受者进行系统化培训,以提高案例教学效果。

6.2.3 中欧国际工商学院案例库

中欧国际工商学院案例中心成立于2001年,持续关注中国管理教学与实践。目前,其肩负三项任务:第一,支持中欧教授开发更多有关于中国工商管理问题的高质量教学案例,引领教学与研究创新。第二,在上海市教育委员会、上海市学位委员会办公室和上海工商管理专业学位研究生教育指导委员会的支持下,承担建设"上海MBA课程案例库开发共享平台"项目,与上海知名商学院一起,共建、共享、共赢,促进案例方法在管理学习、教育与培训领域的应用,致力于提升上海地区的管理教育水平并辐射全国。第三,运营中国工商管理国际案例库。中欧国际工商学院案例库案例选题遵循由大到小的原则,从需要研究的总领域出发,不断缩小范围,实现知识点聚焦,并关注案例的新颖性。此处,还注重分析对象的优劣势,选取在艰难探索中有积极成果、有可借鉴意义的企业。

中国工商管理国际案例库网址:www.chinacases.org/index.jsp?lang=zh-CN

6.2.3.1 中欧国际工商学院案例库的案例开发原则

1. 案例选题要点

(1)在宏观层面上确定研究的大方向,注意选取独特的新兴商业现象。鼓励案例聚焦真实商业环境中亟待解决的前沿管理问题,尤其是在案例教学领域尚未被广泛关注或充分讨论、可能会对未来行业的运作方式或市场格局产生深远影响的具有前瞻性、引领性的管理问题(如产业融合与科技创新发展趋势下的新业态、新模式、新消费等创新实践)。

(2)在微观和社会背景层面上体现案例的新颖性。微观层面指所研究的行业领域的热度,社会背景层面关注的是所选话题的热度。通过对大量现实企业的分析以及对相关报道的整理,从多个维度筛选在国家重点关注层面以及在整个经济的发展趋势层面发展比较好的、相对有行业代表性特征的企业。注重与社会热点和社会需求的联系。

(3)从所选企业的行业代表性优劣势入手,进行分析。要求选取起到积极推动作用的企业,将重点锁定在该企业如何将行业积极特征转化为自身优势,又如何解决自身劣势即化解行业矛盾点的探索历程上,最终引发研究者对于该行业发展的思考,为同行业提供借鉴,并提炼出相关的理论知识。

2. 决策点选择要点

(1) 注意强调案例的冲突性,不能过于平铺直叙。同时,决策点的设计需要与所选用的教学知识点相对应。

(2) 决策点设计的主要意义是给案例研究者一个讨论与思考的空间,所以决策点设计需要选择有价值的问题进行讨论,尽量避免可以从案例背景之中直接找到答案的设计。

3. 教学知识点的设计要点

案例教学的目的是要讲清楚一个或几个知识点,一定要聚焦在某一模块中相互有关联的关键知识点上,避免面面俱到,与案例所设置的讨论问题相对应。

4. 教学笔记的开发要点

(1) 使用课程要明确。要强调教学笔记的重点和深度,而非涵盖课程的广度。应聚焦到具体章节,而非只是笼统地聚焦到某一门课。

(2) 思考题的设计要结合案例正文。思考题的设计和案例正文决策点的设计应当是对应关系;要避免因为案例正文知识点太广,而使思考题对知识体系泛泛而谈,每个问题都浮于表面,分析不透彻;不同的思考题之间应当具有横向或者纵向的、较为明显的逻辑关系,思考题之间不能过于独立或分散;最后应设计与正文"展望和挑战"部分相对应的开放式讨论问题作为思考题设计的点睛之笔。

(3) 教学笔记的设计要服务于课堂应用。①开发者应当换位思考,将自己代入教师的身份,让所开发的教学笔记能够直接服务于课堂教学。在教学笔记正式编写之前先形成分析框架,再进行教学笔记内容的填充。此外,理论和分析要紧密结合,承接自然,不能只有案例内容而没有理论,也不能只有理论分析却缺少与之对应的案例内容。②鼓励在案例讨论分析中适当引入新视角,使用经过验证或通过实践经验总结的新的方法论,有助于补充和扩展某些学科领域的知识体系,也有助于跨学科知识的整合。③鼓励使用丰富的案例呈现形式。结合教学目标,采用新颖的案例教学方法或教辅手段,有助于满足新时代多样化的学习需求、提高学生体验和教学效果(如视频案例、模拟案例等)。

6.2.3.2 案例正文评审标准

1. 重要性

①案例适用于中国工商管理教育。

②案例描述了企业所面临的典型挑战、发展困境、关键决策、热点问题或其他值得关注的重要议题(统称为"讨论焦点"),需要学生利用所学的分析方法、工具、概念、框架或理论等进行分析与讨论。

2. 争议性和复杂性

①案例充分体现了讨论焦点的复杂性,而不是只对问题表象的简单描述。

②讨论焦点具有争议性,可以存在不同意见,不一定绝对正确或绝对错误的答案,促使学生从不同的视角考虑问题之后作出综合判断。

3. 信息严谨充分

①案例提供讨论案例问题所必需的、以事实为基础、有可靠来源引用的信息。

②内容保持适当的张力但不过于模糊,文字信息充分但不冗余,以激发学生的思考与

分析。

4. 写作规范

①案例结构合理，语言简练，逻辑清晰，可读性强，写作符合体例规范。原则上中文案例字数不超过 10 000 字，案例正文长度不超过 12 页（含附录）；英文案例字数不超过 6000 单词，案例正文长度不超过 15 页（含附录）。

②保持客观与中立，避免主观描述、解释或肯定主人公的心理活动或企业决策过程，以引导学生得出所谓"正确"答案。

表 6－2 为基于上述"案例正文评审标准"的内容进行的整理与总结。

表 6－2 案例正文入库评审标准

重要性	描述了管理者当前所面临的典型挑战、关键决策或热点问题
争议性	具有讨论焦点，可以是明确、具体的决策问题，也可以是关键管理概念的理解问题，或者是其他需要讨论的管理问题。讨论焦点可以存在不同意见，以激活学生的相关经验和当前认知
复杂性	充分体现了焦点问题的复杂性，而不只是对问题表象的简单描述。案例中的问题不一定有绝对正确或绝对错误的答案，它促使学生从不同的视角考虑问题，区分不同情境，权衡各种利弊，做出综合判断
信息严谨充分	提供了根据教学目标展开讨论所必需的相关内容，关键背景概括准确，逻辑清晰严密。案例陈述以事实为基础，主观判断有依据。相关数据及信息质量高，二手信息有可靠的来源引用说明
写作规范	选材合适，结构合理，写作符合体例规范。文字流畅生动，能使读者身临其境，全面感受到案例主人公当时所面临的压力与挑战。案例内容对涉及的机构、主人公和事件保持了客观性与中立性，除了引用当事人语言之外，案例本身用词中性、无感情色彩。若无确凿根据，不对案例主人公的心理活动与情绪感受加以描述

6.2.3.3 教学笔记评审标准

1. 教学目标及问题设计

教学笔记针对所适用的课程、目标学生设定了明确而恰当的教学目标，并围绕教学目标，提出了具有针对性的、有逻辑的讨论问题。

2. 教学计划

案例的教学计划清晰、切实可行，对需要讨论的问题或主题进行了合理的时间安排，若附上板书计划则更佳。

3. 问题分析

教学笔记针对每一个讨论问题，提供合适的理论、概念、框架、分析方法或工具等，引导学生通过归纳讨论的过程发现超出案例公司的、具备一定普遍意义的思维框架与启示。尽量展示案例课堂讨论的流程，以助案例教学者管理、引导、响应课堂讨论，从而激发学生参与案例讨论并达成教学目标。

4. 写作与信息支持

教学笔记架构合理，逻辑清晰，表述准确，可读性强；若有可能，尽量提供有价值的总结；案例若有后续发展情况，需要尽量提供相关信息。如果有可能，提供有助于案例教学者使用该案例进行教学所需的其他必要的支持材料（如视频资料、PPT 或阅读文献等）。

表 6-3 为基于上述"教学笔记评审标准"的内容进行的整理与总结。

表 6-3 教学笔记入库评审标准

教学目标	设定了明确而恰当的教学目标，而且明确界定了该案例所适用的学生、课程以及适用课程中的特定环节
教学计划	教学计划具体、详细、切实可行，附上板书计划和课堂时间安排则更佳
问题分析	根据教学目标，提出了有针对性的分析问题（案例预读问题及课堂讨论问题），并提供了合适的分析框架、知识点或理论依据、参考要点等，有助于案例教学者进行讲解，也有助于激发学生讨论并达成教学目标
写作与信息支持	构架合理，逻辑清晰，提供了有价值的研究发现或相关信息。文笔流畅，表述准确，易于阅读。案例若有后续发展情况，需要尽量提供相关信息，以帮助学生全面、深入地理解案例问题

6.2.3.4 案例正文常见问题

1. 缺乏深入挖掘

部分案例对公司实践及其所面临的挑战泛泛而谈，仅停留在表象，缺乏深入的挖掘；或仅罗列出公司的发展情况，一边倒地肯定公司实践。

2. 设计宽泛简单

部分案例缺少对讨论或决策点的设计，焦点问题过于宽泛或简单，难以引导学生从不同角度进行讨论与分析。

3. 信息过多或不足

有些案例提供过多信息，将本应在课堂讨论后得出的结论直接写进案例正文，失去了通过设置焦点以启发学生、引发讨论的初衷；而另一些案例又缺乏足够信息，使学生难以充分有效地讨论教学笔记中设计的案例思考题。

4. 案例类型区分不清

部分作者不了解现场案例和图书馆案例的区别：现场案例是基于对企业的实地调研、对案例企业或企业人士的访谈开发而成；图书馆案例是基于二手资料撰写而成。现场案例的作者必须同步提交由案例企业（组织、机构）加盖公章及经办人签名的《案例内容确认书》。

5. 缺乏客观中立

在没有依据的前提下虚构企业内部场景、人物情感与心理活动等。

6. 篇幅过长，可读性差

有些案例的结构松散、逻辑性差；有些语句不通顺、未经过深度编辑。

6.2.3.5 教学笔记常见问题

1. 教学目标发散

对应多个学科领域的多门课程，缺乏与特定课程的相关性。

2. 缺乏教学重点

思考题与教学目标脱钩，未能体现相关学科的教学重点。

3. 思考题类型单一且深度不够

"What"类型偏多（仅简单重复或归纳案例正文中的事实）；"Why"类型不够（未能在合适的理论、框架或工具之下，分析公司实践的合理性，从而总结出超越案例公司的启示或具有普遍意义的知识点）；更缺乏"How"类型（可以是未来的决策，也可以是对于公司过去决策的复盘，重点是引导学生展开不同方案与视角的讨论与总结）。

4. 理论简单堆砌

在问题分析中简单堆砌与案例主题相关性不大的理论，无助于对案例的讨论与分析。

5. 资料引用不规范

使用或引用他人作品或作品素材不规范，未能取得权利人的授权，没有按照China-Cases.Org 的体例规范清楚标注资料来源（包括但不限于插图、表格、数据、报道、理论和分析框架、参考文献等）。

6.2.4 中国管理案例共享中心（CMCC）案例库

中国管理案例共享中心（CMCC）案例库由中国管理案例共享中心负责运营。该中心是2007年5月在全国工商管理专业学位研究生教育指导委员会的支持下成立的服务性非营利合作机构，日常工作机构设在大连理工大学。中国管理案例共享中心以"统一规范、分散建设、共同参与、资源共享"为宗旨，致力于推动和提高中国管理案例教学与研究水平，实现中国MBA培养院校间案例资源共享、师资共享、学术成果共享和国际合作资源共享。中心实行会员制，各批次MBA培养院校均为会员，现有会员单位共300余所高校。

中国管理案例共享中心自成立以来，围绕案例库建设、案例师资培训、案例研究、案例企业基地建设以及国际交流合作等开展工作，组织形式多样的活动，极大地促进了国内商学院的案例教学与案例研究的繁荣发展。

在案例开发方面，中心所开发的案例具有原创性、典型性、规范性的特色。其中，原创性是指案例开发来自教师的一手企业信息，典型性是指在某个地区和行业或更大范围内具有典型代表性，规范性是指符合案例开发规范。

在案例教学方面，中国管理案例共享中心从"教"与"学"两个方面入手，一方面对教师进行案例开发与案例教学的培训，另一方面通过"全国管理案例精英赛"引领学生进行案例学习。

中国管理案例共享中心网址：www.cmcc-dlut.cn/Home/Index

中国管理案例共享中心在每年举办的"全国百篇优秀管理案例"评选中设计有较为规范的案例开发评审重点，具体可归纳为以下对案例开发的基本要求。

6.2.4.1 案例正文的基本要求

（1）选题典型。

从教学需要出发，以本土企业或在华投资经营的外资、合资企业为撰写题材，选取当前管理实践中有一定典型性和代表性的问题。案例关键事件应同时兼顾框架和细节，与课程知识点密切相关。具体描述、数据支撑均与选题、课程知识点密切相关，强调案例的专用性。此外，要注意结合新文科的目标和要求，在自身专业的基础上进行"文文交叉""文理交叉"，设置跨界融合的培养目标。

(2) 谋篇布局合理。

案例主线要清晰明了，案例素材和主线结构匹配要合理。案例内容要完整，包含背景资料、焦点事件、主人公等内容。

(3) 焦点事件选择合理。

决策型案例注重决策点，描述型案例聚焦冲突过程。案例的焦点事件应与课程教学目标、知识点相对应，避免偏离。

(4) 材料真实客观。

以真实的管理情境为素材，素材须是作者通过实际调研和访谈获取的第一手资料，不能是从网上获取的二手资料或虚拟资料。情境应与教学目的、案例主题和知识点相关，须减少关键情境缺失及大量无关决策引入的情况。

(5) 写作规范性。

(6) 严格遵循案例写作结构、排版范式（具体范式详见第 8 章）。

6.2.4.2 案例使用说明的基本要求

1. 教学目标设定合理

案例教学目标的设定应与课程教学目标和知识点对应，与案例素材保持强关联，综合考虑案例的知识覆盖和对学生分析问题、解决问题能力的训练，知识点覆盖数量不宜过多。

2. 核心理论选择恰当

选取的基础理论知识及分析方法应与案例决策问题紧密相关，陈述不必过于繁琐，列出框架与条目即可，篇幅不宜过长。

3. 分析有深度和逻辑

案例分析由表及里，层层递进，厘清现象与理论之间的关系，要将理论与实际结合起来，体现出案例素材梗概、关键要点、分析逻辑以及所涉知识与能力。不能单纯地罗列出相关理论知识，缺乏案例分析内容。

4. 课堂提问设计合理

问题由表及里，层层递进，既紧密围绕案例的决策点，又贴合理论脉络，还有利于案例教学讨论的进行。

5. 课堂计划合理

应考虑教学目标和学生特点等因素，包括学生课前计划和教师课前计划的安排、课堂讨论交流的方式、时间进度计划、教师注意要点和课后如何评估等内容。

6.2.5 清华案例库

清华大学经济管理学院中国工商管理案例库（简称清华案例库）由清华大学经济管理学院中国工商管理案例中心负责运营。该中心是从事案例研究、案例开发、案例库建设和案例教学培训的专业研究和教学服务机构。中心以"集聚商业智慧、推动教学创新"为宗旨，在国内首先建立了教授指导研究助理的案例开发模式，并率先形成以现场案例开发为主体、图书馆案例为补充的规模化案例研发体系，瞄准中国本土的企业实践开发高品质案例，并向全国推广使用。

清华案例库的管理案例教学不同于传统的课堂讲授，不是为了给学生一个标准答案或解决具体问题的办法，而是侧重于理论应用，需要学生积极参与讨论，它具有较高的拟真性（给学生大量的现实案例及丰富信息）、很强的挑战性（没有标准答案）、鲜明的针对性和启发性（多角度的对话和讨论及案例总结），强调调动学生学习的自主性，提升行业经验，促进学生进行多角度甚至反思性的思考，进而增强学生在特定复杂现实环境下的问题诊断能力和决策能力。

清华大学经济管理学院中国工商管理案例库网址：https://cases.sem.tsinghua.edu.cn/index.jsp

清华案例库案例开发的原则如下。

1. 案例正文内容框架特征及要求

（1）时序性。全文的叙事顺序、分标题的叙事顺序基本按照时间线展开（如：初步想法—成立初期—后期发展—未来展望）。

（2）逻辑性。强调正文叙述的一波三折，正文内容与主题的关联，采用铺垫式写法（如：产生想法—初步成立—发展迅速—陷入低谷—转危为安）。

（3）善于设问。序言部分设问，尾声设问。

（4）注重选题的深刻度和创新性。提出创新理念（如数字化转型、精益发展），注重分析单一概念的详细结构和内容。

2. 案例开发取材要求

以现场案例开发为主体、图书馆案例为补充的规模化案例研发体系，瞄准中国本土的企业实践开发高品质案例，并向全国推广使用。

第 7 章 管理案例开发的步骤

管理案例的开发是一项重要的基础建设，它不但能提高教学质量，适应教学需要，也是培养师资的重要而有效的手段。管理教师要使自己的知识不断充实，除了通过阅读书刊、参加学术会议交流等手段来提高理论知识外，更重要、更难得的是管理实践知识的加强。这就要求教师一方面要参加调查研究及咨询，另一方面要开发案例。因为开发案例会迫使教师走出校门，迈进企业，接触实际。同时，开发案例工作的开展也必然会促进教学研究工作的活跃化。因此，管理案例开发是具有多方面功能的、值得引起高度重视的一项任务。

教研组制订年度或学期案例开发计划，首先要确定本学科案例教学的全面需要。比如，某校市场学教研组已积累了一些案例，但这些案例多半是翻译国外的，本国案例很少，质量也不够理想，而且随着时代的进步都显得过时了，亟待更新与充实。考虑到教学需要的缓急与实际的开发力量，决定本学期要开发五篇教学用案例：第一篇是有关某种产品在国内地区范围内市场动态的预测；第二篇是企业如何组织推销员的培训；第三篇是广告战役的组织；第四篇是竞争中各种推销手段的有效应用与配合；最后一篇是综合性的市场学案例，包括市场预测、新产品研制、广告与推销等各方面的活动。也许还得考虑开发一篇供期末考试用的特殊案例。

初步确定选题计划后，要将开发计划落实到人，确定任务的分工与责任。然后，教研组负责人应与各承担开发任务的教师，分别就各自的选题，共同协商拟定出初步开发提纲。提纲应包括下列内容。

1. 选定的主题

初步确定有关的主题与决策层次。例如关于推销员培训，设想出下列三个主要问题：一是有相当一部分老推销员，知识与技巧已过时，的确需要培训，但他们大多不愿意参加，想念自己的老经验，怀疑培训的作用；二是培训预算经费有限，捉襟见肘，不能满足雄心勃勃的培训设想；三是一些关键的推销员脱不开身。如果不提出这些问题，光说"解决推销员培训问题"就太空洞。案例中的决策层次应是哪一层级，总公司还是分厂，经理还是厂长，正职还是副职，或者只是销售科长这一级。这些均是要按教学要求事先确定的。

2. 难度的确定

管理案例一般从三个维度确定其困难程度，即分析、概念和表达这三个维度；难度的等级一般划分为"较易""一般""较难"这三级。难度应由教研组负责人通盘考虑后，与参与案例开发的教师共同确定。

3. 准备的用途

用于配合某一章节的教学，还是用作总结性复习或用作期终考题。

4. 教学目的

学生学过此案例后应掌握哪些技巧和学会哪些知识。

5. 案例的类型

目的确定后，类型也就自然随之而定了。根据经验，学生希望能有问题让他们自己发掘，充分发挥想象，设计解决方案，而不希望仅对现成的方案进行评价。

6. 预计篇幅与字数

这与上述诸点密切相关。通常以每页750～800字（16开）计，一个综合性案例以6000～8000字为宜（不同案例库对字数的要求不同，可以参考有关章节的介绍）。当然还得视具体情况而定。

7. 时间进度

不提进度要求，无异于是放任自流，往往会使计划落空。以上诸点，需要教研组负责人从全局出发，在征询与尊重参与案例开发的教师意见的基础上，事先确定。

在学期或学年结束前，教研组负责人应对全组的案例开发工作进行检查、总结与讲评，做到有始有终。

8. 开发人员的组织

开发人员有执笔者、资料搜集者和指导者之别，而案例开发又与它的最终使用者即任课教师有关。最理想的情况，是任课教师集各项功能于一身，身兼数职最佳。使用者当然对案例编写的目的和要求了解最为透彻，他认为无用或欠妥的内容，就不会编写在内。但现实情况往往不能做到这样。在国外，资历深的教师（副教授以上）往往只充当指导者，具体的调查、执笔等工作则由教师、助教或研究生去承担，这有点师傅带徒弟的培训性质。因此，教研组案例开发的人力组织，既要考虑开发者的能力与经验，案例开发要求的高低，又要兼顾其他教学任务的要求，同时还不可忽略案例开发的培训作用。

对案例开发者的要求主要可归纳为三个"吃透"：①吃透待编案例的既定目的，也就是该案例准备在什么情形下使用。这是案例开发的出发点与基础，只有了解了它，才能确定案例属于哪种类型并确定正确的形式与内容。②吃透待编案例所涉及的管理理论、概念、技术与工具，因为案例是配合一定的管理理论的讲授进行的，对案例所涉及的管理理论起着验证、深化、操演与熟练的作用。③吃透为开发案例从管理实践中搜集来的各种素材，对有关的各方面情况不能略知梗概，而是要对一切细节都能如数家珍，取舍剪裁，得心应手。因此，要写出好案例，开发者最好与调查者合二为一，若不能合二为一，则要多多交流沟通，做到配合默契。

此外，要确定开发案例的角度。开发案例这项工作就像一枚硬币有两面，既有开发者的一面，又有读者的一面。读者主要是学生。开发者不仅要从自己的角度，还要从读者的角度去考虑这项工作，做到二者兼顾。

从读者的角度看，管理案例是为了帮助他们培养分析的技巧。读者要能考虑一个管理案例所涉及的一切因素，分清哪些因素重要，哪些不重要，最后提出一项行动方案作为建议。这种分析技巧是管理能力的基本组成成分，其水平的高低标志着管理干部是否能干和精明。这种技巧只能通过实践来学会，而案例正是要求读者具备这种积极主动的参与精神。要想使读者达到这种"参与"状态，好的案例不能仅仅是寥寥几段，只做一般性情况的介绍，而不提供具体的细节，否则读者就只能推测和假想，无法再深入。案例需要向读者提供能使人身临其境的详细情况，但又不能干净利落地只把有关的问题一揽子交给读者，只让他做个决策。因为在管理实践中，管理干部面对的是繁杂的事情，有些与要做的决策有关，有些无关，他们必须整理出眉目，分清主次，找出主要问题。案例的读者所体验的，也应是类似的情况。开发者必须为读者创造出这种环境。

综上所述，一篇优秀的管理案例必须紧密地围绕既定的教学目的；必须真实具体、情节合理、逻辑严密，充分达到拟真的效果；必须构思巧妙，信息的提供剪裁适度，虚实均衡；还应当生动有趣，引人入胜。总之，一篇优秀的管理案例应能做到四个"满意"：一是使开发者满意，让开发者能体验到创作丰收的喜悦；二是使调研对象单位满意，让调研对象单位既对管理教学事业作了贡献，又加深了对本单位存在问题及对应解决方案的系统认识，理清了思路，有所启迪；三是使采用案例的教师满意，教师使用该案例进行教学符合既定的教学需要，实现了设想的教学目的；四是使学生满意，让学生觉得如在一个新鲜的管理情景中受到了实际的锻炼。

管理案例开发的具体过程可以总结为以下体系，下面分别就这一体系中的各个环节展开介绍。

7.1 明确主题

因整个案例开发的过程都是围绕着一个主题进行，因此要对案例开发的主题进行界定。明确案例选题是案例开发流程的第一步，也是尤为重要的一步，选题是否得当在很大程度上决定了案例的开发能否成功。

综合来看，明确案例开发的选题方向可以从以下三个方面入手。

7.1.1 宏观层面

宏观层面指的是确定案例开发所研究的大方向，即从专业角度确定开发者要选择和研究的总领域，这一步有助于开发者缩小选择范围，从而减小选题的难度。

7.1.2 微观层面和社会背景

在这一方面，开发者所关注的重点是案例的新颖性，主要可以从领域和话题两个角度来划分。微观层面指的是案例所研究的行业领域的热度，社会背景关注的则是案例所选话题的热度。例如，在案例《互联网健身独角兽 Keep 的品牌商业化探索之路》（范小军、李欣）中，写道：

> 2018 年 7 月 10 日，Keep 宣布完成 1.27 亿美元 D 轮融资，该轮融资是运动科技领域至今为止最大的一笔投资。从创立之初的"移动健身教练"产品定位到打造"自由运动场"的全面升级，Keep 逐渐走出健身领域，充分运用大数据将各项孤立的产品打通，形成闭环式场景。

开发者可以通过对大量现实企业的分析以及对相关报道的整理，从多个维度筛选出近 1~3 年里在国家重点关注层面以及在整个经济的发展趋势层面发展比较好的、相对有行业代表性特征的企业。

案例开发的最终目的还是要解决现实问题，其开发路径实质上是一个由实践上升到理论、再从理论落实到实践的过程，因此案例的开发不应该与社会的关注热点与发展需求相脱节。举例而言，在当前社会环境下，一些新兴市场和独角兽行业都是案例开发的热点选题。

7.1.3 案例开发的意义

确定案例开发的意义需要从所选择企业具有行业代表性的优劣势分析展开。优势分析是找出在案例企业发展过程中起到积极推动作用的行业特征；而劣势分析则是寻找出在案例企业发展过程中起到阻碍作用的行业特征。以互联网企业为例，该企业所处行业具有流量为王、流量变现困难等行业特征，那么研究该企业如何利用流量热度提升品牌知名度，又如何解决流量变现难题即是对于该企业的优劣势分析。

例如，《华美达光谷大酒店：在新冠疫情中坚守抑或谋变？》（龙晓枫、余丽娟、姬梦娜）一文即是在疫情期间出现的案例，突显了酒店这一服务业在疫情影响下，如何进行自救，发挥优势避免劣势、安然度过危机的重大意义。

除此之外，还有一些案例选题与国家重大战略、热点时事相关，如李东红、陈航的《万华化学的数字化转型》，王琨、赵子倩、白冰峰等的《小米集团：数字化风控》，曾繁英、杨晨昊、李相霖的《科研地产证券化融资之"技"》等。

在企业优劣势分析的基础之上，综合考虑所选行业自身突出的矛盾点，结合所选企业的发展历程，将研究重点锁定在该企业如何将行业积极特征转化为自身优势，又如何解决自身劣势即化解行业矛盾点的探索历程之上，最终引发研究者对于该行业发展的思考，并能够对同类企业的发展起到借鉴作用。

7.2 制定规划

确定案例开发主题后，根据案例的主题和资源，制定案例开发规划，使案例开发工作有序进行。除了规划采访内容和时间安排之外，同时也要对案例本身的内容结构进行设计。

案例的设计即是案例内容的展开方式。一个好的案例通常应当具有很强的逻辑性，可以使得读者在阅读之后很快建立起对于整个案例内容的认知框架，案例的设计就是在开发案例之前为案例的展开确定一个逻辑框架的过程。

案例的设计方法有很多种，一般而言有两种设计路径可供案例开发者选择：一种是按照所选企业的成长发展路径进行案例设计，最常见的表现形式是按照时间发展顺序展开；另一种是重点关注案例所涉及的知识模块，根据模块之间的内在联系进行案例的整体设计。

7.2.1 按照企业成长路径进行案例设计

按照企业成长路径进行案例设计的方法通常适用于那些成长速度较快、每个发展阶段都特征鲜明的企业，开发者可以以所选企业的成长过程作为逻辑引导，从企业的定位、产品线、品牌推广和营销等不同角度展开讨论，按照企业所处的不同阶段进行案例的具体设计。

对于案例开发的新手而言，按照企业成长路径进行案例设计通常是一种较为容易操作的方法，下面将对这种方法进行简单的介绍。

不同企业的发展路径通常是各具特色的，但企业的发展可以大体划分为以下五个阶段：品牌孕育期、品牌导入期、品牌增长期、品牌成熟期以及品牌徘徊期。

1. 品牌孕育期

品牌孕育期即品牌创立的时期。在这一阶段，品牌创立者从行业痛点出发，形成品牌的初步构想并建立该品牌。

2. 品牌导入期

品牌导入期即确定品牌定位的时期。在这一阶段，品牌创立者确定了自身品牌的基本定位，并以此展开产品设计、品牌推广等一系列活动。

案例开发者在此部分可以围绕该品牌为什么如此定位，以及关于该品牌定位可选的案例情景展开分析。

3. 品牌增长期

品牌增长期即从聚焦定位到品牌扩展的时期。在这一阶段，品牌创立者需要解决品牌初步成形之后可持续发展的难题，并对品牌的发展目标进行一系列调整。

在此阶段，案例开发者可以重点关注企业为实现品牌转型升级所采取的一系列具体的升级策略，其中包括品牌功能的延伸、品牌范围的拓展、整合营销等。

4. 品牌成熟期

品牌成熟期即该品牌打造生态闭环的时期。在这一阶段，品牌本体的发展已较为完善，品牌创立者将在此基础上开始打造本品牌的生态闭环、形成自身生态圈，从而实现品牌的进一步深化与拓展。

在此阶段，案例开发者可以重点关注品牌形成生态圈的战略转型，对品牌的业务拓展、产品升级、跨界营销等具体策略展开讨论。

5. 品牌徘徊期

品牌徘徊期即考虑品牌未来发展规划的时期。在这一阶段，品牌各方面的发展已经成熟，市场中每个产业的界限已被划定并为参与者所接受，竞争规则也已为人们所知。此时，存在于市场中的企业试图击败对手，以攫取更大的市场份额。随着市场空间越来越拥挤，利润和增长的前途也就越来越黯淡，企业的发展陷入了竞争红海。

进入品牌徘徊期的企业所面临的是对于企业未来发展路径的抉择，如何摆脱竞争的红海、化解当前发展停滞的困境，企业的未来应当如何规划、是寻求差异化还是追求成本优势，这一系列问题都会在这一阶段被解决。

例如，在《互联网健身独角兽 Keep 的品牌商业化探索之路》（范小军、李欣）的案例开发过程中，通过以上五个阶段的划分，案例开发者确定了一个较为完整的案例设计框架体系。

（1）品牌孕育期：从自身痛点出发创立 Keep；
（2）品牌导入期：定位"移动健身教练"；
（3）品牌爆炸式增长期：从聚焦到扩展；
（4）品牌成熟期：打造运动生态闭环；
（5）品牌徘徊期：红海中的 Keep 该何去何从。

7.2.2 按照案例所涉及的知识模块之间的联系进行设计

按照知识模块之间的联系进行设计的方法适用于时间敏感度较低，存在较强逻辑性的企业发展历程。总的来说，按照知识模块之间的联系进行设计，是将一个大的理论知识框架或模型结构拆分为比较小的一个个模块，通过各模块间的要素、理论逻辑的关系将各模块串联起来，层层递进。此类案例在教学中有着启发学生深刻思考、循循善诱的效果。但在设计模块联系时要做到以下几点。

1. 模块的划分要确保模块的完整性

各模块之间好比七巧板，虽然分成许多块，但仍能拼接成为原来的一个整体。在案例中，开发者将理论框架分为多个部分，但每个模块均应有其独立性，合并起来成为完整理论。

2. 模块的划分要有逻辑性

模块与模块间一定是存在并列或者递进等关系，绝不可是一盘散沙，各模块间的逻辑关系要鲜明，这样才能在案例推进中逐步体现出来，合并为完整的理论。部分理论会采用从起始期到中期再到末期的逻辑，抑或以并列的形式展开。

例如，《华美达光谷大酒店：在新冠疫情中坚守抑或谋变？》（龙晓枫、余丽娟、姬梦娜）全文的设计即是按照先将整体模型拆分为模块，再按逻辑关系串联模块的方式进行的开发。

文中结合危机管理的五阶段模型，对华美达光谷酒店在危机的不同阶段所采取的措施进行如下分析：

> （1）信号侦测阶段。此次危机爆发不可预测，之前并没有来自政府和权威媒体关于危机发生及其影响的明确信号，但是事后从案例中提供的疫情发展时间线来看，如果企业以前有类似危机应对的经验并足够敏感，还是能发现一些疫情发展的迹象。
>
> （2）准备和预防阶段。华美达 1 月 20 日取消了原定 1 月 22 日举行的 300 人庙会团年宴活动，同时安排中餐厅通知已预订年夜饭的客户延期或取消；从 1 月 24 日开始，酒店总经理带领员工在酒店不间断值守。运用了危机中止和危机隔离策略。
>
> （3）损失控制阶段。配合政府抗疫，接待外地医疗队并获得政府补助；缩减开支、控制成本，如降薪、对接其他企业"共享员工"（参考盒马鲜生和云海肴、西贝等餐饮企业；京东 7FRESH、苏宁、联想等）；针对客户、员工和公众等利益相关者的关怀。运用了危机中止和危机隔离策略。
>
> （4）恢复阶段。以保持现金流为核心，一方面争取政府财政扶持、低成本融资支持，增加资金来源，另一方面争取税收减免、社保缓缴、失业保险返还、能源费用减免、培训费补贴等，节约用工和运营成本；调整市场策略（产品、价格、渠道、促销）；强化客户沟通，加强员工培训。运用了危机消除策略。

7.3 信息收集

信息收集是根据案例开发计划，对案例当事人以及相关成员、机构进行信息搜集行动,通过经验萃取等手段,全面地收集撰写案例所需要的素材。

信息、素材收集是开发案例的基础性、前提性工作。高质量的案例需要有充足、翔实的素材。案例信息收集主要分为二手资料、一手资料的收集,下面将分别进行讨论。

7.3.1 二手资料收集

1. 二手资料定义及特点

二手资料(次级信息)是以往经由特定的调查者按照原始目的收集、整理好的现成资料。

二手资料来源广泛,基本可以分为企业内部与外部来源。其中,内部来源即公司的相关业务、财务等数据资料;外部来源即图书馆文献、政府及相关部门的方针报告、专业信息搜集及研究机构发布的资料、新闻媒体报道、专业会议材料、网络搜索等数据资料。

文件、报告等二手资料可以反复阅读,内容真实确切,覆盖面广,但如果资料收集不完整,会产生误差,一些人为因素会影响资料的获取与偏颇性。如果是公司内部的档案,则需要考虑档案材料的隐私性和保密性,从而会影响某些资料的使用。

2. 二手资料收集对案例开发的意义

二手资料的收集是信息搜集的开始,只有在研究主题的指导下,完成大部分二手数据的整理、分析之后,才能够有效完善案例开发计划,构造调研问题模型,有目的地开展原始数据收集工作。具体二手资料收集、处理的过程和意义如下:

(1) 整体了解调查对象。案例开发团队可以对调查对象的相关文字资料、档案记录、专家访谈、新闻报道等进行搜集整理,以充分了解调查对象的主要业务、发展历史、经营水平、经营问题、管理特色。相对于一手资料,二手资料的查找和阅读相对较快,涉及周期更长,地点更为广泛。

在这个阶段,开发者已经可以开始根据案例主题和开发计划选择、联系调查对象。在案例调查过程中,案例开发者需向调查对象坦诚说明意图和案例开发对于双方的意义,寻求对方的理解和合作。合作是互利的,案例开发团队通过联系调查对象,可以提前获取对方内部整理的企业信息,丰富二手资料;同时还可以实现校企结合、管理咨询,为企业提供问题解决方案与支持。需要注意的是,要在对方的允许下合理使用资料,严守任何商业秘密、敏感信息,以提升相互的信任度。

(2) 整理案例二手资料,发现明确的素材问题或矛盾或转折点,构造思路模型。二手资料非案例开发团队直接编辑,充满多种主题和让人眼花缭乱的细节和解读。为更好地为案例开发服务,开发团队必须将这些互相分离的素材组合、删减成一套以案例主题为中心、有逻辑、可理解的完整系统,并在使用之前谨慎评估。

按照时间顺序、分模块整理完资料后,开发团队可以在其中寻找多个与案例主题相关的企业在发展经营上的重要举措和转折点。二手资料也存在有空白、断层的情况,基于案例主题,相关的信息资料也许有所缺失。同时,二手资料是由他人基于一定概念、观点、假设进行框定与组织的,直接阅读、应用、与其他资料衔接,难以厘清其中缘由和深刻含义。找到这些问题后,案例开发团队就需要细化案例主题,根据问题、矛盾、转折点编辑主线和聚焦点，继续为案例材料的取舍、组织提供依据。

这是案例资料分析整理的关键环节。问题和转折点是管理案例的内核，决定着未来资料的进一步获取、案例开发与分析的方向。能否准确锁定这些问题，涉及案例开发的质量。企业管理活动千头万绪，管理问题深藏不露，这需要开发团队具有敏锐独到的眼光，看透纷杂、仿佛没有关联的现象，准确把握症结所在。

（3）形成调研提纲，并回答问题，提出假设。接下来根据资料、案例主题、分析思路以及出现的矛盾，案例开发团队可写出调研内容纲要，结合理论知识、实际问题构造思路模型，丰富完善调研主题。

调研内容提纲分为以下两种：

①供案例开发团队内部使用的调研提纲，包括案例开发主题、问题模型、对应的自我解答与假设、进一步收集素材的范围。设置调研问题时，不仅要参考已有资料，更要基于资料思考现象背后企业管理活动的原因、优缺点，对行为提出假设，对问题提出可探究的解决方案，将其转化为调研问题，延续调研提纲逻辑。另外，还可注明需要补充的素材（如背景、主要任务、事件发展脉络等资料），明确收集方法、调查访问的具体方式。

②供调查对象阅读、回答的调研提纲。即开发团队整理出的问题提纲结果，通过清晰明了的结构、简单易于理解的语言对需要调查对象回答的问题进行陈述。将该提纲提前提供给调查对象熟悉，相互补充修改，方便后续深入访问调研的顺利进行。

（4）充分占有二手资料，助力开展一手资料调查。通过以上流程案例开发团队已大体完成现有二手资料的整理，准备开展进一步的调查。需要注意案例调查遵循的原则：客观反映实际情况。假设有多种可能，避免陷入先入为主的偏见陷阱。根据主题需要有所侧重地选取、处理、分析企业信息及知识点。

7.3.2 一手资料调查——案例企业的访谈设计

一手资料（初级信息）是由当前调查者为解决特定问题、达成一定目标而直接、专门收集的数据和资料，如商务记录、讲稿、照片、档案、实物等。

一手资料能够最准确、最直接地解释和支撑案例开发信息搜集的目标，直接对接管理现实与实践，但也存在费用、时间协调等问题。能否搜集到富有价值的案例材料，取决于两个方面：其一，调查者要具有敬业精神，不辞辛劳，经常深入管理一线调研，与企业保持密切的联系；其二，调查者要具有敏锐的眼光，同前文所述，时刻关注管理现实最新动向，敏锐地发现管理实践中富有价值的事实材料。因此，案例开发、调查人员在开展一手资料搜集前，需要在搜集、整理二手资料的基础上详细规划，以提高信息搜集效率。

访谈中如果有设计不当的提问会造成误差，回答误差（含客观误差和有意隐瞒）会严重影响信息的精准度。虽然通过观察可以提高材料的真实性和连续性，但这种方法费时耗力，对个人素质要求很高，容易出现偏差。

作为当事人，自叙的经历虽然详细、深刻、细节感强，但往往易存在一种偏向，就是当事者过分了解情况，不易体会到局外人的心情与处境。有些情况，当事人认为可以忽略不提，但读者实际上一无所知。使用这种来源的一手资料对开发者来说有一定困难，因为开发者个人的经历是有限的，不可能满足案例开发题材的多样化要求。因此，还需要通过调研现场的访谈、直接观察、参与性观察、查看实物等收集相关的素材和资料。以下将以"访谈法"为例对此进行主要探讨。

7.3.2.1　访谈的定义、特点及意义

访谈即由训练有素的访谈者出于一定的研究目的，以口头形式，按照设计的原则和程序与访谈对象进行即时性的交谈和咨询，并根据答复搜集、整理客观的事实材料，从而准确地获取研究所需材料的一种方式。

访谈按照访谈对象人数、与被访谈者是否直接接触、访谈内容标准化程度等可分为多种访谈类型，访谈者可根据材料需求，选取特定的访谈类型组合，控制访谈的结构性、灵活性、深入性、可控程度、可比较程度、应答率、可量化程度等因素，以保障案例素材的质量。

访谈作为经典的一手资料获取方式，具有较强的自然性、真实性，同时在一定的人为干预下，具有明显的目的性、工具性以实现目标的高效达成。因此，在案例开发进行企业访谈的过程中，访谈者需要有效平衡自然与人为干预，以获得有效的案例开发资料。

7.3.2.2　访谈注意事项

有效的访谈有助于提升案例撰写效率和质量。访谈需要注意以下几个方面。

1. 提问

围绕主题进行规划，事先准备好访谈提纲，营造轻松、愉快、坦诚、开放的访谈氛围。访谈者在提问时态度应真诚、自然，尊重被访谈者；提问要循序渐进且注意表达方式，提问方式要中立，围绕案例主题和访谈提纲提问；平衡好提问的类型，采用封闭式还是开放式、问观点还是问事实、大问题还是小问题，并及时澄清和追问。

2. 态度

尊重被访谈者的隐私，以尊称拉近与被访者的距离，用共同爱好等方式快速建立共同点；不要强人所难，不急于追索答案；尽量不要说敏感的、让对方有戒心的、不熟悉的问题。

3. 礼貌

当被访者谈的是他（她）认为很重要的问题时，不要轻易打断；若有必要，如超出了访谈的内容时需巧妙地转移话题。

4. 言行

谦虚、认真地倾听是成功访谈的先决条件，切忌紧张和漫不经心。不带任何偏见，不神秘莫测；不失信用，严守秘密；不动声色地做记录；注意自己的语言、仪表和姿势，要有礼貌。

5. 还原

经常复述，完整把握原意。访谈者对敏感问题或不明确的问题应当场澄清，切忌猜测、曲解被访谈者原意。访谈者的任务是提问、倾听和记录，不要轻易表达自己的观点。

6. 时间

遵守约定的时间。若时间已到但未完成访谈，则根据被访谈人的意愿决定是否继续，

或另约时间。访谈结束前可用几句话对访谈做一个总结，一定要感谢访谈对象。

7.3.2.3　企业访谈具体实施过程

1. 访谈前准备

（1）确定访谈目的。结合二手资料获取、分析处理过程及访谈提纲，明确此次访谈要达成的目的和成效。这时可以保持与被调查者的联系，相互建立信任，进一步了解即将参与的议题。

（2）了解访谈重点。访谈重点即访谈提纲内设置的重要问题和转折点，信息价值越高，与被访者关系越大，越需要进行重点访谈、建立长期的合作关系。

（3）确定访谈对象。选择什么样的单位作为调查对象是一个重要的抉择，直接关系到案例开发的质量。调查对象单位的情况必须符合既定的案例开发目的与主题的要求，又要有良好的合作意向。实际上的选点一般是凭借各种线索与信息，往往颇具偶然性。但完全依靠偶然性的机会也不行，得主动去向各方面了解和呼吁，请人推荐。根据经验，依靠各地方经委机关或企业管理协会及各专业学会等半官方或学术性团体介绍，是很有效的渠道。通过他们，可接触到许多企业界人士，了解许多动态与情况。同时，调查对象单位已结业的校友们，也是一个重要的资源，他们多是在管理实践中工作的干部，可充分依靠他们的推荐与联系。为此，应建立较正规完整的通信网络或校友会等正式团体，并加强联系。

选点时不能认为必须是现代化大企业，必须是成功的先进单位才有典型性，小型的、一般的单位不堪入选。这种偏见是无根据的，因为大企业往往头绪过多反而不知从何做起。选点一定要从开发目的与主题着眼，有时一个街道单位、里弄工厂，说不定就有很值得探讨与发掘的问题。

（4）初步接触被访对象。选点确定后，在首次登门拜访前，应以各种间接手段，对调查对象单位的一般情况作一番初步摸底，包括对它的产品、设备、市场、技术力量与领导班子、在行业与市场中的影响和地位、演进历史与目前的经营情况等各种背景情况，做到掌握概况，基本有底。同时，还要对对方的心理状态有个大体估计。由于社会调查在我国还未普及，企业对案例调查的意义及常用的调查手段也很不熟悉，必然存在一些疑虑，所以首先必须坦诚说明意图，解释案例调查的意义与目的，求得对方的理解与合作。这里最重要的是以下两点。

一是要使企业了解，这种合作是互利的。通过调查，可以帮助企业更深入、更系统地了解自身的情况，发掘出问题，推导出问题产生的原因；对已经做过的事，无论成败，能有更透彻的认识。调查还可与义务咨询结合，与提供培训和研究服务结合，不致使企业认为案例调查是额外的负担，为百忙的生产经营增添了麻烦。

二是要破除企业的顾虑。企业往往最担心的是把他们的技术专利、成本数据、发展动态等情况泄露出去，造成他们在竞争中的被动与不利。要明确地向他们表明会承担保密义务，保证充分尊重他们的要求，未经允许，不打听、不披露，定稿前一定送给他们审核，不同意则不发表。要向企业解释对名称、数据等所拟采用的掩饰处理措施，详细说明做法与功用。

总之，要充分做好说服工作，尊重被调查单位，尽量取得对方的谅解、合作与支持，最好是双方共同参与调查工作，共同参与全部的案例开发工作。

经过初步接触，若对方仍存戒心，要考虑进一步表明诚意，使误会冰释，不能存在丝毫勉强。若实在不能取得充分谅解，便应考虑放弃，另择新点。

应当指出的是，即使在美国，当哈佛商学院于20世纪20年代初首次倡导案例教学，并着手建立自己的案例库，四处搜集素材时，美国企业界一般也疑虑甚多，不愿开门合作。只是由于该校在企业界的威望及哈佛校友在企业界的影响，才勉强接待，同意提供情况。随着案例教学的普及及其效果与作用日益为人们所认识，后来发展为能被哈佛采访并编成案例，是求之不得的殊荣。但企业界仍只是愿意提供其"过五关，斩六将"的成功事迹，不愿暴露其"走麦城"的失败或问题。由此可见，在我国要取得企业对案例开发的兴趣与合作，还有待作相当的努力。

（5）识别被访谈者。在已联系被调查单位的基础上，进一步选点。选取案例实地线下调研点位和范围，以最大程度获取案例所需资料为标准，取得调研点的许可和支持。一般来讲，案例当事人访谈分为三个层次：决策层、执行层和行为影响层。

通过案例主题、访谈提纲内容来确定受访对象。邀请对方企业提供接受访谈的人员名单，或根据被调查方联络人的介绍来识别正式访谈的对象，剔除对案例主题不知情、不相关的领导。

此外，要明确解答访谈对象关心的问题，如访谈目的、需要的信息、访谈时间、背景情况等，并且为对方提供必要信息、专业支持、保密承诺、调研结果和案例成果。

（6）制订原始访谈提纲。在确定访谈对象且获得对方谅解后，最好能将合作意愿变为书面文件。这不一定是指正式的协议书，但可采取双方协商，制订一个原始调查提纲的简略计划的形式。初步选定的主题、关键问题和决策层次，此时也许要根据被调查单位的个体情况，作适当的调整。在计划中应确定调查的范围、调查的单位、调查的人物及问题、调查的方法，并应有时间进度安排。为提高调查效率，不能大海捞针、全线出击，而应当根据教学目的、选定的主题、关键问题与决策层次，有重点地组织调查。

这个提纲之所以被称为原始的，是因为此时它既不可能十分详尽具体，也不可能固定。在全面展开调查后，应视调查进展与具体情况，不断调整、充实和修订。

（7）明确访谈方式。不能绝对排除通过通信方式进行调查的可能性，但至少主要的方法应是现场实地的直接接触。具体的常用手段有个别采访，召开座谈会，组织全面的或随机抽样的问卷填写活动。在我国，深入基层、蹲点实习，与调查对象同劳动、同生活的调查方式，在时间允许的情况下，未尝不可考虑采用，但只宜对有特殊要求的问题偶尔用之，不可能广泛使用。至于组织有控制的现场实验，在案例调查中是极少运用的。

作为有计划的问卷和当面访谈，设计的访谈方式分为：①漏斗式，由开放式问题到封闭式问题（宏观认识、普遍知识、具体内容、细节）；②倒漏斗式，由封闭式问题到开放式问题（具体细节、普遍知识、结论）。

（8）组建访谈小组，整理思路。决定成员角色，如访谈者、开场与收场者、记录者、资料整理员等。再次明确访谈目标、时间安排、信息重要程度，熟悉调研提纲。

2. 访谈实施

（1）明确基本态度。进行调查时所应持的基本态度，可归纳为两个"尊重"。

第一，尊重事实。不要事先划框设线，让事实去凑预定的结论。结论不能产生于调查之始，只能产生于调查之末，这是案例本身的性质所决定的。案例调查带有强烈的研究问题性质，研究的当然必须是真正的事实，不能借口"典型概括"，按主观意图擅加修改。

第二，尊重调查对象。要采取合作、平等的态度，并要体现在一切言行上。要十分珍惜并尽力维持和发展与对方已经建立起来的合作关系，这是调查的重要前提。

本着这两个基本态度，在具体执行调查任务中应考虑遵循以下"五不"原则。

第一，不质询。这不是说不能提出问题，而是在语气和方式上，要委婉而有礼貌。

第二，不插嘴。这指的是不要打断别人的陈述，即使认为对方答得不切题或临时想起了什么新问题，也要等人家把话讲完，否则就是粗鲁、无礼的表现。

第三，不穷追。这指的是若对方在某些问题上有所保留，不宜抓住不放。当然，对问题不能不求甚解，马虎大意。但明知对方不愿露底，还要硬逼不舍，不但达不到目的，还反易引起反感。

第四，不评论。此来是为了解情况，不是仲裁和评审。略知皮毛，便下断语，只能显示自己的浅薄；颐指气使，议短非长，更是十足的不自量。

第五，不争论。双方角度不同，一当事，一局外，见解难免不同。调查的目的是了解情况，结论可留待最后冷静地协商，共同得出。争论难免意气用事，影响调查。至于想把意见强加于人，当然就更不对了。

国外的惯用做法，是不当场记录，留待事后追记，更强调不可录音。我国的习惯，记录要点一般是不犯忌的。至于录音，只要征得对方同意，也未尝不可。在调查中除了耳听手记，也要注意观察，眼耳并用。总之要力求取得案例开发所需的一切详尽素材。

（2）接洽及访谈氛围营造。与受访者保持联系、沟通进而达成共识。说明来意，可提供几个案例样本供企业了解，并说明校企合作案例开发与应用的现状和优势，以便获得对方支持。吸收更多与调研主题相关的被调查单位人员参加。

调研前将访谈提纲、进度安排提供给被调查单位，请他们提前阅读，以便对方提出意见、磋商修正、完善方案、思考回答内容。事先告知访谈时将进行记录，并说明记录用途。若有必要，声明访谈内容将被严格保密。接洽过程保持态度友好，营造良好氛围，以增加好感。

调研人员首次进行调查时，通常会与有关领导见面，了解企业概况，参观企业生产过程，形成轮廓型了解，并初步发现问题。

（3）访谈技巧。在访谈过程中有以下五点值得注意。

第一，注意过程安排。进行一对一访谈，当事人不要相互影响，或因职级问题等有所顾忌；访谈层级应从上到下，由高到低，更容易聚焦主题；各层级都访谈完毕后，可以将所有当事人集中，一同梳理线索，明确案例主题。

第二，对受访者不同反应的处理。对待紧张或焦虑的受访者时，应使受访者明确访谈目的、对双方的益处，并与其建立相互信任的关系；对待沉默不语的受访者时，应参考受访者的工作范围，寻找共同语言和经历，采用开放式问题引导思路；对待滔滔不绝的受访者时，应采用封闭式问题，提问具体明确的小问题，及时提醒时间有限；对待充满敌意的受访者时，应承认错误、让步；巧妙更正错误信息，不质询受访者的坦诚意见表达。

提问时，可以采用开放式或者封闭式的问题，只是要注意提问方式。善于按提纲提问，不要横加阻挠，要妥善引导，避免僵局。以下是访谈过程中的五类引导问题。

①事实问题。通常以"谁""什么""何时""何地""多少"等开头提问，引出客观性的回答，用来收集有关案例事件的相关数据和信息等。

②感受问题。例如"你认为……""你感觉……""你为什么……"等，引出主观感受性的回答，能够深入了解案例当事人的想法、情感、价值观等。

③细节问题。例如"具体是……""还有呢……"等，针对案例当事人对事实、感受问题的回答，并根据需要追问。帮助访谈者更深度地了解案例事件，以及案例当事人在事件中的角色。

④换位问题。例如"据××报道……你怎么看""假如你站在××的位置上，你会怎么看"等（第三方视角），帮助访谈者以间接的方式来挖掘案例事件，并可以借助这类问题表达敏感信息。

⑤假设问题。例如"如果……你会……""不考虑……你将……""假如……又会如何"等，帮助案例当事人消除主观或客观的障碍、限制，从而使访谈者探究、分析出案例当事人的真正意图。

第三，积极倾听。鼓励畅所欲言，认真倾听谈话，不强加意见。及时发现问题，及时回复被访者，让对方感受到调查团队的兴趣与热情。

第四，补充提问。被访者可能会出现回答不明确的情况，这时可以采取追问和反问的方式进行深入了解，也可以通过对不同受访者回答的信息进行交叉印证来获得准确信息。

第五，汇总探究。访谈者叙述对被访者提供内容的理解，明确问题，验证正确性，双方达成共识，做好阶段性总结。谈话内容在征得被访者同意的前提下进行记录或录音。对于经营方针、重要数据等机密资料要按要求做好保密工作。

3. 结束访谈

总结访谈过程和要点，并提出开放式问题询问被访者是否有补充内容，为进一步访谈留有余地。结束访谈，表示感谢，履行诺言。

关于访谈结果的处理有以下几个步骤。

第一，补充并修改访谈原始记录。管理系统由众多要素和环节构成，企业的管理活动千头万绪，搜集获取的原始材料极其繁杂，良莠并存。为防止访谈材料堆积，与二手资料处理相类似的，要对案例访谈材料进行处理。一是鉴别材料的真伪、实用性，去除虚假的材料，确保案例材料的真实性。二是对案例材料进行适当的加工整理，使之能够真实地再现管理情境。及时补充漏记的要点，整合原始、次级资料，适当引用双方原话。发现存疑和遗漏的内容可以继续通过电话、邮件等方式，请受访者核实与补充。对调查时所作的初步记录进行补充、追记，并使之系统化、条理化，此项工作一定要坚持在当天进行，决不延迟过夜或积累成堆再做。一是为了趁热打铁，不致遗忘；二是通过整理可以发现新问题，以便及时修补调整。国外有的院校采用填写调查日志或登记卡制度。虽不一定照搬，但采取固定的格式来使用以使这一工作制度化、正规化，是有好处的。这种调查资料登记表应包括调查的日期与时间，被调查的单位、人员、职务，调查的纪要。还应加上一项，即该次调查后，对原定行动计划的更改和补充。例如，根据这次接触，原拟要进行的某项调查已不必要，应予取消，或应增加某项新的调查活动等。最后要记上调查者、记录者及其他在场的参加者姓名。

第二，与案例开发团队分享、讨论访谈结果。开发团队共同阅读访谈原始记录，寻找关键信息，确定可用素材，修改访谈记录。

第三，形成正式访谈记录。在确保访谈记录的信息内容真实、客观、可用的基础上，形成记录有访谈背景（时间、地点、参与人员、目的、效果）、完整的受访者与受访企业信息访谈成果、下一步计划、补充附件的访谈记录，以供后续案例开发使用。

例如，案例《互联网健身独角兽Keep的品牌商业化探索之路》（范小军、李欣）的开发团队，先从整体了解调查对象Keep，对其经营水平、经营问题、管理特色等有了充分的了解，然后对资料进行整理。资料按照时间顺序、分模块整理完后，开发团队在其中寻找多个与案例主题相关的企业发展经营上的重要举措、转折点，最后使案例充满了多种主题和让人眼花缭乱的细节。

7.4 复盘还原

7.4.1 何谓"复盘还原"

依据案例开发收集的相关信息，围绕案例主题进行复盘还原，保持案例的真实性与逻辑性。

7.4.2 复盘些什么

1. 二手数据及资料

公司官方微信平台或公司管理层微信平台信息、书籍或互联网等的宣传资料、相关新闻报道、企业提供的文字档案资料和公司内部报告、公开发表的论文（与案例主体有关的及相关的理论）。

2. 一手数据及资料

访谈记录和录音、实地调研的文字及图片记录。

7.4.3 如何进行复盘

1. 分类整理

对收集到的数据及资料进行分类整理。

2. 可靠性检验

通过三角测量确保访谈和观察数据的有效性及可靠性，必要时可以对数据及资料进行编码（如采用 Strauss 和 Corbin 提出的方法）。

以下摘自案例《基于信息处理的复杂产品制造敏捷性研究：以沈飞公司为案例》（曾德麟、欧阳桃花、周宁、谭振亚、胡京波）原文的部分内容：

> 首先是开放式编码。这一阶段要反复阅读相关的资料，保持开放的心态，准确地把握被访谈对象要表达的意思，尽量避免将文献或研究者头脑中的框架强加给访谈数据。编码时，主要使用被访谈者自己的词汇来表示每个句子的含义，该阶段主要形成一阶概念，这通常是被访谈对象反复提及的词汇。
>
> 其次是主轴式编码。该阶段主要是通过研究者对已有文献的把握，并反复比对访谈数据，总结出较为抽象的二阶概念。该阶段是新概念涌现的关键时期。例如本研究就涌现出"信息处理网络""组织管控方式"与"制造敏捷性"的二阶概念。
>
> 最后是选择式编码。该阶段需要检查所有的编码数据，用更精准的概念对所有二阶概念进行提炼与整合，形成汇总性的概念。本文涉及的一阶概念、二阶概念及汇总性概念如下图所示。

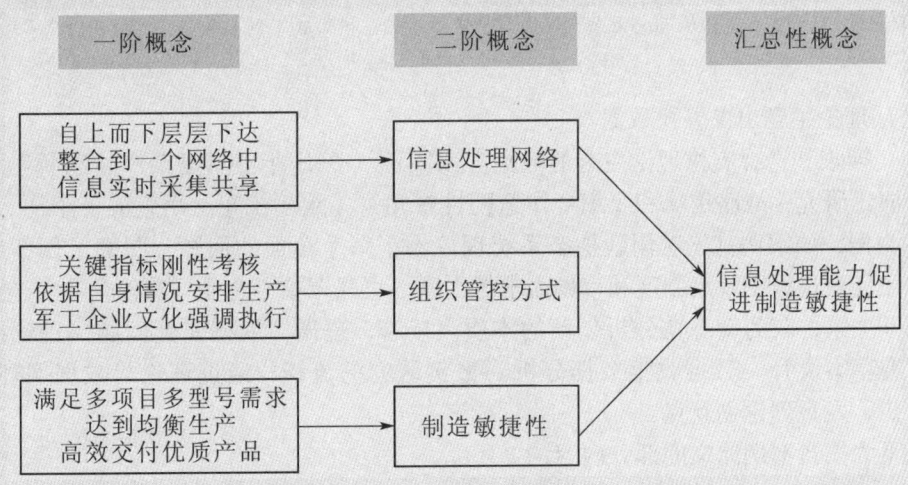

资料来源：曾德麟，欧阳桃花，周宁，等. 基于信息处理的复杂产品制造敏捷性研究：以沈飞公司为案例[J]. 管理科学学报，2017，20（6）：1-17.

3. 从数据及资料出发寻找理论

（1）基于关键数据及资料凝练研究问题。

（2）基于数据及资料收集相关理论构念并研读相关国内外权威期刊，推导出案例的理论分析主线并构建理论与数据及资料的关联关系。

例如，在案例《复杂产品后发技术追赶的主供模式案例研究》（曾德麟、欧阳桃花）中，开发者构建了以下的数据收集与理论分析的模型框架，以指导材料的梳理和价值确定。

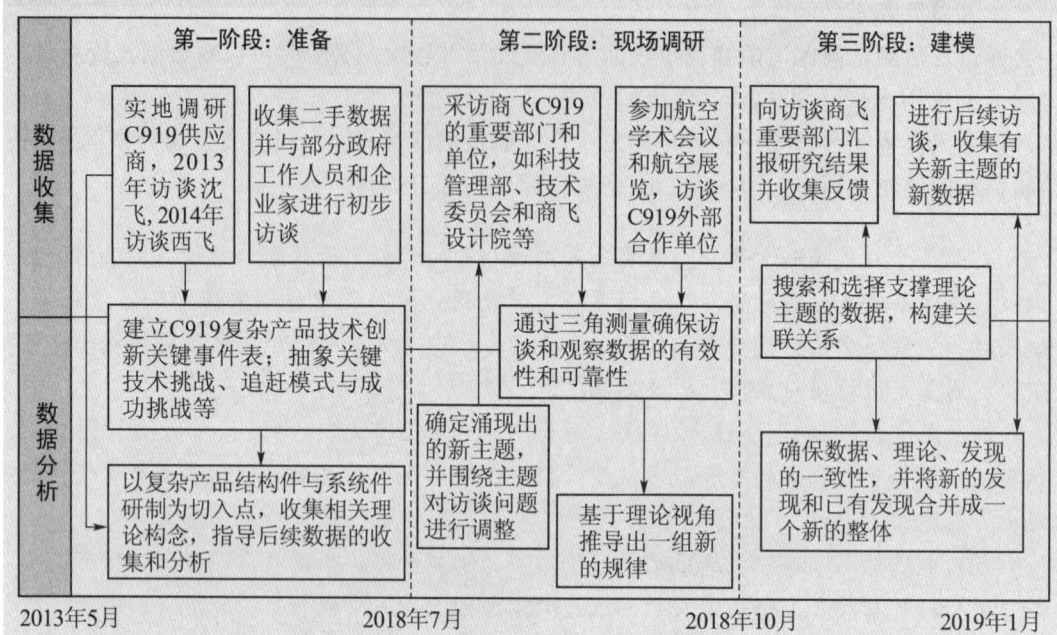

资料来源：曾德麟，欧阳桃花. 复杂产品后发技术追赶的主供模式案例研究［J］. 科研管理，2021，42 (11): 25-33.

4. 从理论主题出发寻找数据

（1）搜索和选择支撑理论主题的数据。以案例《DFH 小卫星复杂产品创新生态系统的动态演化研究：战略逻辑和组织合作适配性视角》（欧阳桃花、胡京波、李洋、周宁、国辉）为例，该案例首先对创新生态系统理论做了一个全面的回顾，明确了创新生态系统既关注创新过程中政策制度和市场需求等因素，也强调核心企业与其他企业、企业与环境的相互关系，较为动态地分析创新的本质。接着，遵循"明确研究问题→理论回顾→案例研究草案设计→数据收集数据分析"案例研究的流程，通过理论与数据循环分析，反复对焦，发现理论创新点。

以下为摘自案例原文的部分内容：

> 首先是基于有趣的数据明确研究问题。研究问题如何明确？该研究先深入了解与发现有趣的数据，了解到中国航天产品创新能力处于国际领先的水准。由于对此的相关新闻报道较多，严谨的学术研究尤其是对航天复杂产品创新管理成果较少。相比大卫星（神九、空间站）而言，小卫星产品研发流程大同小异，市场化程度高，属于上市公司，便于研究者近距离观察与收集数据。从有趣的数据中发现理论的空白点，形成研究问题与关键概念，即创新生态系统。
>
> 然后是重点回顾了创新生态系统理论。研究团队调研小卫星产品创新过程时，发现"DFH"从首个产品的研制到发射小卫星的创新平台构建，其成功率是100%，处于国际领先水准，因此，本研究假设该企业不仅具有较强的内部创新能力，而且在逐步营造良好的创新生态环境。在此基础上拓展研读文献，确定研究问题与分析框架。

(2) 构建理论与数据及资料的关联关系。构建理论与数据及资料的关联关系可通过单案例分析或（及）跨案例分析的方式来进行，这种方式经常应用在研究型案例的撰写中。

以下为摘自《构建重大突发公共卫生事件治理体系：基于中国情景的案例研究》（欧阳桃花、郑舒文、程杨）原文的部分内容：

> 本研究数据分析按照单案例分析、跨案例分析的方式逐一展开。其中，单案例分析建立在对文本数据、爬虫数据和访谈数据的实证分析基础上，主要目标是识别3省疫情管理的关键活动，具体分为3个步骤展开：步骤1围绕传染病防控三大原理即控制传染源、切断传播途径、保护易感人群，识别通过文本收集法收集到的数据中的相关事件，并按时间线对识别出来的事件进行梳理和整合，归纳出3省各自疫情管理活动的关键事件；步骤2基于爬虫技术搜取到的热门数据，纵向上总结数据在步骤1中归纳所得时间线上的规律，横向上选取与该省疫情管理活动有关的事件，从而对步骤1中所总结出的关键事件进行验证、筛选和补充；步骤3结合两次访谈数据，进一步对关键事件进行识别和分类，经过编码得到重要的关键活动。
>
> 针对跨案例的分析，本文同样分3步具体展开：步骤一，基于单案例分析汇总编码的关键活动，进一步归纳分类，形成包含多级构念在内的数据结构；步骤二，基于数据结构，对比分析三省关键活动异同；步骤三，基于对比结果，分析活动背后影响管理效果差异化的原因，发现关键活动之间的关系，提出中国疫情管理的整体框架，并最终总结提升中国疫情管理成效的关键因素。

(3) 确定数据及资料。对于整理过程中涌现的新主题或（及）理论主题，如果在梳理过程中出现数据及资料缺失时必须要想尽办法补齐，才能使案例复盘工作更有价值也更有说服力。

7.5 补充调研

7.5.1 何谓"补充调研"

在案例复盘还原过程中有时会出现在整理数据及资料的过程中涌现出新主题或者（以及）现有的数据及资料不足以支持相关理论主题的现象。为此，需要进行进一步的调研工作来补充完善。

7.5.2 补充调研些什么

(1) 有助于支撑在整理数据及资料的过程中涌现的新主题的相关数据及资料（包括二手数据及资料和一手数据及资料）。

(2) 为了足够支撑相关理论主题而必须补充搜集的相关数据及资料（包括二手数据及资料和一手数据及资料）。

7.5.3 如何进行补充调研

（1）确定涌现出的新主题，围绕该主题进行二手数据及资料的搜集，并对访谈问题进行调整，以便进一步搜集相关的一手数据及资料。重点回顾相关理论主题，指导后续数据及资料的收集和分析。

（2）对补充调研得到的新的数据及资料进行复盘还原，若仍有新主题涌现或数据及资料缺失，则进行进一步的补充调研工作；否则，进入下一步。

（3）将新的发现与已有的发现合并成一个新的整体，确保数据、理论、发现的一致性。

在案例《互联网健身独角兽 Keep 的品牌商业化探索之路》（范小军、李欣）中，对 Keep 数据的收集主要采取了参与观察、阅读文件档案和访谈等方法，获得了较为全面的数据。而对这些数据的收集则是按照了"明确研究问题→理论回顾→案例研究草案设计→数据收集→数据分析"的过程，结合了相关的理论主题来进行问题的分析和数据的收集，使案例具有真实性和逻辑性。

7.6 要点解析

要点解析是对案例素材中的重要部分进行加工解析，既是案例开发的重要部分，也是案例需要体现的重要部分。在此部分需要确定本案例所要运用的知识点以及完成案例决策点的设计。

一个优秀的案例通常是具有多个矛盾点的，在决策点的设计中开发者应当注意强调案例的冲突性，不能过于平铺直叙。为了体现案例整体的逻辑性，决策点的设计同样需要与所选用的教学知识点相对应。例如，可以将案例划分为品牌建立、品牌更新、品牌转型、战略重心转移四个大的模块进行决策点的设计。

案例开发者需要注意的是，决策点设计的主要意义是给案例研究者一个讨论与思考的空间，所以决策点设计需要选择有价值的问题进行讨论，尽量避免可以从案例背景之中直接找到答案的设计。优秀的决策点设计应当激发研究者不同观点的提出与讨论，并且每个观点都有相应知识点的引入，从而提高研究者对于知识点的理解与运用能力。

例如，在案例《互联网健身独角兽 Keep 的品牌商业化探索之路》（范小军、李欣）中，作者写道：

> 回望过去 5 年的发展，Keep 从单一提供运动内容和数据记录的移动健身工具，通过主动调整品牌目标逐步发展成为'一站式'健身运动平台，超越同类产品成为中国最大的运动社交平台，Keep 在横冲直撞的探索中开辟出了一条迈进健身全生态链的商业化道路。

通过对 Keep 在品牌孕育期、品牌导入期、品牌爆炸式增长期和品牌成熟期等不同发展阶段的研究，可以看出作者所安排的决策点和对冲突点的设计，体现出了案例整体上的逻辑性，将理论知识点融入其中。

7.7 整合撰写

整合撰写是在上述准备的基础上，通过构思情景，撰写初稿，进一步迭代修改，最终形成案例。

案例撰写的谋篇布局在很大程度上决定了一篇案例是优秀还是平庸。一篇优秀的案例故事决不能是简单陈述事实的流水账，而应当是在清晰且有逻辑地说明有用信息的同时兼顾案例的可读性。另外，如何将理论知识的运用自然地融入案例故事的叙述中去，也是撰写案例正文时需要特别注意的一个方面。案例撰写具体需要注意以下问题。

7.7.1 素材的筛选

案例撰写不是将企业所有信息都罗列出来的流水账，由于案例学习者在课堂中决策时所需要的信息都来自于案例正文部分，故为了保证他们在阅读时得到的都是有效信息，减少冗余信息的干扰，在撰写案例前需要对汇总到的信息与素材进行适当的取舍，删除不必要的素材。

对于素材有效性的判定，应当是基于案例教学的核心知识点来展开选择的，对于那些与课程所研讨问题关联性不大的信息素材，尽管它们有时候在内容上非常精彩且引人注目，仍然需要撰写者忍痛割爱。

在具体的取舍过程中，可以从以下三个方面的问题展开考量。

（1）案例的主题及有关的关键问题是什么。这个问题本来在案例开发的最初计划中已有规定，但经过现场调查，应确定是否需要根据实际材料的情况作适当调整。调整以后，它们便成为素材选择与案例开发的主要依据了。

（2）案例中的决策者，即作为案例中主角的那位管理者，必须掌握的情况有哪些。这也许是开发者最难处置的问题。因为如前所述，为了使案例尽量拟真，尽量符合实际，一些不太相干的情况也应包括到案例中去。但开发者怎样才知道自己提供的情况是否已经完整且足够了呢？唯一的测试方法是进行反躬自问：如果我是那位主人翁，这里所提供的情况是否已可使我做出有完整依据的决策。

这些有关的主要情况，可以用各种不同的形式呈现出来。有一些是统计数据性的，如销售额、利润额、职工人数、产品系列的种类、市场占有额等。有一些则是非统计数据性的，如人物简历、人事与人际关系情况、企业历史及经营战略与政策等。可以根据案例主题的要求，采用不同的数据与非数据形式的组合来表现所需的情况。最好是紧紧围绕所选定的关键问题来汇集与提供资料，如以培训推销员为主题的案例，它的一个关键问题是经费预算对培训工作的限制，开发者就不得不列出企业的资产负债表与损益表。

（3）局外人所必需的其他情况有哪些。案例开发者在案例中所提供的情况必须多于案例中当事人所需的情况，因为大多数案例读者与案例中所涉及的单位素无瓜葛，他们不知道当事人已知的一些背景情况。因此，开发者必须补充足够的背景材料，以便把读者引入那个单位的环境中去，至少得简要介绍一下单位的名称、地点、历史、产品、竞争对手以及组织结构，也许还得提提它的发展远景与前途。不管案例主题是多么狭窄和专门化，若对这些基本情况一无所知，则很难让人能对任何具体的管理问题进行建设性考虑。这也许正是管理案例与普通文字作业题的一点重要区别。

源自同一次调查的同一批素材，经过不同的萃取，可以编成不同的案例，或者至少是侧重点各异的同一案例的不同版本，以分别满足不同的教学目的。

7.7.2 构思与写作框架

一般包括拟定写作提纲、撰写初稿、修改直至定稿这几个阶段。管理案例经过三稿、四稿乃至五稿、六稿的修改，也是常有的事；经过一个阶段的试用，还要再次修改，甚至进行全篇幅的彻底修改，也并不罕见，所以案例写作是很艰巨而辛苦的劳动。

乍一看，开发案例既是照实记录，而且并不要求十分条理化，那岂不相当省事？殊不知这种貌似混乱却正是一种精心安排，正像武术中的醉拳，左摇右晃，步履凌乱，毫无章法，却是一种上乘的绝技一样。管理案例的"凌乱无序"，往往并非任意堆砌，而恰恰反映了开发者的良苦用心与匠心独运。因为高明的开发者的思考，始终守着一条明确的轴线，那便是案例既定的教学目的、主题与关键问题。不成功的案例往往就是由于开发者忘了目的与主题，甚至本来就不明确，以致迷失了方向。

下面探讨几个有关案例写作的具体问题。

7.7.2.1 结构安排

管理案例的结构安排通常有两种原则：

（1）按时间顺序。依据事件发生的先后来逐次安排，也就是所谓"编年史法"，按照事物的产生、演进直至今后的发展方向，交代来龙去脉。

（2）按逻辑顺序。将大量杂乱事实按一定的逻辑关系，分门别类地组织起来。前面提到的围绕选定的各关键问题来组织收集到的有关事实，便是这种原则的一例，而按照事物各部分内在性质的同异和横向关联的疏密来划分出不同的类别，又是这种原则的另一类组织方法。这种方法往往采用设置小标题的手段，使层次与节奏呈现出来。用小标题将文章内容划分为几个不同主题的模块，通常来说，每一个模块都对应着一个具体的事件展开。例如，一个以推销员的奖酬制度为主题的案例，便可分解为以下这些小标题的章节：引言，公司背景，现场推销队伍的组织，推销员的工作，推销员的成绩及其考评办法，各种奖酬制度方案，等等。

总体来看，模块的安排需要根据案例故事的背景环境、企业的发展与现状、企业具体的几个决策点所对应的事件、尾声部分即企业后续的发展与规划等来设置。将正文部分用小标题分割为几个模块，不同模块之间既相互独立又彼此相关，通常互为因果关系或者有着理论上的逻辑联系。具体来看，每一个模块的内部结构安排，需要采用次级小标题或者分段的形式来将一个事件的起因、经过、结果分割开来，与之对应的分别是决策的原因与背景环境、决策的过程与决策内容、决策的结果。

其实案例结构太固定也有较大缺点。读者如果完全被案情左右，就会产生一种把握感，而这在管理现实中其实是没有的。此外，这种案例的方向性如此明显，易暗示案例中的问题只有唯一一种可接受的解决方案，所以现在有人主张案例的结构应完全松散。

7.7.2.2 开发手法

1. 倒金字塔结构

案例的开头,国外提倡的是"开门点题"的格式,即第一句话就以简要语句概括说明主要人物与主要问题。他们认为这不但一上来就能吊起读者的胃口,激发读者读下去的兴趣,抓住了读者的注意力,更重要的是"一语中的"的开场白,能使读者抓住要领,在随后进一步阅读时有一个印象深刻的"参照点"。好的案例应能自己推销自己。

继开场白后,应当介绍主要背景情况,使读者在深入了解主要问题的细节前,对环境先有概貌认识。

在国外的新闻报道与商业信函撰写中,都强调这条开门见山,即所谓"主要信息是什么"的类似原则。国外通讯社的新闻报道常用这种格式,如"议会反对党领袖某某宣称:他的党将投票反对政府预算方案"。首先点题,然后才说"这是某某先生在今天某处举行的记者招待会上宣布的"。第二步交代时间、地点,即介绍环境。然后才作细节描述"资深的政治家、现年68岁的某先生说该方案如何如何"。

商业信函也是类似格式,一开头没有任何客套,如"我司欲购贵公司某项产品若干件"。然后才表明"我司是经营何种业务的,位于何处",等等。这种格式又被称作"倒金字塔"结构。

2. 设置悬念

一篇好的案例通常不是平铺直叙地讲述,而是需要设置悬念,一则是为了吸引读者的阅读兴趣,二则是为了给读者留下自我思考的空间。悬念的设置最重要的是在文章中埋下伏笔。每一个决策点的设计,读者进行决策所需要的信息并不是都在其所对应的具体事件中给出,而是可以预设在对之前的事件的叙述之中,让读者至此能够有恍然大悟、意料之外情理之中的感觉。

具体来说,首先是事件发生原因的伏笔,在前文所描述的内容当中可以设置一些信息预示这件事的发生,例如由于前文中所发生的某些事成了导火索,导致了此时该企业所面临的某些问题。此外,还有决策内容的伏笔,决策者在此刻为什么要做出这样的决策,他所依照的信息在前文中也可以埋下伏笔。

当然,无论是怎样的伏笔设计都不能脱离本案例知识点的范畴。案例写作不等同于小说创作,不能为了伏笔而作伏笔,每一个伏笔的设计都要对应知识点的讲述逻辑。伏笔的设计本质上还是模拟情景、为读者提供线索,从而更深入地引导读者依照知识点来进行决策。

3. 虚实相生

首先要提的,是掌握好分寸感,做到繁简适度。案例中虚实掺半,究竟怎样才算适度,很难有明确标准。目前暂时只能以高度拟真性为标志,使读者能面对尽量接近真实的处境。

然而,在还原真实情境时应把握尺度。案例为了接近实况,允许也有必要包括一些不大相干的信息,甚至是错误或虚假的信息,因为现实中就有此种情况。同时,也可以适量布置陷阱,看学生有无辨别真伪的能力。但若片面强调追求真实或提高难度,而把这些事做过了头,便会弄巧成拙,画虎不成反类犬了。

根据案例教学功能的要求，案例中的数据与资料也不可过于浅露与直接，因为一口气和盘托出，会使学生感到"得来全不费功夫"，而不去独立分析和思考。因此，应适当分散、隐蔽，半掩半露，暗藏伏线，让学生去选择、探索、推导、演算，以求得所需数据。同时，数据与条件也不宜过于完整，有些需让学生自行推测和假定，因为现实生活中的决策所依据的情况，都是需要经过分析和判断的。

总之，在案例的信息提供中，对有关与无关，虚假与真实，直接与间接，分散与集中，明显与隐蔽，完整与不足等诸多方面要处理得当，不偏不倚，恰到好处。

其次，是对写实与虚构的掌握。开发案例并不绝对排斥"虚构"，只允许用纯客观、自然主义手法。只要不违背常情，确实合乎逻辑，情节上允许适当作些删减、合并等调整处理。例如，将在不同场合、不同时间发生的事，压缩到同一场合与时间上去，甚至把两个人物的形象糅合到一个角色（通常是配角）中去。只要不致牵强荒诞，便能节约角色与篇幅，不减实效之功，使情节与人物更典型，更集中，表达更精练。

还有一个手法的问题，即如何正确处理好客观描述与个人观点的关系。案例开发者是报导者，不是评论员，文中不能夹叙夹议，掺杂个人好恶褒贬，甚至不宜流露个人倾向。案例开发者应只表现事实和情况，不应作解释与判断。如"该企业产品不能很好适应市场需要"，或"那位厂长能力实在太差"，则属于开发者写出了个人观点，这是欠妥的。案例教学的目的是培养学生独立的分析判断能力，而不是引导他们去接受开发者的现成结论。当然，不写出观点，并不等于开发者没有观点，而且材料的组织也要受观点的统率与制约。但要用事实去说明，如用产品滞销量，用与主要竞争对手的新产品研制及市场调查投资率的比较等事实，使学生得出该公司产品与市场不对路、不适销的结论。但是评价性、结论性的语言，若出自案例中人物之口，则是允许的，并且是正常的，如"总工程师看过厂长的这一批示后，耸耸肩膀，道：'这算什么厂长？草包一个！'"至于角色的观点是否符合实际，则留待读者去判断。

4. 时态把握

许多外国文字有动词的不同时态，而中文的动词本身在形式上无明显的时态变化。案例中的时态问题，实质上是应假设案例中的事件是在现在还是过去发生的问题，也就是把它描述成目前正在进行的事件（现在时态），还是以前已发生过的事件（过去时态）。一般提倡在案例中都用过去时态。一是为了利于保护案例中所涉及的单位，因为已发生过的事总比正在发生的事较少招致非议，追究已无益，所引起的读者感情的波澜相对要小些；二是案例中的事件若非"最新近的"，则在教学中应用的时间可能更久远。

7.7.2.3 内容的表述

如何用生动、简洁、实在的语言将案例内容表述清楚，是案例开发研究的重点和难点之一。需要注意的事项包括：构建清楚的段落；写出清楚的句子；选用词义清楚的措辞；时态的处理；树立好的案例开发文风；为了保持案例提供情况的真实性，用好引语；在表述时，不能构成明显的因果关系，如显示主观偏见。

总之，案例开发的文风以简练含蓄为贵，这是案例先天的性质所决定的。案例不是文学作品，无须费太大力气于修辞与铺陈。案例意在启发读者思考，所以理应藏而不露，但这不等于案例无文学性的要求。好的案例总是文笔流畅生动，内容曲折跌宕，能激发读者的兴趣与想象，令读者爱不释手。不是说要忠实于现实，便一定要语言机械呆板，陈述平淡枯燥。

7.7.3 掩饰处理

掩饰就是将案例的敏感信息加以掩盖和装饰，也就是将案例中的一些资料来源匿名化。但无论如何掩饰，都必须保留问题的核心部分。在掩饰问题上，教师与案例开发者同提供资料的单位及其管理人员的期望是不一样的。

无论采取什么样的策略，在调查采访之初，把涉及有关掩饰问题的内容向有关管理人员讲清楚是至关重要的。这样可以消除以后可能造成的一些误解，也会提高写作的效率，避免走上一段不该走的弯路。

在作案例掩饰时，单位及具体地点的名称和人物的姓名，均改用假名。但要注意，尽量不要将机构的名称改作甲机关、乙公司、丙学校这类抽象概念，这会给读者或学生造成不真实的感觉，从而降低学习的兴趣。涉及的统计性数据，也要予以掩饰。常用的办法是全部乘以一个统一的换算常数，或称"矫饰系数"，如 0.8 或 2.1 等。这样一来，所有数据间的比例关系仍能维持原状。经验证明，经掩饰处理后的案例的教学功能几乎不受损失，读者从这一管理情景中学习的机会与案例中的实际人物处理问题时的机会相同。

7.7.4 审校

案例定稿，通常还要经过自审、送审及试用"三步曲"的审校检验处理，以求慎重。

自审可以是默读，但通常认为朗读更容易发现问题。最可靠的办法是开发者先根据末稿，自己做一次分析，这时若有必要的关键信息遗漏了，也容易发现并进行补救。案例经自审定稿后的一个必不可少的步骤，是将此稿送交原调查单位审查，征询意见以及发表和应用于教学的许可。这不仅是为了履行最初的承诺，也是为今后进一步的合作打下基础。送审获准后，应提醒原调查单位也要注意保密，勿向通过各种方式与渠道来打听有关真实情况的人随意泄露实情。

最后，为可靠起见，案例稿还应在教学实践中试用几次，以最后鉴定它是否适合教学的要求。若发现有重大问题，宁可再作修改，以求能确实成为经得起考验的优秀案例。

7.7.5 教学注释的编写

教学注释是案例的一份特殊的附件，专门帮助将来在教学中使用此案例的教师们更透彻地理解此案例的情况与特点，以便在使用时更有把握，更为灵活。有人主张应在案例初稿动笔前就写好，以便指导案例的开发。案例经教学实践使用后，还应对此教学注释进行订正与补充，以反映课堂讨论中的集体智慧。

教学注释一般应包括下列内容：
①对案例的一份提纲式的分析；
②启发思考题；
③一些于分析有用的数据计算；
④案例在分析上、理论上及表达上的难度估计；

⑤案例预计的用途与教学功能。

注释中一般不包括教学法，给教师留有余地。除提供必要供参考的背景情况外，一般不应提供保密的情况及有关单位的实际做法。

此外还涉及图表、附录、脚注及首页注释的处理。

7.7.6 案例的再加工

这是我国目前情况下的一个特殊问题，因与开发有一定联系，特在本节讨论。

案例的再加工，包括在某些教学条件限制下，对已编成的较长篇的案例进行适当删节与缩写，主要是指对外国案例的改编。由于实行了开放政策，企业管理者对国外市场与企业界的情况需要有较多的有效了解手段。因此，翻译一定数量的外国案例实属必要。当然，培训我国管理干部的管理案例，还是应以我国的案例为主体。但我国目前自编的案例，尤其是成熟的优秀案例实属凤毛麟角，远不能满足教学的需要。而现在外国案例占压倒性多数的状况又有它的弊端：学生对外国情况不太熟悉，分析起来缺乏足够的真实感、亲切感；有些分析工具不适合我国国情，回到实践中去至少一时还无法使用，等等。

为了迅速改变这种情况，一种权宜的做法，就是选取若干适当的外国案例进行改编。有些管理原则、概念和方法是通用于各国的，或至少在一定程度上是部分通用的。当然不是所有外国案例都适宜改编，但那些原理通用、现象共同的案例，是可以进行改编的。

改编的办法当然是把原案例中的单位、环境、人物名称等都换成中国的，不符合中国习惯做法的行动，也要"改造"；度量衡及倾向单位需要更换；一些数据不符合中国现实（往往是过大）的，也应乘上适当的换算常数。但主要的情节不宜改变，陈述的组织结构方式一般也不改变。原文中外国风格的形容词或表达方式则应改变，尤其是口语部分，更宜全部"中国风味"，消除任何"硬译"的现象。当然，改编若想天衣无缝，了无雕琢痕迹，相当困难，因而难免会有生硬勉强的现象；而且还涉及版权问题，所以此法不宜多试，只作为不得已情况下的临时措施。

第8章 管理案例撰写范式

本章将依次总结哈佛案例库、毅伟案例库、中欧案例库、中国管理案例共享中心（CMCC）案例库、清华案例库的案例范式。并提供大量的案例示例及相应的点评意见以供参考。

8.1 哈佛案例库

8.1.1 哈佛案例库案例撰写基本结构与格式要求

1. 案例正文

（1）摘要。

（2）案例正文，包括但不限于以下内容：

①企业背景；

②企业面临的管理困境及解决方案；

③展望，抛出新的问题供读者进一步思考。

（3）附录，如企业管理运营数据、组织架构图、营销广告、调查问卷等。

2. 教学笔记

教学笔记包括案例概要、案例目的、思考题、案例分析要点、教学计划和板书设计六个部分。

8.1.2 哈佛案例库案例正文写作范式

（1）从案例企业的特殊事件或重大变革等小角度切入作为首段引言。如：××企业做出××人员调整，××软件在×××上的应用。

> 【示例】
> 2018年3月，一个阳光明媚的早晨，法国化妆品公司欧莱雅高级副总裁（SVP）人才开发和多样性首席官让·克劳德·勒格兰德在巴黎的办公室四处走动，澄清了他与欧莱雅首席执行官兼董事长让·保罗·阿根会面的想法。LeGrand最近被任命为公司执行委员会（ExCom）的成员——这是一个由公司高管组成的15名成员小组。作为新任人力执行副总裁，截至2018年7月，他将负责招聘、开发、晋升和留住全球约83 000名员工。
> （摘引自 Lakshmi Ramarajan 等 *Leading Change in Talent at L'Oreal*）

（2）第二段引言主要介绍企业的规模效益地位等以及近几年的变动情况。如：××企业在××行业处于领先地位，在××××年收入为××××××，比××××年增长了×××倍。

【示例】

　　此外，观察人士指出，欧莱雅的文化是出了名的强大，外人不容易渗透。勒格兰德认为，欧莱雅紧密联系的文化既是一种祝福，又是一种诅咒。欧莱雅取得了惊人的成功，是行业的市场领导者，2017 年的收入为 260 亿美元，比 2016 年增长了 5%。然而，它也很难改变。

　　（摘引自 Lakshmi Ramarajan 等 Leading Change in Talent at L'Oreal）

（3）最后一段引言主要提出企业当前发展情况及担忧，从而引出问题。如×××企业如今存在××××情况，在这种情况下产生了几个问题，首先×××××，其次××××，最后×××××。

【示例】

　　在勒格兰德与阿贡会面时，勒格兰德专注于关于整个公司人才的三个主要问题。首先，最高层的性别差距似乎是一个很难解决的问题。其次，是新兴市场领导者之间的差距。第三，是欧莱雅的文化。他如何从公司内外吸引和支持有才华、有创业精神的人才，并授权他们充当变革的代理人？他怎么能让像他这样的人改变呢？他如何才能保持其独特、紧密联系的文化的最佳方面，并确保它对不断变化的劳动力构成具有开放和包容性？

　　（摘引自 Lakshmi Ramarajan 等 Leading Change in Talent at L'Oreal）

（4）此段主要介绍企业基本情况，主要包括：企业的背景、结构、理念、企业的业务、文化等（常分为几段阐述），如××企业从×××年成立，是一家从事××××的公司，现如今公司的规模已经……公司的企业文化……

【示例】

　　1907 年，毕业于巴黎国家高等学院的尤金·舒勒以欧莱雅的名义使用无害化合物的混合物创造了他的第一个染发配方。当时，市场上的染料多使用凤仙花或矿物盐，它们会使头发呈现出鲜艳但不自然的外观。然而，舒勒的染料提供了一种微妙且自然的颜色范围。1909 年，舒勒创立了法国兴业银行。他的染发剂很快在巴黎流行起来，第一次世界大战后，又在国际上流行起来。意大利、奥地利和荷兰是最早的国际市场之一，同时染发剂也被销往了美国、加拿大、英国和巴西。1939 年，舒勒的公司正式更名为欧莱雅，其总部位于巴黎皇家街 14 号，并且至今仍是公司总部所在地。

　　欧莱雅公司是一个复杂的矩阵型管理组织，其中包含了不同的部门和区域。公司有四个运营部门：消费品（CPD）、欧莱雅豪华轿车、专业产品（PPD）和活性化妆品。CPD 通过大众市场零售渠道销售产品，豪华汽车产品仅在特定的零售店销售，PPD 在发廊和美容机构销售，活性化妆品则通过药房和药店等渠道销售。欧莱雅还有四个主要的地理区域组织：西欧、东欧、非洲和中东、亚太地区和美洲。欧莱雅在 150 个国家运营，以区域为单位承担全面的损益责任。欧莱雅员工都向部门主管和区域经理汇报，而四名部门主管和四名区域经理，则直接向首席执行官汇报。

　　（摘引自 Lakshmi Ramarajan 等 Leading Change in Talent at L'Oreal）

(5) 从此段开始，以下将有多段内容，主要围绕人力资源、财务、管理、跨国贸易等方面进行叙述。其特点如下：

①每一段的内容可按照时间线进行叙述，但各段之间不一定按照时间线进行衔接；

②各段之间的内容往往是独立的；

③多引用企业高管的言论或第三方机构公布的数据。

【示例】

欧莱雅的人力资源部门与业务部门密切合作。在年度评审过程中，企业和人力资源领导共同努力，将人才与企业内的关键职位相匹配。对于前250个战略职位，勒格兰德与顶尖的商业领袖合作，进行选拔和培养；对于前1000个关键集团职位，则由部门和区域人力资源主管与部门和区域经理合作进行；对于地方关键职位，全国人力资源开发部门在其中发挥了至关重要的作用。勒格兰德强调了人力资源部对业务的中心地位，他指出："现实是，公司关键职位的人才创造的营业额跟公司高管创造的营业额持平，这不仅关乎到公司的人力成本，也表明公司的事业基础并不是很稳固。"其他人力资源主管也同意这一观点。一位全球人力资源副总裁说："为了确保人力资源职能是业务战略的核心，你需要接近和了解你的员工。在一些公司里，人力资源人员的配置可能足以应对1000名员工的需求。对我们来说，人力资源人员与员工的平均比率是1∶200或1∶300。在这样的比例下，更能看到并培养人们，真正推动他们的职业发展。"

勒格兰德对人力资源专业人员在员工生活中所扮演的角色充满热情，"这是一个高尚的职业，只有极少数人有资格这样做；我禁止99%的人从事人力资源工作"。他对人力资源职责采取了以人为本的方法。阿根廷欧莱雅国家董事总经理马塞洛·齐梅特回忆说："我和一个人一起工作了六个月，让·克劳德和他进行了半小时的交谈后告诉我，'你知道，那个人很年轻的时候参加了战争，他负责在年轻士兵去世时给他们的家人打电话。'我说我不知道，我很惊讶，因为我觉得我很了解这个人。勒格兰德有一种特殊的技能，可以快速与人们建立联系，并真正理解他们。"勒格兰德解释说："我试图鼓励人力资源经理花时间与人们在一起，找出他们的独特之处，这只有通过对话才能产生。这和一行一行看简历不同，我不关心简历上的内容。"他继续说，"我们可以产生巨大的影响，因为我们照顾人们生活中的一部分，他们会花很多时间在他们的职业生活上。我经常说我不是在做人力资源，而是在照顾人——我认识很多做人力资源的人，但很少有人照顾人。这就是我在整个职业生涯中兴奋的动力，对人们的职业发展产生影响，看到他们成长对我来说是真正的成功。"

(摘引自 Lakshmi Ramarajan 等 *Leading Change in Talent at L'Oreal*)

(6) 结尾段主要内容为展望部分，但在末尾段仍会抛出问题使读者继续思考。如：××企业目前正处于×××的阶段，公司高层做出了×××样的调整，但对于××企业来说，仍有类似于××××/××××的问题没有得到很好的解决，×××公司今后将如何……/我们如何面对×××的情况。

【示例】

  勒格兰德知道，他面临着一个挑战，保持公司的顶级排名以及凝聚力和包容性。他的团队成员意识到，即使是各种局外人不断晋升，偏见仍然存在。普霍·瓦伦丁说："我们所相信的所有人都平等的价值观与我们仍然主要是一个由白人、西方人、男性主导的公司之间存在着这种紧张关系。"

  勒格兰德还意识到公司的使命"所有人的美"和变革的需求之间的潜在协同作用。当他准备与阿贡会面时，他想："美的事业本质上与多样性有关。"根据定义，美是出乎意料的，它是独特的，它是多样化的。他继续说："动员人们和吸引新一代的独特方式不是说'看，我们赚了很多钱，每股价格很棒'。如果没有巨大的使命感，你就会出局，就这么简单。真正的破坏来自于人力资源部和员工的质量。这让我们很担心，我们如何获得并支持一代人中最优秀的人才来应对不断变化的环境？"

（摘引自 Lakshmi Ramarajan 等 *Leading Change in Talent at L'Oreal*）

8.1.3 哈佛案例库案例教学笔记写作范式

1. 摘要

  主要对企业进行一般性的简介，包括该企业所处的行业发展背景、企业自身的功能特点、发展优势与遇到的问题挑战等，分析企业自身的发展选择与应对措施，并对其实施效果进行简要分析。

【示例1】

  腾讯是中国最大的互联网企业集团之一，其愿景是成为一家"科技+文化"公司。腾讯在网络游戏和社交网络领域拥有绝对的市场份额，最近建立了一个庞大的互联网娱乐生态系统，现在正专注于文化资产的开发。从2018年开始，这种资产开发将以公司的新文化创意（NCC）战略为指导，该战略力求在文化价值和商业价值之间形成良性循环，并对知识产权进行创新性的重新诠释和定义。

[摘引自 Elie Ofek 等 *Tencent: Combining Technology and Culture*]

【示例2】

  2020年5月推出的多品牌购物应用程序"THE YES"为女性时尚提供了一种全新的购买体验，该应用程序采用数据科学和机器学习（ML）的复杂算法，根据每位购物者的风格偏好、体型和预算，为其创建并提供个性化商店。

[摘引自 Ayelet Israeli 等 *THE YES-Reimagining the Future of E-Commerce with Artificial Intelligence（AI）*]

2. 教学目标

（1）分析影响某一个行业发展的因素，如"分析如何在进入现有市场的同时，以新技术和新颖的分销战略颠覆市场"。

（2）分析某个发展战略在企业发展中的作用，如"研究新的收入模式对公司的影响"。

（3）理解某一个企业发展措施的意义，如"了解如何重新定位一个品牌，使其对消费者而言包含不止一种核心价值/意义"。

（4）探讨不同发展因素之间的关系，如"划定文化、传统和娱乐之间的联系（和相互渗透）"。

（5）还有一些其他的教学目标，比如"通过案例的学习，帮助学生了解……的特征/影响/表现，帮助学生理解……重要作用/特征，帮助学生分析……差异/原因，帮助学生梳理……策略/基本规则"。

3. 建议的作业问题

这一部分主要是要进入到案例正文所描述的情境中去，在企业所处的发展环境下分析企业所采取的措施，对企业的行动进行独立的理性思考，从而获得一个对企业较为全面的认识。

（1）您认可企业在面对发展转折点时所采取的措施吗？如"腾讯购买古龙57部冒险小说的版权是否为明智之举"。

（2）您认为企业所采取的行动的重点有哪些？如"从战略角度看，您认为大力投资制作多种娱乐形式的内容，是否会为腾讯提供强有力的竞争地位"。

（3）您对企业进行的行动有什么建议吗？如"为实现这一目标，企业应具体做些什么"。

4. 讨论大纲

教学笔记部分旨在帮助教师教授80分钟的课程，结合课程的教学目标和所建议的作业问题，将课程讨论划分为4～5个大模块，每个模块的时间为10～30分钟，在每一个模块之下又分为数个小问题进行分析。

【示例】

腾讯：《科技与文化的结合》将课程讨论分为了以下5个部分：

Ⅰ. 如何处理古龙IP（15分钟）

Ⅱ. 新文化创意（NCC）的实践：分析、启示和影响（15分钟）

Ⅲ. 新文化创意中心与腾讯：战略、竞争和货币化（15～20分钟）

Ⅳ. NCC与"秦腔"品牌（15～20分钟）

Ⅴ. 古龙小说的全球潜力和结论/收获（10～15分钟）

在对第Ⅳ模块进行分析时，将其分为了8个小问题进行分析。

比如"当西方人提到中国时，他们会想到哪些形象或词汇？为什么会这样？""中国制造会让人联想到什么？""一个国家的品牌形象与该国企业的品牌形象之间有什么联系？""一个国家的品牌形象与源自该国的企业的品牌形象之间有什么联系？"

5. 讨论分析

讨论分析部分主要遵循讨论大纲，以"层"展开，从特定的困境开始，然后通过评估如何实施不同的项目和采用各种标准，对相关方法进行分析，逐步深入。最后可以直接进行问题的分析，将理论分析和案例分析融合在一起。

【示例】

以第Ⅰ模块"如何处理古龙 IP（15 分钟）"为例，可以先分析"可选择讲述古龙的小说，为讨论提供背景"和"关于如何开始利用古龙小说版权的建议"，然后对其细分部分进行分析，比如"目标市场"和"同步方法"。

6. 总结

根据课程目标，教师可以进行进一步的拓展，将一些重点概念、重要知识点和思考角度进行强调和延伸，将其作为学生的自主学习部分。

7. 参考文献

［1］……（学术期刊 J）

［2］……（专著 M）

［3］……（硕博论文 D）

［4］……（标准 S）

［5］……（报告 R）

8. 建议的板书设计

【示例】

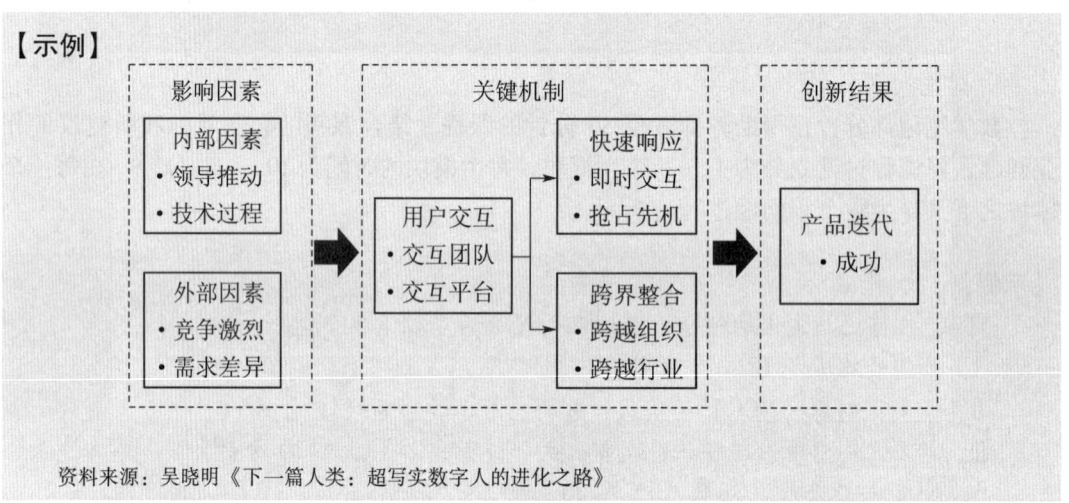

资料来源：吴晓明《下一篇人类：超写实数字人的进化之路》

8.2 毅伟案例库

8.2.1 毅伟案例库案例撰写基本结构与格式要求

1. 案例来源

案例基于真实的人、企业和事件。如果匿名是必要的和强有力的，则接受匿名案例。虚构案例不予受理。毅伟案例库受理以下三种类型的案例。

（1）基于实地的案例：基于实地工作的案例，包括访谈、企业内部数据等。经同意发表的现场数据。优先考虑真实的且目标企业已经（同意）公开发表的案例。

（2）已发表的资源：基于已发表信息的案例，需要适当和充分地标注脚注（请参见引用指南）。必须注意恰当地收集基于真实的人或企业的陈述、行动、感受等内容。

（3）一般经验：基于作者在真实企业中的第一手经验的案例。

2. 注意事项

（1）优先考虑同时包含常规教学计划和线上教学计划的案例。

（2）案例标题应不超过八个单词，包括公司名称和关键字眼。

（3）在案例中第一次提及一个人时，必须包括他的姓和名。第一次介绍后，则只用姓更为合适。

（4）不应使用特定国家或地区的术语。例如，不要使用"lakh"或"crore"（印度货币单位，指十万卢比或一千万卢比）。

（5）应该避免俚语或口语化的术语和表达。

3. 匿名案例

提交案例后，请披露匿名企业的真实身份以及案例中出现的所有相关人物。这一信息将被保密。

4. 时态

案例应用过去时撰写。教学笔记可以用现在时或过去时撰写。

5. 决策点

案例概述必须清楚地说明与案例困境相关的必要决策点，以方便读者理解在案例正文中详细阐述的事件。概述还必须包括案例发生的相关日期和地点，所设定时间点后发生的事件或数据不应当被引用。

6. 写作质量

在提交案例前应认真校对，以确保语法和句法的正确与完整。

7. 案例篇幅

（1）案例正文建议不要超过 8 页，包括图表、附录等在内的总篇幅不应超过 15 页。正文应采用 11 磅 Times New Roman 字体。

（2）案例和教学笔记分别以 Word 文档格式提交（.doc 或 .docx）。

8. 证据资料

（1）所有图表、数据、附录等是案例正文或教学笔记的证据资料，应当插入到文档的末尾。

（2）电子表格和图表应该作为可编辑对象插入到文本中，而不是作为图像。

（3）标记图表中的 x 轴和 y 轴。

（4）在每份证据资料下方附上资料来源，并说明资料是原始文件摘录还是作者使用原始文件中的数据创作的。

9. 图像指南

（1）请提交尽可能高质量的图像，可以直接在文档中提交，也可以单独提交。

（2）如果单独提交图像，请在文本中添加占位符注释。

（3）请提供易于理解的彩色和黑白图像，并利用合适的方式方法以确保相关图像尽可能容易获取。

10. 版权

为复制受版权保护的材料，如图像、表格或大量引文，作者需要：

①在提交前取得版权所有者的书面许可；

②提供版权所有者的同意声明或许可证明；

③适当的确认，如果权利持有人要求，可以添加版权行。

请注意，包含未经许可的第三方版权材料可能会导致出版延迟。

11. 教学笔记布局

公司名称：1～6个描述词

> ×××××写这篇教学笔记是为了帮助教师在课堂上使用案例×××××××，编号×××××××。这份教学笔记不应该以任何方式使用，以免对将来的案例使用造成损害。
>
> 版本：201×-××-××

（1）摘要：1～2段总结案例的文字。避免从案例中复制粘贴介绍性段落。

（2）学习目标（3～5个目标）。

（3）在课程中的位置（最多三门课程，根据教授的学术水平设置），可按照以下格式撰写。

此案例可用于＜××××＞级别的＜××××＞课程/模块。

（4）相关阅读材料（3～5个阅读材料可以和案例放在一起），可按照以下格式撰写。

作者姓名，作者姓名，作者姓名，书名：该书（地点：出版社，年份），页数。

作者姓名及作者姓名，书名：本刊第×卷，第×期（月，年）：页。

作者或版权所有者，标题：网页，访问年月日，网址。

（5）作业问题（4～6个问题）。

（6）教学计划：关于理想课堂时间长度的一两句话（75～90分钟），如表8-1所示为教学计划的示例。

表8-1 教学计划

讨论点	时间（分钟）
介绍	5
作业问题1	20
作业问题2	30
作业问题3	30
结论	5

（7）分析（3～5页）：分析作业问题的回答和教学技巧。

（8）发生了什么：对所作出的决定和相关方发生的事情的简要跟踪。

8.2.2 毅伟案例库案例正文写作范式

1. 标题

一般而言，毅伟案例库的案例标题由两部分组成：一是案例所描述的企业名称，名称后用冒号引出第二部分;二是案例内容概述,以及所讲述的知识点。例如:*YUNNAN BAIYAO*(云南白药):*TRADITIONAL MEDICINE MEETS PRODUCT/MARKET DIVERSIFICATION*(传统医药与产品/市场多元化的结合);*XBED*:*THE DUAL-SHARING PLATFORM DISRUPTING CHINA'S HOSPITALITY INDUSTRY*(颠覆中国酒店业的双共享平台)

应注意标题格式为全英文大写,且多采用简短的名词性短语。毅伟案例库力求简明扼要地介绍案例的核心内容,如"××公司的××决策""××公司进驻××市场""××公司的市场营销",鲜少使用引用或者是比喻等修辞手法。

2. 背景介绍

这一部分旨在帮助读者对案例所描述的企业及其所处社会环境有一个大致的了解,确保读者在后续案例阅读过程中的轻松和流畅。一般而言,背景介绍结构如下。

第一段是故事发生背景以及企业的基本情况介绍,后者通常包括地理位置、企业创立初始的业务、关键发展节点的业务拓展、企业成立时间、企业创始人介绍(如果创始人已经小有成就,要介绍其过往成就,如曾任哪家企业的高管、学历等)、企业曾用名,企业利润分配形式、企业达成的成就(笔者注:能够量化为最佳,例如销售额、销售网点数量、获得融资资金量等)。

案例的写作讲究"一波三折",从第二段开始,每一段都是"一折",需要分析一个关键的环境变化带来的机遇或挑战,管理者面对此机遇或挑战时采取的战略,以及最终取得了什么结果。这一部分会包含大量对行业概况的介绍,可以根据案例中对应的问题进行相关行业的分析,例如行业的发展阶段、竞争格局、现有企业的竞争战略决策等。思考维度多参照波特五力模型(笔者注:五力分别为现有竞争者的竞争能力、潜在竞争者进入的能力、替代品的替代能力、供应商的讨价还价能力与购买者的议价能力)。

一个案例通常包含3~4"折",因此背景介绍通常为4~5段。根据具体情况,不同主题的案例这一部分的字数不同,通常为500~600字。

【示例】

2004年1月4日,格兰仕集团有限公司副董事长兼首席执行官(CEO)梁昭贤签署完一份合同,将格兰仕设计的品牌磁控管的部分生产外包给一家日本制造商后,刚刚回到办公室(笔者注:交代故事发生的背景)。格兰仕公司早年作为微波炉制造商为许多外国品牌生产微波炉时,曾依靠供应商设计和制造磁控管。(笔者注:揭示企业商业模式为OEM。)

过去,格兰仕公司的所有磁控管(微波炉的核心部件)都是从东芝和松下等外国供应商那里购买的。但是,格兰仕公司微波炉业务的快速增长对这些磁控管供应商造成了威胁,而这些供应商也进入了微波炉市场。为了抑制竞争,这些供应商决定减少对格兰仕的磁控管供应。这一决定促使格兰仕于1997年开始对磁控管研发进行重大投资。最终,格兰仕于2000年设计并生产出了自己的磁控管,以支持其微波炉生产。(笔者注:进一步解释故事发生背景。)

然而，由于微波炉业务的迅猛发展，格兰仕公司仍然缺少这种元件。到 2003 年底，其磁控管工厂的年产量为 1600 万个，占总产量 2500 万个的 67%。格兰仕发现自己不得不将部分磁控管生产外包给其他原始设备制造商（OEM），因为此时客户已开始坚持要求格兰仕在供应的微波炉中使用自己品牌的磁控管。（笔者注：用量化指标反映企业面临的困境。）

虽然与日本制造商签订了外包协议，解决了公司的磁控管供应问题，梁昭贤如释重负，但他仍在思考，在竞争日益激烈的市场中，自己该如何引导公司取得更大的成功。梁先生知道，这种有趣的两难选择是公司不断发展和转型的结果。（笔者注：此处埋下伏笔。）

早期，格兰仕只为国内（中国）市场生产自有品牌的微波炉，而生产技术和关键零部件则从日本购买。后来，外国品牌所有者以极低的成本将生产外包给格兰仕，格兰仕开始了代工业务。当逐渐掌握了磁控管的设计和生产技术后，格兰仕从 OEM 转型为原始设计制造（ODM）公司。从那时起，格兰仕在中国市场以原始品牌制造（OBM）模式运营，在海外市场则以 OEM 和 ODM 模式相结合的方式运营。近年来，由于格兰仕的品牌知名度不断提高，其 OBM 业务开始在海外市场取得增长。（笔者注：交代企业商业模式的历史变革。）

格兰仕的微波炉生产成本低廉，研发能力强，在全球电器市场上成功与松下、东芝和 LG 等大型企业竞争。2007 年，格兰仕在全球微波炉市场的占有率超过 50%，处于领先地位，其品牌在中国和海外都享有盛誉。在美国、欧洲、南美和非洲市场，OEM 和 OBM 产品均有销售。各类格兰仕微波炉的总销量从 1997 年的 200 万台攀升至 2005 年的 2200 万台。其收入从 1999 年的 29.6 亿元人民币增加到 2006 年的 180 亿元人民币（格兰仕微波炉的生产、销售、收入和利润数据见附表 1 和 2）。（笔者注：用量化指标表明企业历史业绩。）

（摘引自 Dr. Stephen NG and Barbara Li's *OPERATIONS STRATEGY AT GALANZ*）

如果行业背景与案例主题直接相关，对行业的分析则作为重点进行介绍。例如：公司的关键决策点为是否进入/退出某一区域的市场。

共享经济模式（笔者注：交代企业所处的行业——共享经济行业）在中国已不再是一个陌生的概念。虽然中国在全球范围内并不是典型的先行者，但它正在崛起为共享经济商业模式的最大竞争者之一。（笔者注：交代企业所处的社会背景。）本地共享出行平台滴滴出行科技有限公司（Didi Chuxing Technology Co. Ltd.）就是一例。滴滴将全球共享出行先驱优步科技公司（Uber Technologies Inc.）赶出了中国。另一个例子是共享单车平台的激增，这是中国初创企业开创的一种商业模式，这个行业现在出现了第一家独角兽企业。现在，几乎所有的东西都可以共享，围绕着这个热门词汇，数以千计的初创企业纷纷涌现，希望成为下一个滴滴或摩拜。（笔者注：介绍行业现状、发展阶段与竞争格局。）

> Xbed 科技集团（Xbed）成立于 2015 年 5 月，是众多共享经济平台中的一员，并决心有所作为。作为一家通过技术创新和共享经济商业模式提供去中心化住宿服务的在线酒店平台（笔者注：公司业务模式介绍），Xbed 的诞生源于创始人希望用数字化手段解决中国酒店业存在的问题。经过两年的发展，Xbed 的业务已遍及中国 44 个城市，平台上的客房数量超过 1 万间。此外，Xbed 已获得两轮融资，总价值达 8000 万日元。第三轮融资即将到来，预计将达到 1 亿日元。（笔者注：用具体数值凸显公司成就。）
>
> （摘引自 Gemian Chun, Xiao Xiao, Ning Su, and Zhihong Li's *XBED：THE DUAL-SHARING PLATFORM DISRUPTING CHINA'S HOSPITALITY INDUSTRY*）

3. 企业具体介绍

这部分通常篇幅最长，对企业自身运营情况、企业所在行业、企业目标市场、企业产品等进行有选择性的介绍，旨在为第四部分——企业面临困境作铺垫。企业具体介绍通常由三部分及以上构成，具体段落数及小标题的使用无严格限制，以内容客观真实、关键信息清晰完整、前后呼应为中心原则。

小标题多采取简明扼要的名词短语，旨在说明决策的内容，如"品牌战略：×××"（概括该公司的品牌战略重点）、"企业文化：×××"（概括该公司的企业文化要义）、"新产品：×××""营销策略：×××"等。

【示例】

案例企业——Yuno learning，一家提供雅思课程的企业

背景后的第一部分：

小标题：雅思培训：通往国际教育的大门

印度是世界上青年人口最多的国家，在国际教育中占有重要地位。在国内竞争的推动下，许多优秀学生寻求到国外完成学业。2019 年，印度是世界上最大的出境学生来源国之一，仅次于中国。排名前三的目的地分别是美国、加拿大和澳大利亚，其次是沙特阿拉伯和阿拉伯联合酋长国。

雅思考试由国际教育服务机构 IDP 教育有限公司和国际文化与教育组织英国文化协会共同举办。对于那些希望移民到英语国家接受教育或工作的人来说，英语水平测试是强制性的。大多数以英语为第一语言的国家（如英国）都接受雅思成绩。加拿大、澳大利亚、新西兰和美国都接受雅思成绩，因此雅思考试在这些国家很受欢迎。据估计，2019 年印度仅雅思培训一项就将形成一个价值 1.5 亿美元的产业。（笔者注：这两段介绍关于企业产品的目标市场——印度的基本情况。）

雅思考试行业高度分散，约有 5% 的行业属于有组织的行业。提供商分为三类：①向学生提供课堂培训的地方和地区的辅导中心；②在线培训机构；③提供自学教材的远程教育机构。其中一些机构，如英国文化协会 Jamboree Education Private Limited、Fateh Education Consulting Private Limited、Triumphant Institute of Management Education Private Limited 和 Edwise International 的业务遍及印度各地，甚至在国外也有分支机构。其他公司在地区层面也很知名，如印度北部的 Megamind Consultants Private Limited 和 Manya

Education Private Limited，以及印度南部的 Camford Academy 和 IELTS Academy。初创公司在这一领域也很突出，其中一些受欢迎的公司有 Magoosh 和 The Score Booster.com。（笔者注：介绍关于企业所处行业的基本情况。）

雅思辅导的典型客户是学生或专业人士，他们对价格敏感，希望物有所值。客户一般在计划参加考试前两个月订购预备课程。课堂教学模式通常吸引年轻学生，而在职专业人士则更喜欢更灵活的在线课程或自定进度的学习方式。学生们还会选择免费媒体，如 YouTube 上的教程、Udemy 和 Coursera 上的免费课程以及教育网站上的免费雅思材料。

雅思培训业还吸引了其他国家的学生，如孟加拉国、马来西亚、越南、斯里兰卡、伊朗、土耳其和巴西。（笔者注：对目标客户进行分析。）

第二部分

小标题：辛格与"Yuno Learning"的创立（笔者注：创始人介绍）

教育创新和创业精神一直吸引着辛格。2000—2002 年，辛格在北卡罗来纳州立大学攻读计算机科学硕士学位时，曾担任该校企业家网络主席。也正是在此期间，辛格对在线教育领域产生了浓厚的兴趣。（笔者注：创始人学历背景以及为什么对该行业产生兴趣。）

2002 年，毕业后不久，辛格创办了自己的第一家企业 Sikhya Solutions，为杜克大学、北卡罗来纳州立大学和北卡罗来纳大学系统等教育机构提供电子学习解决方案。2006 年，辛格创办了 AuthorSTREAM（作者 STREAM），这是一个免费的 PowerPoint 演示文稿共享平台，成为同类平台中的第二大平台。2007 年，AuthorSTREAM 成为辛格下一个创业项目的一部分。WizIQ 是一个基于云的在线课程托管平台。2015 年，WizIQ 跻身全球五大学习管理系统之列，拥有超过 7 万门课程，满足了 450 多万客户的需求。到 2017 年，WizIQ 与微软公司合作，为印度政府的 SWAYAM 计划提供在线教学技术和服务。（笔者注：介绍创始人创业史。）

在 2017 年接受 UpGrad 采访时，辛格说：

"一个人必须回答的最基本问题是，为什么要成为一名创业者。不同的人有不同的原因。可能是机会就在眼前，不想放过。杰夫·贝索斯就是这样开始创业的。另一种情况正如乔布斯所说，你真的想在宇宙中留下一个凹痕，于是你开始积极行动起来。另一种情况你只想做自己的老板，想自己创业……对我来说，这无疑是更激进的一种，我真的可以在宇宙中留下巨大的痕迹。我把范围缩小到了教育，因为教育有这种可能性。我一直对教育行业很感兴趣，我热爱教学。在我的职业生涯中，我曾是一名家教，我曾在多个阶段担任教师……我认为自己是一名优秀的教师……作为一名技术专家，我的地位很独特。同时我看到了一个机会。所以……几件事结合在一起，有一种内心的声音说：'这是我的空间。'"（笔者注：介绍创始人决定开始创业的原因。）

当 WizIQ 在在线教育领域不断攀登高峰时，辛格的注意力转移到了一个新的机遇上。在一次回老家昌迪加尔的旅途中，他注意到雅思培训广告激增。辛格注意到，虽然雅思培训机构很多，但在线培训却相对较少。在线培训的缺失对考生来说是一个挑战，他们中的许多人都是在职专业人士，无法抽出时间参加常规课堂。来自小城镇的学生也受到了影响，因为他们无法进入城市的培训中心。网上提供的内容几乎完全依赖于录制的视频讲座，限制了实时解决问题和与教师互动的空间。（笔者注：介绍创始人决定在雅思教育行业深耕前对潜在市场空间的分析。）

辛格认为，为印度的雅思考生提供实时在线英语培训是一个与众不同的机会，当时，印度只有雅思忍者一家公司提供这种培训。2018 年 11 月，辛格推出了 Yuno Learning，这是一个专门提供雅思考试在线直播培训的平台。（笔者注：Yuno Learning 成立时间。）

第三部分：

小标题：YUNO LEARNING：结构、文化、产品和客户

辛格以前在软件服务行业的经验告诉他，公司的失败往往是因为营销、销售和产品团队之间缺乏协调。因此，辛格保持了 Yuno Learning 相对扁平的结构，促进了部门间的协调和灵活的决策。他淘汰了缓慢的电子邮件沟通模式，将所有讨论和协调活动转移到 Slack 上，这是一种流行的在线业务沟通工具。对于日常的内部会议，他使用了 Zoom meetings 和 Skype，并对公司的每个人进行了使用这些工具的培训。

核心团队由讲师组成，负责课程的设计和交付、学生评估、个性化辅导和演示会议；营销团队负责增加流量并引导潜在客户、网站访问者或其他进行产品查询的人；销售团队负责将潜在客户转化为销售额。Yuno Learning 还利用技术支持团队的服务，技术支持团队负责设计和维护平台，并为员工和学生提供信息技术支持。技术支持团队和一个财务团队是外包运营（笔者注：介绍 Yuno Learning 企业的组织架构。）

Yuno Learning 实时在线课程中的产品。

Yuno Learning 使用 Zoom 会议和网络研讨会平台来提供在线直播课程，并使用谷歌的产品套件来满足其他运营需求。学生可以选择为期四周的写作和口语技能集中课程或为期六周的综合课程（见附件 3）。为了获得有意义的学习体验，学生需要具备稳定的高速互联网、实用的英语口语和写作技能。Yuno Learning 的学生群体几乎全部由来自印度的个人组成。尽管如此，也有来自英国和迪拜的学生。

Yuno Learning 向其客户提供了某些关键的价值主张。其中包括雅思写作、口语、阅读和听力四个部分的单独现场培训，这有助于学生熟练掌握每个领域。学生可以在方便的时候重温课堂录音，还可以参加 100 多次自由练习测试。为了确保舒适的现场课堂体验和对每个学生的个性化关注，每组限 10 名学生。此外，还有一对一的现场指导会议，用于反馈进度和演讲练习。所有教师都有至少 10 年的雅思、GRE 和托福等竞争性考试培训经验。

直播课在工作日分四批进行，上午、下午、傍晚和晚上。一个教师通常一天教两批。大多数学生更喜欢参加晚上 7 点和 9 点的课程。在一对一的现场指导会议中，学生们练习了他们的演讲技巧，并收到了培训师的反馈。辛格本人主持了许多这样的辅导课程。

除了个别指导，Yuno Learning 还鼓励同伴学习。一批学生通过 WhatsApp 群组互相联系，学生们可以分享问题并弄清他们的疑问。Yuno Learning 努力保持课程的趣味性、及时性和个性化以迎合用户的需求。辛格描述了 Yuno Learning 的方法：

"当你试图抓住现代学习者的注意力时，你需要记住的第一件事是不要让他们等待。这意味着你必须马上表明你的观点，否则，他们会分心，你会失去他们的注意力。通过准确地解释电子学习课程将如何提高他们的个人表现，以及将如何有利于他们的个人或职业生活，来抓住他们的注意力。此外，要简短。现代学习者没有时间浪费，所以告诉他们所需要和想知道的内容，仅此而已。这也适用于电子学习课程的其余部分。使用小块的电子学习内容来传达你的信息，只包括最相关的数据，并考虑使用现代学习者中非常流行的信息图，因为它们使信息非常容易掌握。"（笔者注：介绍公司产品特点。）

一旦一批人完成了一门课程，这批人的教员就有一周的假期。在这一周中，讲师会在网站上为新的潜在客户进行演示（demo），阐明计划的设计和内容，并教授一个示例主题。如果潜在的学生喜欢提供演示的教师，他们可能会订购课程，并且他们通常更喜欢与同一教师一起学习课程。在每周结束时，所有新订购课程的潜在客户被分配到一个或多个批次，在接下来的4到6周内由同一名讲师授课。

除了常规薪酬，讲师还根据参加讲师演示后订购课程的潜在客户数量获得奖励。该系统鼓励教师不断改进他们的教学，并为教师提供关于演示效果的即时反馈。（笔者注：介绍公司的产品、目标消费者特征、商业模式以及相较同类公司的优势所在。）

Yuno Learning 的课程因其互动性和灵活性，以及对学生的个性化关注而受到高度评价。

Yuno Learning 的营销渠道。

营销和销售团队参与吸引潜在客户，并推动他们在平台上订购（参见附件5）。付费营销主要包括谷歌广告（约占订阅量的46%）、Sulekha 等聚合平台的联盟营销（26%）和脸书广告。Yuno Learning 的脸书主页有8600个赞，其脸书雅思备考小组有2000多名成员。

Yuno Learning 的内容作者定期在问答平台 Quora 上回答与雅思相关的问题。直播课程的内容也被上传到了 YouTube 和脸书。付费和有机社交媒体营销带来了另外17%的订阅量。有机搜索——谷歌页面排名、推荐流量和直接搜索——贡献了8%的订阅量。有机营销还包括经常在 Yuno Learning 网站上发布与雅思相关的各种话题的博客。

虽然 Yuno Learning 尝试了多种营销渠道，但辛格决定，为了与普遍的行业惯例保持一致，营销团队将减少对转化率（即订阅数量与产生的潜在客户的比例）低于5%的渠道的关注。（笔者注：介绍公司的营销渠道。）

Yuno Learning 的多重渠道客户之旅。

一旦访问者访问了 Yuno Learning 的网站，对他们来说最直接的途径就是阅读产品说明并订阅两种付费课程中的一种。然而，雅思在线直播课程的概念相对较新，如果没有演示或试听，访问者不太可能愿意订阅。因此，Yuno Learning 通过免费用户账户在网站上提供试用、演示和其他免费内容（见附件6）。

要参加演示，访问者需要创建一个免费用户账户，然后注册参加会议。注册时，访问者（现在称为潜在客户）会立即收到 Yuno Learning 的欢迎电子邮件，邮件详细介绍了产品。潜在客户还会接到销售团队成员的咨询电话，销售团队成员收集潜在客户的需求,并为他们提供参加演示会议的说明。销售团队还会与潜在客户讨论他们对普通或学术雅思的偏好、课程的问题领域以及参加直播课程的便利时间表。销售团队会观察演示。在课程结束时,讲师向销售团队简要介绍看起来很有前途的潜在客户。销售团队跟踪有希望的潜在客户,重新评估他们的需求,并为他们匹配最适合的产品。那些订购了付费课程的人被分配到下一批。

Yuno Learning 还向那些订阅了免费用户账户的人提供无限制的免费练习测试。因为雅思考试大纲很少改变,所以这套练习题是由老师一次性完成的,这是一项有多重回报的投资。免费练习测试是一种流行的在线搜索,这种策略被采用是希望给网站带来搜索流量。免费练习测试的用户也被告知 Yuno Learning 付费课程的再销售计划。

在演示会议成为惯例之前,Yuno Learning 已经尝试了其他客户参与的形式。付费课程之前是免费的课程,在 Yuno Learning 上建立了免费账户的潜在客户可以获得无限制的免费直播课程,没有隐藏费用。然而,这些免费课程的内容仅限于教学大纲中的几个主题。那些参加免费课程的人通过电子邮件、短信和 WhatsApp 连接到一个自动化系统。该系统定期发送信息,提醒上课时间。上课的时候,教师负责让学生相信付费课程的价值。销售团队接触了渴望购买的潜在客户以达成交易,而仍未做出决定的潜在客户则通过 WhatsApp、短信、谷歌广告和电子邮件成为再营销努力的一部分。虽然这种营销策略带来了订阅量,但辛格希望在最终确定最佳漏斗组合之前再评估一些策略。于是,2019 年年中,免费课被免费试用形式取代。

免费试用源于 Yuno Learning 对公开课的临时实验。每个公开课在内容和难度方面都是独立的,学生可以在任何时间加入课程,而不是被分批分配到班级。在这些班级中,同伴学习的前景很低,因为每个班级的学生和他们的能力都不同,但公开课的概念为那些想立即开始或不得不中途错过几节课的学生提供了灵活性。Yuno Learning 提供了这些公开课的有限体验作为免费试用,允许感兴趣的潜在客户免费加入两个正在进行的直播公开课。在试用期结束后潜在客户若想继续访问,则必须支付全部课程的费用。然而,由于日程安排问题和教师所教授对象每天都在变化的挑战,公开课并不成功。与会者还报告说,由于缺乏同行之间的学习,客户对会议的参与度很低。因此,公开课不久就停止了,取而代之的是批处理系统。

2019 年年中,营销团队注意到与雅思模拟考试相关的关键词在谷歌搜索中获得了良好的流量。这意味着潜在客户有时寻找的不是课程,而是雅思考试的练习。感觉到这里有巨大的流量后,辛格组织了一个新的模拟考试课程。该课程包括由 Yuno Learning 的讲师评估过四次的全面的雅思模拟考试,以及与讲师进行的四小时现场讨论,以解决疑问并讨论改进的内容。当潜在客户注册模拟测试课程时,他们会被带到一个常规的演示班,感受一下与讲师的现场讨论。

这项举措最初看起来很有希望,但随着咨询的潜在客户越来越多,很明显模拟考试市场充斥着免费或低成本的模拟考试。此外,学生们很少关心模拟考试的质量,并寻求大幅打折的价格。Yuno Learning 只有在降低评估质量和减少评估尝试次数的情况下,才能匹配这些价格。咨询也必须从四小时减少到最多一小时。辛格不愿意在质量上妥协,因此模拟考试课程在 2020 年初被取消。但是,该团队决定保留该产品,直到市场对其做好准备。然而，免费的实践测试仍然在网站上提供，以吸引有机的流量。

除了那些在平台上积极参与的人之外，大量的访问者来到 Yuno 学习平台，但没有订阅任何付费或免费的服务（访问和放弃）。有些访问者会在网站上建立一个免费账户，但永远不会回来进一步参与（注册和退出）。有些有免费账户的潜在客户表示对演示感兴趣，但没有参加（兴趣和退出）。也有一些人在参加演示后退出，选择不订阅（参加并退出）。一些潜在客户尝试了免费实践测试，但没有订阅付费服务（实践和放弃）。最后，虽然不常见，但也有客户订购了付费课程但没有参加的情况（订购并退出）。Yuno Learning 继续通过各种渠道进行再营销，吸引这些潜在客户和访客，如电子邮件、WhatsApp、付费再营销广告和短信。

到 2020 年，在线直播雅思辅导行业出现了许多新的参与者。该领域的其他参与者提供了差异化的功能，如 Mind mine Global 和 Simple English 的一对一课堂模式，以及 E2Language 的无限直播课程和为期一个月的试用访问。（笔者注：介绍 Yuno Learning 的获客方式、引流方式以及提供给顾客的服务方式。）

（摘引自 Rudranil Chakrabortty and Bishakha Majumdar's *YUNO LEARNING：BUILDING MARKETING CHANNELS FOR ONLINE BUSINESS*）

4. 企业面临的困境

这部分是案例的重中之重，通常由 3～12 段构成，具体段落数及小标题的使用无严格限制，以叙事清晰、一波三折、前后呼应为中心原则。

在决策点的选择上需要体现出可读性，并且回应主题。

注意：

（1）不同于 CMCC 案例库的案例叙述风格，毅伟案例的叙述风格平实客观，会用大量的数据来证实案例中对于现状的阐述。

（2）叙述多采用第三人称。

（3）有语言引用，但是不能口语化，需以官方和书面的形式，并且应整体整段使用，并不是零散地穿插在段落里。

（4）对于决策点的陈述上，应从决策原因入手，阐述为什么给出相应的解决方案，然后叙述决策实施的过程（如果实施过程有困难，那就可以作为波折进行细致解释——困难产生的原因、如何解决困难），最后阐述决策实施的结果，如果结果不甚理想则也可以作为波折进行细致解释。

【示例】

困境：最有效的渠道和漏斗

2020 年 4 月，核心团队通过视频会议进行了会面。随着 70 多个国家的雅思考试被推迟或取消，疫情似乎成了每个人心头的沉重负担。当话题回到工作上时，辛格指出："新冠肺炎危机既是挑战也是机遇。至少在下一个季度，出国旅行似乎是不可能的。更糟糕的是，这场危机将对计划出国工作或接受教育的人产生心理影响。世界各国，无论是发展中国家还是发达国家，都同样容易受到这种疫情病毒的攻击。这可能会让人们担心离家到异国他乡的风险。与此同时，经济动荡可能会让人们开始计划替代方案。一级防范禁闭给了他们比平时更多的自由时间来投资教育。现在是我们加快行动步伐，堵塞战略漏洞，确保我们不会因动荡而偏离目标的时候了。"（笔者注：先介绍困境出现的原因——疫情暴发，人们对于出国的需求锐减。通过短短几句描述，创始人提出要化疫情挑战为机遇，引出下文各部门员工对于"如何做"的讨论。）

销售团队的 Sunil 建议："为了加快速度，直接的方法是让更多的人参加演示会议。自从我们与附属公司合作以来，线索就一直在增加。据我所知，销售已经持平，但这可能是由于新冠肺炎危机。我觉得联盟模式对我们来说很好。"

Sunil 的队友 Komal 表示同意，并补充说："然而，如果我们必须处理好我们收到的所有线索，就需要更多的人手。我希望能有一种方法可以知道销售线索是真的计划购买还是只是随便逛逛，但我想我们对此无能为力。"（笔者注：销售团队人员视角。）

营销团队的尼尔提出了他的观点：（笔者注：营销部门人员视角。）

"到目前为止，我们已经看到有机的、直接的和广告的流量比其他渠道的流量转化得更好。去年，分支机构推荐的大多数学生只对当地的课堂辅导感兴趣。今年，面对新冠肺炎的情况，我有一种预感，来自新分支机构的线索将对在线教练业务产生更加开放的影响。但是我们还没有看到结果。"

最有经验的讲师 Vinita 给出了她的观点：

"在演示课上，我不时发现许多学生的网络连接不稳定。即使在所有的准备和努力之后，互联网连接仍然给学生们带来了糟糕的体验。另一个问题是一些学生跟不上课程，因为他们的英语太差了。我们大约有 10% 的学生因为技术问题或跟不上课程进度而申请退款并离开。"（笔者注：最有经验的课程讲师的视角。）

尼尔观察到，第一个问题可能与依赖低带宽移动互联网的客户有关。起初，他认为低带宽与潜在客户的位置有关，但是，CRM（客户关系管理）报告显示，即使在大都市地区，这样的问题也可能出现。（笔者注：提出当前核心困境。）

团队花了一个小时集体讨论各种解决方案。他们指出，代销商模式产生了约 26% 的总销售线索，因此可以在那里投入更多资金。销售团队需要更多的人来跟上额外的流量。平均来说，每个销售人员每天打 20 ~ 22 个电话，每个电话持续 15 分钟以上，以解决疑问并就未来方向向潜在客户提供咨询。这导致了积压，三天后接触的潜在客户转变的几率下降了 70%。

销售团队建议，当潜在客户在演示后退出时，应该提供一些免费的持续付费会议。这将有助于让潜在客户相信这些课程的价值。但是，教师注意到这种做法会影响批量动态，因为新人需要额外的关注，主要是因为他们需要确信订阅的价值。教员建议继续分享关于脸书的不定期现场会议的做法，并指导潜在客户去那里体验。

营销团队认为，虽然谷歌广告仍然是该业务的一个重要营销渠道，但有必要投资于其他渠道，以便减轻对谷歌广告的过度依赖。尽管有机频道看起来很有前景，但这是一项长期业务，还需要一到两年的时间才能产生可观的前景。（笔者注：可行的解决方案。）

当辛格浏览这些建议时，他注意到了一个趋势。正如初创企业通常会发生的那样，运营的最初几个月是在试验中度过的。核心团队尝试了多种渠道，根据流行的行业实践和客户行为模式吸引客户。这些解决方案中有许多在直观上很吸引人,但很难持续下去,除非投入更多的资源。虽然辛格作为创新者希望进行实验,但作为创始人的敏锐告诉他,由于资源有限(Yuno Learning 目前靠种子资金运营),资金必须用于加强获得最大红利的路线。他想知道是否是时候进行盘点并淘汰转化率低于 5% 的所有渠道了。(笔者注:提出尚未解决的问题。)

当所有人都安静下来时,辛格总结道:

"似乎我们已经尝试了很多方法来吸引人们访问我们的网站。如果每种方式都带来了某种形式的客户参与,我也不会感到惊讶。在最初几个月,我们的工作重点是为品牌建立口碑和知名度。因此,当我们开始接触客户时,我们全力以赴。然而,我们带来的每一个潜在客户都让我们有责任以最佳方式吸引他,并创造积极的客户体验。我们必须确定能够使我们的运营顺畅并最大程度吸引潜在客户的工作流程。从现在开始,我们希望只投资高质量的流量,并专注于那些有高转化可能性的线索。虽然'广撒网'有其优点,但现在是我们发现谁值得我们花费时间和金钱的时候了。"(笔者注:企业商讨出的最终解决方案。)

(摘引自 Rudranil Chakrabortty and Bishakha Majumdar's *YUNO LEARNING: BUILDING MARKETING CHANNELS FOR ONLINE BUSINESS*)

5. 结尾

简要概括一下案例企业对于困境的最终解决方案,然后提出关于企业未来发展的思考问题(how),通过设问的手法,给读者留下充足的思考空间。

【示例】

公司的未来

尽管格兰仕取得了惊人的增长,但仍面临着许多挑战。梁想知道,当格兰仕的产品和在家电市场的角色发生标准变化时,多年来成功使用的低成本竞争战略是否仍然有效。梁意识到,他必须解决几个可能影响公司战略方向和成功的重要问题。具体来说,格兰仕应该如何调整其竞争战略,以适应当前以 OEM、OBM 和 ODM 相结合为特征的运营结构?格兰仕是否应该继续无孔不入的低价策略?OBM 业务在海外市场的发展和增长会对 OEM 业务产生负面影响吗?如果是这样,梁应该如何应对?公司的 R&D、生产和营销职能如何有效支持 OEM、OBM 和 ODM 客户的要求?公司应该如何设定优先级并利用其资源和能力在市场中获得竞争优势?格兰仕是否应该通过外包继续扩大磁控管产能?从长远来看,这会有什么影响?这些问题不断地冲击着梁的头脑。他需要制定一个新的运营战略,以引导格兰仕在不断变化的全球市场中取得更大的成功。

(摘引自 Dr. Stephen NG and Barbara Li's *OPERATIONS STRATEGY AT GALANZ*)

6. 用图表、数据、照片等辅助案例的解释说明

【示例】

Exhibit 1　PRODUCTION AND SALES OF GALANZ MICROWAVE OVENS (1992—2003)

Year	Sales Units (Million)				Market Share %	
	Domestic (OBM)	Export (OEM)	Export (OBM)	Total	Domestic	International
1997	1.25	0.07	0.68	2.00	47.60	<10.00
1998	3.15	0.40	0.95	4.50	61.40	15.00
1999	3.00	1.50	1.50	6.00	67.10	25.00
2000	4.00	3.60	2.40	10.00	76.00	30.00
2001	6.00	3.00	3.00	12.00	70.00	35.00
2002	4.00	6.23	2.77	13.00	70.00	40.00
2003	5.00	7.54	3.46	16.00	60.00	44.50

Source: Galanz Enterprises Group Co. Ltd.

Exhibit 2　REVENUE AND PROFIT OF GALANZ MICROWAVE OVENS (2000—2003)

Year	Revenue (RMB Million)	Profit (RMB Million)
2000	5600	360
2001	6800	330
2002	9000	320
2003	10 100	480

Source: Galanz Enterprises Group Co. Ltd.

表1　格兰仕微波炉的生产和销售情况（1992—2003年）

年	销售单位（百万）				市场占有率%	
	国内（OBM）	出口（贴牌生产）	出口（OBM）	全部的	国内的	国际的
1997	1.25	0.07	0.68	2.00	47.60	<10.00
1998	3.15	0.40	0.95	4.50	61.40	15.00
1999	3.00	1.50	1.50	6.00	67.10	25.00
2000	4.00	3.60	2.40	10.00	76.00	30.00
2001	6.00	3.00	3.00	12.00	70.00	35.00
2002	4.00	6.23	2.77	13.00	70.00	40.00
2003	5.00	7.54	3.46	16.00	60.00	44.50

资料来源：格兰仕企业集团有限公司

表2　格兰仕微波炉营业收入及利润（2000—2003年）

年	收入（人民币百万元）	盈利（人民币百万元）
2000	5600	360
2001	6800	330
2002	9000	320
2003	10 100	480

资料来源：格兰仕企业集团有限公司

Exhibit 3 TRANSFORMATION OF GALANZ GROUP IN MICROWAVE OVEN BUSINESS

Production Mode	Year	Milestones
OBM (domestic) ↑	1991	• Bought the blueprints and production lines of Toshiba microwave ovens for $300,000 • Sought assistance of engineers from Shanghai No. 8 Radio Factory to build factory in Shunde
	1992	• First Galanz microwave oven • Name changed to Guangdong Galanz Enterprises Group Co. Ltd.
	1993	• Produced 10,000 microwave ovens for trial sales
	1994	• Microwave oven production increased to 100,000 units
	1995	• Sold 250,000 microwave ovens, occupying 25.1% of the domestic market • Replaced Shell Electric as the leading microwave oven manufacturer in China • Established Research Institute of Household Electrical Appliances in China
OEM (overseas) ↑	1996	• Received the first OEM order and started export sales • Panasonic and Toshiba limited the magnetron supply to Galanz • Galanz started a six-year price war lasting until 2002
	1997	• Total annual sales reached 2,000,000 units • Domestic market share was 47.6% • Won the national title of No. 1 brand of microwave oven in China • Started developing own magnetron • Established Galanz American Research Center in the U.S.
	1998	• Annual production output reached 4,000,000 units • Obtained product certifications from major European countries • Built the world's largest single facility in microwave oven production
	1999	• Officially closed down the feather garment factory • Set up R&D centre in the U.S. • Set up sales subsidiaries in Canada and the U.S.
ODM ↑	2000	• Annual sales reached 10,000,000 units • Domestic market share was 76% • Succeeded in developing own magnetron • Operated OEM and ODM production
	2001	• Epochal innovation of digital light wave ovens first appeared
	2002	• Annual sales reached 13,000,000 units • International market share was 40% • Price war ended. Samsung and LG retreated from the domestic microwave oven market
	2003	• All OBM microwave ovens used self-developed magnetron • Annual production of magnetrons reached 16,000,000 • Brand received increased recognition in overseas market

Source: Galanz Enterprises Group Co. Ltd.

表3 格兰仕集团微波炉业务转型

生产模式	年份	里程碑
OBM（国内）	1991	• 以 300 000 美元买下东芝微波炉的设计图和生产线 • 寻求上海第八无线电厂工程师的帮助，在顺德建厂
	1992	• 生产出第一台格兰仕微波炉 • 名称变更为广东格兰仕企业集团有限公司
	1993	• 生产了 1 万台微波炉进行试销
	1994	• 微波炉产量增加到 100 000 台
	1995	• 销售微波炉 250 000 台，国内市场占有率 25.1% • 取代壳牌成为中国领先的微波炉制造商 • 在中国成立家用电器研究院
OEM（海外）	1996	• 收到第一个 OEM 订单，开始出口销售 • 松下和东芝限制向格兰仕供应磁控管 • 格兰仕发动了长达 6 年的价格战，一直持续到 2002 年
	1997	• 年销售总量达到 2 000 000 台 • 国内市场占有率 47.6% • 荣获全国微波炉第一品牌称号 • 开始开发自己的磁控管 • 在美国成立格兰仕美国研究中心
	1998	• 年产量达到 4 000 000 台 • 获得欧洲主要国家的产品认证 • 建立了世界上最大的单一微波炉生产设施
	1999	• 正式关闭了羽毛制衣厂 • 在美国设立研发中心 • 在加拿大和美国设立销售子公司
	2000	• 年销售量达到 10 000 000 台 • 国内市场占有率为 76% • 成功地开发了自己的磁控管 • 经营 OEM 和 ODM 的产品
ODM	2001	• 数码光波炉的划时代创新首次出现
	2002	• 年销售量达到 13 000 000 台 • 国际市场占有率为 40% • 价格战结束。三星和 LG 退出了国内微波炉市场
	2003	• 所有 OBM 微波炉采用自主开发的磁控管 • 磁控管年产量达到 16 000 000 个 • 品牌在海外市场的认可度不断提高

资料来源：格兰仕企业集团有限公司

8.2.3 毅伟案例库案例教学笔记写作范式

毅伟案例库案例的教学笔记由十一部分组成：标题、案例摘要、案例目标、课程定位、推荐阅读/相关阅读材料、教学方法/教学计划、练习问题、问题分析、补充材料、后记以及附录。

1. 标题

一般而言，标题由两部分组成：①案例所描述的企业名称，名称后用冒号引出第二部分；②案例内容概述，以及所讲述的知识点（例如：*YUNNAN BAIYAO：TRADITIONAL MEDICINE MEETS PRODUCT/MARKET DIVERSIFICATION*；*XBED：THE DUAL-SHARING PLATFORM DISRUPTING CHINA'S HOSPITALITY INDUSTRY*）等。

应注意，标题格式为全英文大写。

2. 案例摘要

案例摘要一般包含的内容有：

①案例主要内容概括；

②案例教授的主要知识点；

③所述企业的历史背景；

④所述企业当前面临的关键抉择；

⑤所述企业当前面临的内、外部环境；

⑥最后结句可运用设问句埋下伏笔，吸引读者阅读。

好的案例摘要并非是对上述六大内容的堆砌，而应结合后文有所甄选，并做到简洁、完整、准确、求新。简洁，即摘要内容一般不超过 250 个英文单词。完整，意思是摘要属于可以独立的一种短文，其内容应包含后文案例的关键信息点，可以使读者在阅读案例前，仅从摘要就能很好地理解全文的主要内容；同时，因为案例篇幅较长，故摘要需使读者对后文产生强烈的阅读兴趣。准确，指摘要所写的内容要与后文的内容对应，摘要当中不要写后文中未涉及的信息，也不要丢失后文的重要内容，要能准确无误地传达论文的主旨。求新，摘要内容要把案例当中有新意的内容给重点凸显出来，尤其是企业所提出的新战略、环境的新形势以及得出的全新结论等。

参考范式：

"本案例描述了××公司为了实现××所采用的××战略。该公司从……开始，设计并实施了……通过……最终实现了××目标。"

或"本案例描述了××公司实行了××的战略/措施，该公司的实际情况是……在实行了××战略/措施之后解决了公司面临的××问题。"

要点及具体示例：

（1）案例的主要内容概括和主要知识点往往紧密相扣，先介绍案例所讲述的主要内容，再点明案例所讲述的知识点。

【示例】

本案例创作于2003年,提出了云南白药集团为了实现产品和市场多元化必须做出的决策。备选方案之一是拟议的3M合作安排,于云南白药集团而言,这是国内产品多样化和国际地域多样化的机会。云南白药集团面临的另一个选择是将品牌拓展至牙膏品类。公司考虑这个选择已经有一段时间了。云南白药集团必须决定追求两种选择中的哪一种,以及同时追求两种选择是否可行。

(摘引自 George Z. Peng's *YUNNAN BAIYAO*:*TRADITIONAL MEDICINE MEETS PRODUCT/MARKET DIVERSIFICATION*)

(2)案例背景介绍:往往包括企业的历史背景、业务、战略,已经取得的进展和成就、目标愿景。

【示例】

Xbed科技集团(Xbed)成立于2015年,是一个在线酒店平台,以分散化的方式提供住宿服务。Xbed的商业模式——基于两个共享平台的客户对企业对客户(C2B2C)模式——旨在应对中国传统酒店面临的日益严峻的挑战。通过开发数字锁系统,前台服务完全数字化,简化了大多数面向客户的业务,并使向客户提供标准化和无缝服务成为可能。集团推出了两个共享平台,一个面向业主,另一个面向房屋管理员,使Xbed能够解决与共享经济模式相关的一些固有问题,并大大降低了交易中涉及的不确定性。通过重组资源和数字化操作和过程,Xbed已经能够创建一个生态系统,以一种高效和有效的方式满足各种利益相关者的需求。Xbed的愿景是通过数字化和商业模式的转变来实现在中国的革命。

(摘引自 Gemian Chun, Xiao Xiao, Ning Su, and Zhihong Li's *XBED*:*THE DUAL-SHARING PLATFORM DISRUPTING CHINA'S HOSPITALITY INDUSTRY*)

(3)案例转折点:包括环境发生的变化,公司面临的内、外部环境以及关键抉择,并为下文埋下伏笔。

【示例】

然而,台湾"自行车王国"的名誉已经受到了大陆竞争对手以及自行车装配商和零部件供应商之间合作的威胁。为了维持这一名誉,A-Team的董事长兼首席执行官罗先生,以及A-Team的其他成员打消了其他人的怀疑,并且随着时间的推移取得了切实的进展。然而,成员没有足够的能力和知识以开发新的高端自行车。因此,罗先生正在考虑应采取什么措施,以确保A-Team在2006年底取得进一步进展。

(摘引自 Gemian Chun, Xiao Xiao, Ning Su, and Zhihong Li's *XBED*:*THE DUAL-SHARING PLATFORM DISRUPTING CHINA'S HOSPITALITY INDUSTRY*)

3. 案例目标

①介绍某个理论/机制;

②展示理论在案例所述企业实际运营中的应用；

③展示随着时间的推移，案例所述企业战略的变化；

④在案例所述时间段的变化之中，结合案例所讨论的理论知识，为学生提供用以分析与决策的不同决策点；

⑤说明企业是如何通过××的机制/方式来运行/合作的，展示企业如何保持其竞争力。

这一部分要明确案例教学的意义，并具有针对性地设计对学生的课程任务要求以及发展目标。

【示例】
　　本案例有三个教学目标：了解竞争企业如何以系统的方式相互合作，了解有利于企业群体之间相互共享的机制，以及了解企业群体如何保持本国产业的竞争力。
　　（摘引自 Professors Chwo-Ming (Joseph) Yu and Paul W. Beamish's *GIANT INC.：FORMATION OF THE A-TEAM*）

4. 课程定位

本案例可用于 MBA/EMBA/本科生××课程中××模块的教学，它可以有效地用于演示××理论。本案例可与××教材结合使用。例如……或者本案例可用于以下几种课程：××课程中的××部分……

教学目标与适用课程需要包含的内容有：

①概述时代背景之下案例重点研究的理论与当前环境的相关性以及理论的研究意义；

②概述案例研究的主要出发点、所研究的企业及所运用的理论名称；

③通过案例的教学让学生理解了哪些知识点。

【示例】
　　本案例旨在用于关于数字营销、营销分析、营销策略、数字商业模式和创业精神的研究生和研究生级课程。
　　（摘引自 Rudranil Chakrabortty and Bishakha Majumdar's *YUNO LEARNING：BUILDING MARKETING CHANNELS FOR ONLINE BUSINESS*）

5. 推荐阅读材料

同论文资料参考的格式，采用 APA 格式（APA Template）。

6. 练习问题

此部分建议结合案例正文具体的决策点进行设置，题目难度从易到难，从分析企业历史到展望未来，问题类型通常为"what""why""how"。

常见练习问题设置如下：

（1）企业视角。

①企业的商业模式是什么；

②在案例所述企业的早期发展阶段，在某一问题上它的特点是什么/是怎么做的/为什么可以这么做；

③案例所述企业与竞争者相比差异在哪，有何优势/劣势；

④案例所述企业的运营战略和竞争战略分别是什么/两者之间的关系具体是怎样的/长期来看是否可行；

⑤在××决策点，企业是否应该……

⑥为实现××目标，在未来的发展中企业的管理者该怎么做；如果你是企业的管理者，面对××决策点，你会怎么做来实现××；你认为企业的未来会面临什么样的挑战。

（2）企业所处的行业视角。

①行业的特征，出现的机遇/挑战；

②从行业现状出发，分析企业面临的机遇/挑战。

（3）教学目标视角。

可设置启发思考题让学生对某些重点概念进行解析。

【示例】

格兰仕早期发展阶段在微波炉业务上哪些方面的表现是订单获胜者，哪些是订单合格者？

对格兰仕在成本、质量、灵活性、物流、服务以及创新这几方面的运营目标进行排序。这些年来，各个目标的重要级别发生了什么变化？科技在格兰仕的成功中发挥了什么作用？

格兰仕的竞争和运营战略分别是什么，它的运营战略是如何支撑竞争战略的？

在生产、设计、营销、分销和消费者服务方面，代工、贴牌和创牌三种模式有什么差异？

（摘引自 Dr. Stephen NG and Barbara Li's *OPERATIONS STRATEGY AT GALANZ*）

7. 补充材料

格式："视频名称"、来源、时长、作者/发布者、日期、链接。

【示例】

"Yuno Learning Premium IELTS Preparation Course—An Overview", YouTube video, 1:51, posted by "Yuno Learning", July 31, 2019, accessed April 30, 2021, https://youtu.be/coON9xY0oag.

"Yuno Learning Live Online IELTS Preparation Course: An Introduction", YouTube video, 1:05, posted by" Yuno Learning", February 18, 2019, accessed April 30, 2021, https://www.youtube.com/watch?v=aD3X3 7EsY4.

（摘引自 Rudranil Chakrabortty and Bishakha Majumdar's *YUNO LEARNING: BUILDING MARKETING CHANNELS FOR ONLINE BUSINESS*）

8. 教学方法/教学计划

（1）总述。这个案例适合×××分钟时长的课程。教学者可以以×××问题的讨论展开课堂教学。×××视频可以在这里播放（详见"补充材料"）。接下来可以对×××进行展开分析。

下面是一个 90 分钟的教学计划。根据教学目的，教师可以使用案例全部或者部分的内容进行教学。为保证教学效果，通常可将案例划分为××个部分。

（2）案例背景介绍。在这一部分，教师可以讲述一下公司的历史，并提供一些社会环境背景的介绍。教师可以使用一些具体的数字来描述公司的发展情况，例如公司发展关键事件及数据的展示。

（3）对课题讨论的问题进行分配。这一部分要根据第六点的练习问题组织讨论小组（以 5~7 人为宜），并合理分配时间，以便课堂组织案例讨论。

> 【示例】
>
> 教学计划
>
> 这个案例适合在时长为 75~90 分钟的课程中进行讨论。教师可以一开始就讨论印度的在线教育和考试准备行业。Yuno Learning 的介绍性视频（见"补充材料"）在这里将会很有用。随后可能会对案例问题进行行业分析和讨论。
>
> 下表是一个 90 分钟的教学计划：
>
> | 讨论点 | 时间（分钟） |
> | --- | --- |
> | 简介：讨论在线教育行业，并观看视频 | 5 |
> | 行业分析：COVID-19 对在线检测准备业务的影响 | 10 |
> | 分配问题 1 | 20 |
> | 分配问题 2 | 20 |
> | …… | …… |
>
> （摘引自 Rudranil Chakrabortty and Bishakha Majumdar's *YUNO LEARNING: BUILDING MARKETING CHANNELS FOR ONLINE BUSINESS*）

9. 问题分析

主要以问答的形式进行撰写，如下：

讨论问题 1：×××

对于问题的分析与解答

讨论问题 2：×××

对于问题的分析与解答

在这一部分要给出第六点的练习问题的参考答案以及分析思路，需要结合原文内容进行描述，方便教师理解并在教学中使用。

> 【示例】
>
> 问题 1：鉴于印度在线备考行业的现状，Yuno Learning 的机遇和挑战是什么？（笔者注：问题 1）
>
> 要讨论这个问题，需要涉及以下问题：
>
> 印度在线备考行业分析

Yuno Learning 面临的形势分析

（笔者注：点明问题的两个关键切入点，再进一步展开分析。）

(1) 印度的雅思在线备考行业

教师可以从在线教育的总体情况、连通性和技术的改进所带来的推动力以及继续教育的日益普及等方面展开讨论。（笔者注：教师可以从什么角度切入对这个问题进行分析。）学生可以使用波特的五力模型对印度进行行业分析。（笔者注：引导学生从什么方面进行思考/学生可能会从什么方面展开思考。）

分析表明，雅思在线备考行业竞争激烈，企业很难建立竞争优势。（笔者注：分析应该得到的关键结论。）分析范围可以缩小到雅思在线备考，因为那里的竞争者较少。在此，我们可以指出环境变化的重要性：随着大流行病的爆发，教育行业总体上正在走向网络化。随着品牌离线培训机构将其课程搬到网上，市场上的老牌企业将开始蚕食 Yuno Learning 的价值主张。（笔者注：如何得到这个关键结论的，也就是核心的分析思路是什么。）

(2) Yuno Learning 的现状（笔者注：从公司所处的境遇出发。）

Yuno Learning 的情况可以通过优势、劣势、机会和威胁（SWOT）分析（笔者注：使用模型来进行分析，先说明使用什么模型，附表在哪。）来探讨。

Yuno Learning 面临的最大挑战是缺乏多样化，这使公司面临雅思考试行业的整体威胁。鉴于所有主要竞争对手的发展趋势相似，学生们可能会争论在这个时刻是否需要产品多样化。（笔者注：点明公司面临的最大威胁是什么。）

另一个争论点是，完全远程办公是优势还是劣势。例如，远程工作的组织在建立组织忠诚度和团队凝聚力以及团队间沟通方面面临挑战。虽然案例在这方面没有提供足够的数据，但 Yuno Learnings 保持其远程工作场所功能性和参与性的方案可能是课堂讨论的有趣话题。（笔者注：一个值得讨论的问题建议：公司所采取的某一特殊策略究竟是优势还是劣势。）

目前，每位销售人员每天要处理 22 个电话。假设每个电话的通话时间为 15 分钟，那么每位销售人员每天要花五个半小时给潜在客户打电话。销售团队还要负责更新客户关系管理（CRM）数据，参加演示和会议，跟进潜在客户，平均每天还需要两个半小时。在对联属营销进行额外投资之前，公司需要招聘新的销售人员，以应对增加的销售线索。或者，公司可以探索将销售人员的繁重工作自动化，如在客户关系管理软件中管理线索信息。（笔者注：公司现状、面临的问题以及可行的解决方案。）

问题 2：Yuno Learning 在营销渠道方面的投资是否优化？有哪些改进建议？（笔者注：问题2）

营销渠道是"参与产品或服务使用或消费过程的一系列相互依存的组织"。高效的渠道通过经济流程将产品或服务与最终用户连接起来，有助于提高客户满意度。互联网的出现大大增加了营销人员接触终端消费者的渠道。数字营销渠道指的是能够通过数字网络同时创造、推广和提供从生产者到消费者的价值的互联网系统。（笔者注：解释题目关键概念的定义和现状。）

Yuno Learning 的营销计划完全侧重于数字营销，而忽略了报纸广告、围板和小册子等线下渠道。教师可利用这一观察结果，探讨如何选择营销渠道，为产品锁定合适的客户。在本案例中，公司的代表性消费者是年轻的学生或专业人士，他们熟悉数字技术，能够上网，并长时间在线工作、教育、新闻或娱乐。与非数字营销渠道相比，这样的消费者更有可能接触到数字营销渠道。

教师可以从探讨在线企业可用的各种数字营销渠道开始讨论。必须指出的是，同样的渠道可以用于有机流量和付费流量，这取决于公司的战略。以下是一个指示性分类。（笔者注：建议教学流程。）

有机营销（笔者注：提出可行的提升方案。）

有机营销是指不主动向任何外部代理商支付品牌推广费用，而是投资公司及其拥有的平台来有效接触消费者的营销方式。有机营销渠道包括：

搜索。企业网站将从搜索引擎（如谷歌、雅虎或必应）生成的结果中获得流量。在搜索结果中占据较高位置几乎总是能确保更多的流量。公司可以通过在网站内容中加入相关搜索关键词，并使网站内容更具吸引力和可读性，从而提高搜索结果，这对人类和电子网络爬虫来说都是如此。

社交媒体。公司可以在 LinkedIn、Instagram、Snapchat 或 Quora 等各种社交媒体平台上拥有自己的页面、账号或群组。通过发布互动性强、吸引人的内容，以及邀请他人喜欢、分享和转发发布的内容，可以增加社交媒体页面的有机流量。

转介。有机推荐渠道包括两个来源：①专门的产品列表网站，如发布商业信息的 Capterra；②在新闻报道、文章或评论文章中提及公司的一般新闻或意见网站。推荐会提高公司网站的排名，并对线索进行跟进，平均每天需要两个半小时。在对联盟营销进行额外投资之前，公司需要雇用新的销售人员，以应对增加的销售线索。或者，公司可以探索将销售人员的繁重工作自动化，如在客户关系管理软件中管理潜在客户信息。

（摘引自 Rudranil Chakrabortty and Bishakha Majumdar's *YUNO LEARNING: BUILDING MARKETING CHANNELS FOR ONLINE BUSINESS*）

10. 后记（笔者注：可省略）

在案例所述时间线之后企业是如何做的？发生了什么？结果如何？

【示例】

发生了什么

由于业绩不佳，Yuno Learning 于 2020 年 7 月停止了联盟营销。在此之前，谷歌广告一直是表现最好的渠道。对其他渠道的投资一如既往。

由于疫情的影响，Yuno Learning 的销售额受到严重打击，迫使该公司对其产品组合进行多元化处理。2020 年 6 月，Yuno Learning 开始提供英语口语课程和儿童编码课程，以及其核心产品雅思培训。

雅思考试于 2020 年 10 月重新开始，这使得 Yuno Learning 的雅思辅导需求再次激增。由于业务多样化，公司的总体收入比疫情前增加了一倍多。公司的营销预算增加了 300%，其中大部分投入到谷歌广告中。

（摘引自 Rudranil Chakrabortty and Bishakha Majumdar's *YUNO LEARNING: BUILDING MARKETING CHANNELS FOR ONLINE BUSINESS*）

11. 附录

本案例所引用的相关文献及注释。

【示例】

<table>
<tr><th colspan="2">Yuno Learning 的环境分析</th></tr>
<tr><td rowspan="2">供应商的议价能力</td><td>教育技术：在线教学平台，如 Zoom、Zoho 或 Teachable（中高）
利益相关者的转换成本较高
通常情况下，该技术已集成到其他应用程序中，因此很难更换。
对教学专业人员和员工的培训也很麻烦
缺乏功能全面的替代品</td></tr>
<tr><td>员工：专业培训人员（中级）
印度有大量可就业的劳动力
流失率高
由于可转让的技能，行业内的蚕食率高</td></tr>
<tr><td>购买者的议价能力</td><td>参加各种竞争性考试的考生（中高水平）
存在大量替代品和代用品
由于课程收费，故转换成本低，沉没成本中低
对价格敏感的消费者</td></tr>
<tr><td>新进入者的威胁</td><td>在线备考市场的新参与者（多）
由于基于数字平台的业务设立成本低，故进入门槛低
由于实体基础设施成本极低，故退出门槛低
线上备考人员是世界上最大的消费者群体之一；正在迅速扩大
政府为互联互通、数字教育和创业提供激励措施</td></tr>
<tr><td>替代者的威胁</td><td>线下备考：课堂和远程（高）
在当地有大量长期存在的热门线下业务
自学模块可替代在线课堂的灵活性</td></tr>
<tr><td>行业内竞争</td><td>在线雅思培训企业：成熟企业和个人培训师（高）
由于市场条件有利，参与者众多
大型企业在英语口语和理解能力培训等相关语言课程方面拥有相当大的品牌影响力</td></tr>
</table>

注：IELTS = 国际英语语言测试系统。

（摘引自 Rudranil Chakrabortty and Bishakha Majumdar's *YUNO LEARNING：BUILDING MARKETING CHANNELS FOR ONLINE BUSINESS*）

8.3 中欧案例库

8.3.1 中欧案例库案例撰写基本结构与格式要求

1. 基本结构

一篇完整的教学案例至少包括案例正文和教学笔记两个部分。必要的补充材料可作为案例的辅助材料。原则上，中文案例正文字数不超过 10 000 字，案例正文长度不超过 12 页（含附录）。应采用小四号宋体，单倍行距。

（1）案例正文的基本结构。

案例正文一般包括：标题、正文、附录、注释（脚注与尾注）等。

①标题：简明扼要，包含案例企业名称和若干描述性词语，以中立性标题为宜。

②正文：提供了根据教学目标展开讨论所必需的相关内容。

③附录：放于正文之后、尾注之前。所有的插图、表格、数据、报道等均应集中编制在附录中，并在正文中标注"见附录×"。每一附录下方必须标注详细资料来源。附录清晰度应达到 300dpi。附录内容应该与课堂讨论紧密相关，避免冗余信息。

④注释（脚注和尾注）：正文中需进一步解释的信息以脚注形式处理；资料引用信息以尾注形式处理。脚注与尾注分别编号，在正文中以不同上标标注。

（2）教学笔记的基本结构。

教学笔记的必要部分按序包括：标题、案例摘要、教学目标、教学对象与适用课程、思考题、教学计划、课堂问题讨论及分析、案例后续进展。

可选结构有：推荐阅读材料、教学辅助材料、讨论总结、板书设计等。

①标题：案例正文标题加"教学笔记"字样，如特斯拉与中国教学笔记。

②案例摘要：总结案例内容和特点，包括主要企业或机构名称、主要人物、案例事件发生时间、关键问题以及主要的教学点。建议中文案例的摘要不超过 350 字，英文不超过 200 单词。

③教学目标：设定明确而恰当的教学目标、计划达到的学习效果，以及学生在分析完案例后应掌握的知识点及应具备的能力。教学目标以分析、理解、研究等动词开头，具体可参考布鲁姆教学目标分类。建议中文案例的教学目标不超过 350 字，英文不超过 200 单词。

④教学对象与适用课程：说明案例适用的教学对象，包括不同的学生群体，例如本科、MBA、EMBA、企业高层管理人员等。也需要说明适用课程及课程中的特定环节、学生事先需要掌握的概念或知识基础。

⑤推荐阅读材料（可选）：需要学生预读的材料等（建议 3～5 篇）。

⑥教学辅助材料（可选）：主要指课堂 PPT、学生练习题、行业分析、视频等。

⑦思考题：围绕教学目标，提出有针对性的、有逻辑的讨论问题，引导学生为案例讨论做好准备。一般而言，应该针对每个教学目标提出一个问题；额外的问题可以用于学生检验自己是否已经掌握了课堂案例讨论所需的关键知识。

⑧教学计划：对需要讨论的问题或主题组织的具体授课安排和时间分配。

⑨课堂问题讨论及分析：针对每一个讨论问题，提供合适的分析方法、工具、概念、框架或理论等，引导学生通过归纳讨论发现超出案例企业的、具备一定普遍意义的思维框架、洞察与启示。尽量展示案例课堂讨论的流程，以助案例教学者管理、引导、响应课堂讨论，从而激发学生参与案例讨论并达成教学目标。

⑩案例后续进展：对案例企业的后续发展、所涉及的各方及决策进行简要的跟进。

⑪讨论总结（可选）：总结案例讨论的关键要点。

⑫板书设计（可选）：说明在黑板上如何布局案例的主要讨论点，需要以图示形式展现每一部分的讨论或是整个课堂讨论后完整的黑板布局。

2. 附录

（1）在案例正文中，所有的插图、表格、数据等均应集中编制在附录中，置于正文之后、尾注之前。教学笔记中的插图、表格、数据等有两种处理方法：一种是集中编制在附录中（推荐），另一种是随文混合编排。

（2）每一附录下必须标注资料来源，包括作者使用或引用他人的作品或作品素材，也包括作者根据公开资料自己绘制、整理的资料。如使用或引用的非公开信息、商标、logo 及肖像等，案例作者还需获得权利人的相关授权。

（3）在案例正文中提及附录，须以括号夹注"（见附录×）"关联。教学笔记中若提及案例正文中的附录，需以括号夹注"（见案例正文附录×）"关联；若提及教学笔记中的附录，则关联格式为"（见附录×）"。原则上同一附录不在案例正文和教学笔记中重复出现。

（4）每一附录应有编号和标题。若一个附录内须含有多个图表，则采用双编号，例如附录 1 中有两幅插图，则依次标为附录 1.1、附录 1.2。此外，教学笔记若采用图文混合编排，则图、表应分开编号，各自全文接排，如图 1、图 2；表 1、表 2。

（5）原则上，插图或表格均需在 WORD 中以插入的方式绘制，其中文字可编辑，并尽量使用黑白色调。图表中文字建议五号宋体，单倍行距。如果表格中文字是短句或句子，则采取左对齐的方式。

（6）如果确需使用图片格式的附录，则图片应清晰可辨，达到阅读标准。

3. 注释和参考文献

中文文献参考国家标准《文后参考文献著录规则》（GB/T 7714-2005）；英文文献参考《芝加哥手册》。

（1）注释分为尾注和脚注。在案例正文和教学笔记的正文中对他人作品进行使用或引用的，应通过尾注的方式标明来源；在附录中使用或引用他人作品的，应在每一附录下通过"资料来源"统一标注。对正文内容进行补充说明的注释应为脚注。标注内容应该真实、准确、完整。

（2）注释（尾注和脚注）和参考文献采用顺序编码制，按在正文中出现的顺序以序号标注。脚注以带圈数字码（①②③……）标注，尾注以数字码（1 2 3……）标注。

（3）引证类注释均需注明作者（公文类、法律法规类著作可省略作者）、文献名、出版地、出版者、出版年份等信息。为方便查阅，信息越详细越好。外文文献一般不作翻译。

不同来源的引证类注释体例各不相同，参考体例如下。

①图书：按照责任者—文献名—出版地—出版者—出版年—引文页码的顺序标注。

彼得·德鲁克. 公司的概念. 慕凤丽译. 2019 年版. 北京：机械工业出版社，2019：135－138.

Peter Drucker, *Concept of the Corporation*, 3rd ed (London：Blackwell, 1993), 135.

②期刊、报纸：按照责任者—文献名—出版者—出版时间—页码的顺序标注。外文文献，其中较长篇幅作品如书名和期刊名等用斜体，较短作品如章节、文章或未出版作品用正体并放在引号中。

王宏蕾，孙健敏. 授权型领导与员工创新行为. 管理科学，2018，3：10.

傅刚，赵承. 大风沙过后的思考. 北京青年报：自然科学版，2000，14.

John Gray, "Justice and the Law," *Harvard Law Review*, 137，(2007)：25.

Rebecca Mead, "The Prophet of Dystopia," *New Yorker*, April 17，2017，43.

③网络资料：按责任者—文献名—出版者—上线时间—引用时间—网址等信息标注，请取消自动生成的网址超链接格式。此外，百度百科、维基百科等不宜作为资料来源。

杰克·韦尔奇. 商业的本质. 蒋宗强译. 北京：中信出版社，2016［2020－09－01］. https://yuedu. baidu. com/ebook/3f26cbca2f60ddccdb38a064？fr＝booklist###.

任仲平. 文化强国的中国道路. 北京青年报，2017－04－12［2020－09－01］. http：//opinion. people. com. cn/GB/15904150. html.

Herman Melville, Moby-Dick；or, The Whale (New York：Harper ＆ Brothers, 1851)，627, http：//mel. hofstra. edu/moby-dick-the-whale-proofs. html.

Katherine Roseman, "How Organic Avenue Lost All Its Juice," *The New York Times*, November 4，2015, accessed December 23，2015, www. nytimes. com/fashion/html.

④数据库：按著作权人—文献名—数据库名称—引用时间等信息标注。

万得信息. 消费者信心指数. Wind. 2020－09－01.

Apple Inc. ,"Stock Prices of Shares for Apple Inc. ", Bloomberg L. P. , accessed January 21，2016.

⑤案例：按责任者—文献名—案例库名称—案例编号—出版时间—引用时间等信息标注。

张文清，赵丽缦，S. Ramakrishna Velamuri. 深圳信安智能：科创企业的窘境（A）. ChinaCases. Org，ENT－20－636. 2020－06－30［2020－09－01］.

Doreen Kum, "Bumbox：Choosing a Business Model for a Start-Up", Ivey Publishing product no. 9B20A053 (London, ON：Ivey Publishing, June 18，2020).

⑥社交媒体：按责任者—社交账号—文献名—平台名称—发布时间—引用时间—网址等信息标注。

中欧国际工商学院（@中欧国际工商学院），红海创业，新浪微博，2020－06－17［2020－09－01］, https://weibo. com/ceibs？refer_flag＝1005055013_＆is_all＝1.

（4）同一文献在注释中被多次引用时，如果不是连续引用（编号不连续），第一次引用需标注完整信息,后续引用可简略标示,只标出责任者、文献名、页码;若是文章,只需标注出责任者和篇名。

彼得·德鲁克. 公司的概念:135—138.

王宏蕾,孙健敏. 授权型领导与员工创新行为.

John Gray,"Justice and the Law".

如果是连续引用(连续编号)只需进行如下标注。

同上.

Ibid.

(5)尽量避免转引文献,若确有必要,在引用文献后应加"转引自"字样,并完整标示出转引文献信息。

4. 文本

(1)标题:全文标题级数尽量控制在三级以内,各级标题前均不使用序号。

(2)语言:在正文一般陈述中,应当使用第三人称视角,避免使用第一人称与第二人称叙述。

(3)标点:参考《标点符号用法》规定,以下为常用标点符号用法提示。

①外国人名译名的间隔号,中文用中圆点,外文用下脚点。

②案例写作中一般不使用着重号和下划线。

(4)数字:凡是可以使用阿拉伯数字而且又很得体的地方,均应使用阿拉伯数字。参考《出版物上数字用法的规定》。

①一般大于四位的数字采用千分撇",",分节的格式编排,小数部分不分节,如:504,650,323 和 3.14159265。

②尾数有多个 0 时,最好以"万""亿"作为单位替代多位的 0。

③考虑到案例使用年份的不确定性,案例写作中建议使用具体年份,而不使用"今年""去年""明年""最近""上世纪""过去两年"等模糊的时间词。

(5)专有名及译名

①人名、地名、民族名、机构名、专业术语等专有名词必须全文统一。

②正文中专有名词一般用中文表示。外文专有名词,除常用专有名词之外,在第一次出现时,应在译名后用括号附上外文原文。对专有名词的译名应采用约定俗成或学界通行的译法,并全文统一。

③外国企业及其他专业机构名称,若已在中国注册登记的,则按其中文注册名翻译。除此之外,可根据情况音译或意译。

④对于名称较长的机构或会议等,可用缩略语表示,但在首次出现时应用全称,并用括号在后文标明简称。首次出现的中文译名,还应当同时标明原文全称。如世界贸易组织(World Trade Organization,以下简称"世贸组织"或 WTO)。

(6)附录:正文中需参见附录处,需以括号夹注形式标注"(见附录×)"。

5. 中欧案例库案例正文与附录格式模板

【示例1——正文格式模板】

【空白区,后续将放置logo,作者无需处理】

*** **_***-CC   *** **_*

案例标题（包含案例企业名称和若干中立性词语,15字内为宜。避免使用成语、谚语、谐音等,减少文学性描述。一级标题,黑体,22号,加粗,）

　　案例正文案例正文……（正文,宋体,12号,单倍行距,首行缩进2个中文字符）

　　单独成段的引语……（单独成段的引语,楷体,12号）

　　——引语来源（可以是人名,也可以是书刊名等）

二级标题（二级标题,黑体,14号,加粗）

　　案例正文案例正文¹。（尾注序号用数字,连续序号,补充资料来源或参考文献信息）

三级标题（三级标题,黑体,12号）

　　案例正文案例正文……²:（见附录1）……（图、表、数据、报道以及其他不适合放在正文中的信息均集中放入附录）

　　"直接引用的语句。①"案例正文案例正文……（脚注序号用带圈数字,每页从①开始,对正文内容进一步说明）

【空白区,后续将放作者署名和版权声明】

①脚注脚注脚注……（脚注内容,宋体,9号）

【示例2——附录格式模板（1）】

【案例标题与首页信息一致】　　作者无需处理　　　　【案例编号与首页信息一致】

附录1.1：标题（图表标题，黑体，10.5号，水平居中）

行标题	列标题	列标题	……		
行标题					
行标题					
……					

资料来源：根据案例库体例规范输入内容（资料来源格式，中文宋体/英文数字Times New Roman，8号）

附录1.2：标题（图表标题，黑体，10.5号，水平居中）

资料来源：根据案例库体例规范输入内容（资料来源格式）

尾注（尾注标题，黑体，12号）

[1] 根据案例库体例规范输入尾注内容
[2] 根据案例库体例规范输入尾注内容

（尾注具体内容，中文宋体/英文数字Times New Roman，8号）

【示例3——附录格式模板（2）】

【案例标题 教学笔记，作者无需处理】（页眉，黑体／楷体，小五）　　　　　　　【**-**-***-TC】

附录1：标题（附录标题，黑体，12号）

行标题	列标题	列标题	......	
行标题 I				
行标题				

注 I：输入注释的具体内容（**附录注释格式，中文宋体／英文数字 Times New Roman, 8号**）

资料来源：输入资料来源（**资料来源格式，中文宋体／英文数字 Times New Roman, 8号**）

【提示：注释以罗马数字上标在图表中标注（如 I，VI），不与正文脚注或尾注的编号混排。附录的注释有三类，排列顺序为：第一，针对整个插图或表格的注释；第二，针对部分内容的注释；第三，有关显著性水平的注释。】

尾注：（尾注标题，黑体，12号）

———————————

[1] 按案例库体例规范输入尾注内容（**尾注具体内容，中文宋体／英文和数字 Times New Roman, 8号**）

【空白区，后续放版权声明】

6. 中欧案例库案例教学笔记格式模板

【示例 1——教学笔记格式模板（1）】

【空白区，后续将放置 logo，作者无需处理】

--***-TC   ****-**-**

案例标题（包含案例企业名称和若干中立性词语，15 字内为宜。避免使用成语、谚语、谐音等，减少文学性描述。一级标题，黑体，22 号，加粗）

教学笔记（一级标题，楷体，22 号，加粗）

案例摘要（二级标题，黑体，14 号，加粗）

　　正文正文正文……（正文，宋体，12 号，单倍行距，首行缩进 2 个中文字符。总结案例内容和特点，包括主要企业或机构名称、主要人物、案例事件发生时间、关键问题以及主要的教学点。请勿超过 350 字。）

教学目标（二级标题）

　　正文正文正文……（设定明确而恰当的教学目标，如计划达到的学习效果、学员完成案例分析后应掌握的知识点和具备的能力等。以分析、理解、研究等动词开头，具体可参考布鲁姆的教学目标分类。请勿超过 350 字。）

教学对象与适用课程（二级标题）

　　正文正文正文……（说明案例适用的学员群体，例如 MBA、EMBA、企业高层管理人员等。列出案例适用的课程及章节名称。学员事先需要掌握的概念或基础知识也可说明。）

推荐阅读材料（可选）（二级标题）

　　学员可参考的图书章节、文献等（与案例或教学笔记同时提供的补充材料。）

【示例2——教学笔记格式模板（2）】

【案例标题与首页信息一致】　　　作者无需处理　　　【案例编号与首页信息一致】

教学辅助材料（可选）（二级标题）

　　主要指课堂PPT、学员练习题、行业分析、视频等材料

思考题（二级标题）

　　1. 键入思考题（围绕教学目标，提出有针对性的、有逻辑递进的讨论问题，引导学员为案例讨论做好准备。一般而言，应该针对每个教学目标提出一个问题；额外的问题可用于使学员检验自己是否已经掌握了课堂案例讨论所需的关键知识。）

　　2. 键入思考题[1]（尾注序号用数字，连续序号，标注资料来源或参考文献）

教学计划（二级标题）

　　本案例可以作为专门的案例讨论课程来进行，案例课程时间控制在××分钟，具体安排……（请提供课堂每一个部分的授课安排和时间分配，比如开场、分组讨论、小组发言、提炼总结等。还可描述本案例教学中可用的特殊授课技巧。）

课堂问题讨论与分析（二级标题）

讨论问题1：键入具体问题……（三级标题，黑体，12号）

　　问题1的讨论和分析内容……（需紧扣案例正文和案例企业展开。运用合适的分析方法、工具、概念、框架或理论，对讨论和决策问题进行具体分析。尽量展示案例教学者管理、引导、响应课堂讨论的过程，引导学员通过归纳讨论的过程发现超出案例企业的、具备一定普遍意义的思维框架、洞察与启示。）

表1：标题（表格标题放于表格上方，黑体，10.5号，水平居中）

行标题	列标题	列标题	……		
行标题					
行标题					
……					

资料来源：根据案例库体例规范输入内容（资料来源格式，中文宋体/英文和数字Times New Roman，8号）

【提示：教学笔记中的插图、表格、数据等有两种处理方法，一种是集中编制在附录中，按照出现顺序依次编号（推荐）；另一种是随文混合编排，图和表分别编号。详情请见"中文案例体例规范"】

讨论问题2：键入具体问题（三级标题）

【示例3——教学笔记格式模板（3）】

【案例标题与首页信息一致】　　作者无需处理　　【案例编号与首页信息一致】

问题2的讨论和分析内容……（如果后续还有讨论问题，要注意进行前后衔接和过渡；如果后续没有讨论问题了，需要转入讨论的结尾。）

图1：标题（插图标题放于插图上方，黑体，10.5号，水平居中）

资料来源：根据案例库体例规范输入内容（资料来源格式）

案例后续进展（二级标题）

案例主角实际作出的决定或是案例机构的后续发展，或其他需要学员了解的信息。（案例若有后续发展情况，需要尽量提供相关信息，以帮助学员全面、深入地理解案例问题。）

讨论总结（可选）（二级标题）

列出案例讨论要点和主要学习启发点……（案例教学者需要凝练课堂结束时学员应该得到的主要收获。如果对于结束案例讨论有困难，可以通过以下这段话来提醒你该写点什么："哪一个或两个课程内容是我希望学生从现在起的六个月都将记得的东西？"）

板书设计（可选）（二级标题）

以图示形式展现每一部分的讨论或是整个课堂讨论的完整的黑板布局……（组织案例问题讨论和分析的板书设计。需要说明在黑板上如何布局案例主要讨论的点以便推进案例的讨论。）

8.3.2 中欧案例库案例正文写作范式

1. 标题

一般而言，中欧案例库案例的标题可以在一开始就吸引读者的眼球，增强读者阅读案例的意愿与专注度。标题的首要职能是揭示案例的核心知识点，让读者可以根据标题直观地判断出案例内容是否满足自己的需求。因此，中欧案例库案例的标题通常要包含两个要素：案例所讲述企业的名称以及案例的研究方向。例如：《微医：重塑就医流程的战略布局》（金晓玲、尹梦杰、张晓洁、周中允）、《从产品品牌到平台品牌：韩都衣舍互联网品牌进化的商业逻辑》（何佳讯、朱良杰）等。

另外，中欧案例库案例标题的整体风格并不像毅伟案例库案例的标题那样简单生硬。为了起到吸引读者阅读兴趣的作用，标题可以具有文学色彩，适当地采用成语、比喻、对仗等手法加以修饰。如"顺流而上，向阳而生：×××的×××""×××：一家××企业的两难决策"等。

在标题和正文内容之间一般会设置一段引言，用以简单介绍案例中所讨论的问题产生的直接原因即案例发生的导火索。引言的内容可以与教学笔记中案例摘要部分相联系。

引言部分一般要包含两个方面：①对企业进行简要介绍，主要包括企业的类型、发展脉络、企业所处的内外部环境或者企业当前的发展状况；②说明企业如何与案例所讨论的知识点相联系，即企业具有哪些特殊之处引发了案例的讨论（主要针对描述型案例）或者企业面临哪些关键的决策点（主要针对决策型案例）。

在格式方面，引言部分可以以问句结尾，问题基本上围绕着"是什么""是不是""为什么是""如何做"展开，如"×××适不适合采用×××策略"，如果是，应该如何；或者以能表达思考性的陈述句结尾，如"不知道要怎样才能""是不是应该"等。

引言部分通常为 500 字左右。

【示例】

"自律给我自由"悄然风靡互联网，唤醒年轻一代的运动意识。如今，潮流前线的年轻人见面都要问候对方一句"今天你 Keep 了吗？"2019 年 8 月，Keep 推出的《这都算 Keep》广告片火遍全网，刷爆哔哩哔哩网站（简称 B 站）和微博，以接地气完美"出圈"，将运动彻底融入日常。2020 年 8 月，"人间 AI"健身博主帕梅拉（Pamela Reif）官宣入驻 Keep，当天粉丝量就突破 10 万，也让 Keep 当天实时搜索登顶。Keep 在中国甚至成了"运动""健身"的代名词。（笔者注：对企业发展状况及企业类型进行简述。）

从 2015 年 2 月上线至今，Keep 致力于提供包括健身教学视频、日常运动伴随、社交以及专业饮食指导、健身装备购买等在内的一站式健身服务，超过 1 亿人的运动习惯被 Keep 影响。2018 年 3 月，Keep 在北京三里屯召开了上线 3 年来的第一次发布会，创始人王宁在会上宣布，Keep 累计用户已突破 1.2 亿，累计训练 68.79 亿次，成为中国最大的运动社交平台。2018 年 7 月 10 日，Keep 宣布完成 1.27 亿美元 D 轮融资，该轮融资是运动科技领域至今为止最大的一笔投资。（笔者注：简单梳理企业发展脉络。）

从创立之初"移动健身教练"产品定位到打造"自由运动场"的全面升级，Keep

逐渐走出健身领域，充分运用大数据将各项孤立的产品打通，形成闭环式场景。Keep突破重重突围，在3年之内从0到1成为行业领军者。究竟是什么让Keep这样一个互联网独角兽突破狭窄的"健身领域"定位一路向前屡屡获得品牌"出圈"热度？（笔者注：说明企业引发案例讨论的特殊之处——该案例为描述型案例。）

（摘引自范小军、李欣《互联网健身独角兽 Keep 的品牌商业化探索之路》）

2. 背景介绍

这一部分内容包括企业背景和行业背景，通常会对企业状况和案例所探讨问题最初的环境背景进行一个较为细致的介绍，比较常见的是对案例所选企业形成品牌的初步构想、初步建立该品牌的过程以及创业之初行业背景的简单介绍，从而使读者能够在案例一开始就熟悉企业的基本状况和当时的内外部环境，尽快进入决策者的设定当中。

一般而言，背景介绍的结构为"对企业发展背景的介绍"+"对行业背景的介绍"。

在对企业发展背景进行介绍的部分，可以采用时间顺序，从公司的创立入手，选择3～4个公司发展的关键时间点来展开。每一个发展的关键时间点都可以通过数据来佐证这一段时间里公司所达成的成就，比如销售额、销售网点数量等。

在对行业背景进行介绍的部分，可以根据案例中对应的问题进行行业里相关行业的分析，如：入驻新市场——进行新市场的行业分析（波特五力模型）。根据情况而言，不同主题的案例这一部分的详略程度不同。如果行业背景与案例主题直接相关，那么这一部分就应当作为重点分析的内容，比如案例主题是讨论企业进入/退出某一市场的问题，在此部分就应当对该市场进行较为细致的行业分析，可以使用相关理论模型来保证分析的完整。

一般而言，不同主题的案例背景部分的字数不同，通常为800～1000字。

【示例】

我国医疗健康服务体系呈现"倒金字塔型"结构，资源集中在大医院，服务供给体系较为单一，基层医疗健康服务能力亟待提升。2010年，仅东部地区所拥有的三级医院就约占全国三级医院总量的48%、二级医院约占总量的35%。医疗资源分配的不均衡，造成了三级医院的虹吸效应——患者不管小病还是大病，都涌进三级医院。这种现象导致了三级医院的病床使用率为102.9%，二级医院为87.3%，一级医院为56.7%，而社区卫生服务中心和乡镇卫生院的病床使用率分别仅为56.1%和59.0%。（笔者注：行业背景介绍——通过详细的数据对于行业外部环境进行介绍。）

传统医疗模式让患者求医问诊时苦不堪言。《中华医学年鉴》调查数据显示，当人们有身体不适的时候，最终只有4.8%的人选择去医院，有高达95%的人并没有选择去医院。这种现象背后的原因正是"三长一短"问题（去医院挂号时间长、候诊时间长、取药时间长、就诊时间短）。（笔者注：行业背景介绍——对于行业的内部环境进行介绍，进一步揭示痛点。）

微医创始人廖杰远带侄子奔波看病的经历，让他切身体会到这种看病难的问题。他希望以互联网技术，让天下人就医不难。传统医疗健康服务体系是一个庞大的集合体，运行效率较低。如果将传统医院切开，拿出部分，会极大地提高医生的工作效率和服务能力。廖杰远认为挂号是用户看病时遇到的第一个难题。当人们身体不适的时候，如果可以通过手机挂号，并预约自身合适的时间段，那就会减少排队的时间成本，提高就诊的效率。从挂号切入既没有冲击医院的既得利益，又能为医院提高服务与运营能力，因此更可能得到医院配合。（笔者注：行业背景介绍——由行业痛点引导出企业建立的背景，揭示企业的价值主张。所举案例主题是讨论企业进入该市场的问题，行业背景与案例主题直接相关，故在此部分对该市场进行了细致的行业分析。）

（摘引自金晓玲、尹梦杰、张晓洁、周中允《微医：重塑就医流程的战略布局》）

3. 企业介绍

这一部分内容主要包括企业的品牌定位、基于品牌定位的产品设计、对品牌和产品的推广等内容。如果案例是按照企业的成长路径进行展开，那么这一部分内容所联系的就是企业品牌导入的时期，在这一阶段品牌创立者确定了自身品牌的基本定位，并以此展开产品设计、品牌推广等一系列活动。案例开发者在此部分可以围绕该品牌为什么如此定位，以及该品牌定位时可选择的案例情景展开分析。

【示例】

由此，微医开启了预约挂号业务，并通过"按医院找""按疾病找"以及"按症状自查"等功能，让患者自助找到对症的医生。不同于传统的"病人选医生"以及"先到先得"的预约制度，微医采用了"对症预约"的方式。先由患者填写病情信息并提交给在线分诊台进行审核，随后系统会根据患者病情，自动为其分配门诊（科室普通门诊、专病门诊或对症专家门诊）、推荐对症的医生。为了解决医患之间存在的信息不对称问题，微医还增加了关于医生工作经历与擅长疾病领域的介绍页面及患者就医经验分享页面。就诊患者可对医生看病的疗效进行评价，系统会根据患者的评价为医生打出分数，并显示预约挂号每位医生的患者数量，为后续其他患者提供借鉴经验。

通过医院前置服务器、医生App与患者App的连接，将医院的服务窗口延伸到患者手机端，优化患者就医流程，让患者少等待，可在线实现智能导诊、预约挂号、院外候诊、报告查询、一站式结算及诊后随访。仅诊疗、检查、治疗这些环节需要在医院进行，而诊后随访更是改变了传统医疗的当面随访形式。患者就医记录被存入健康档案，医生通过医生端可以看到所有就诊患者的健康档案，随时与患者进行随访沟通，大幅度增加管理复诊患者的数量，提高工作效率。（笔者注：简述企业品牌导入时期基于品牌价值主张所展开的产品设计。此部分的撰写旨在让读者短时间内加深对企业的了解。）

（摘引自金晓玲、尹梦杰、张晓洁、周中允《微医：重塑就医流程的战略布局》）

4. 企业决策点

这一部分是案例正文的主体部分，通常由多个小部分组成，具体划分的数量由案例设计时所划分的决策点的数量来决定。在这一部分需要对企业所面临的问题或决策点以及相应的解决措施进行具体的介绍。一般而言，一个小部分对应一个问题或事件，每一部分的小标题都采取简明扼要的名词短语，旨在说明决策的内容，比如"品牌组合""企业文化""发展制作×××""线上线下组合营销"等。

在具体的设计上,通常需要注意以下几点:

(1) 首先,决策点设置需要符合逻辑。这里的逻辑可以遵循时间发展的顺序或者知识点之间相互联系的逻辑关系,要让读者能够建立起一个清晰的思考框架,比如:根据企业的发展过程可以分为四个关键点——品牌建立、品牌更新、品牌转型、战略重心转移。这样的设置不仅能展现公司的发展脉络,还能体现出知识点引入的层层递进、由浅入深。

(2) 决策点的设计需要回应主题。为了体现案例整体的逻辑性,决策点的设计同样需要与所选用的教学知识点相对应,即内容的叙述不得偏离案例课堂的核心知识点。

(3) 在决策点的选择上最好能够体现出"一波三折"的特点。一个优秀的案例通常是具有多个矛盾点的,在决策点的设计中开发者应当注意强调案例的冲突性,不能过于平铺直叙。

除此之外,案例的开发者还需要注意,决策点设计的主要意义是给案例研究者一个讨论与思考的空间,所以决策点设计需要选择有价值的问题进行讨论,尽量避免可以从案例背景之中直接找到答案的设计。优秀的决策点设计应当激发研究者不同观点的提出与讨论,并且每个观点都有相应知识点的引入,从而加深研究者对于知识点的理解并提高运用知识点的能力。

在这一部分最常见的设计框架为:

(1) 决策点出现。在企业发展的过程中,出现了×××事件,该事件使得企业面临怎样的机遇/挑战。

(2) 应对决策。面对以上机遇/挑战,企业的决策者做出了怎样的应对措施。在叙述中要从决策原因入手,阐述为什么给出相应的解决方案,然后叙述决策实施的过程(如果实施过程有困难,那就可以作为波折进行细致解释——困难产生的原因、如何解决困难)。

(3) 决策结果。在做出以上决策之后的结果如何。阐述决策实施的结果,如果结果不甚理想也可以作为波折进行细致解释——困难产生的原因、如何解决困难。

(4) 此外,从整体上来看中欧案例库案例更具有可读性,在撰写中欧案例库案例的时候要注意以下几点:

①叙述整体风格十分客观,不会出现心理描写;

②叙述中都采用第三人称,人称限制较为宽松;

③有语言引用,但是不口语化,较为官方和书面,并且引用内容整体整段使用,并不是零散地穿插在段落里。

【示例】

信任难题

微医在成立之初以患者为中心,实现在线预约挂号,可为患者节约时间,解决看病难的第一步。这样的模式理应有着广阔的市场空间,然而现实却给了当头一棒。尚处于"襁褓期"的微医就遇到了这样的困境:医疗健康行业关乎身家性命,国内黄牛挂号行为盛行。此外,在线预约挂号模式前所未有。用户对微医提供的挂号业务心存疑虑,更谈不上使用了。"信任沙漠"的存在，让微医的发展步履维艰。因此，用户对于平台的信任危机成为微医首先要处理的难题。（笔者注：决策点出现，在企业成立之初，出现了"用户对于平台的信任危机"事件，该事件使得企业面临生存问题。）

初步解决

医疗健康行业是一门生命伦理学，具有高度的技术隐私与权威性。医疗健康行业出错造成的后果是不可逆的，误诊误判可能会耽误最佳治疗时间，因此用户对平台"信任不足"也是情有可原的。信任问题是由多种因素逐步积累而导致的。于是，微医走上了新的探索之路，认真思考用户在使用挂号服务时存在的每一处担忧，设立了针对性的机制，让用户对平台"信任有加"。（笔者注：为应对企业发展所遇到的"信任危机"问题，从决策原因入手逐一提出具有针对性的解决方案。）

"平台中的医生是真实的吗？"

医生的真实性让用户与平台初相识。为了保证医生的真实性，医生入驻平台时必须提交执业医师注册证、执业医师资格证以及本人手持工牌的照片等资料。此外，患者可根据就医经历对医生进行多方面评价，以及对医生发布的相关文章表达自己的看法，为其他患者提供参考。为了获得医生资源，2010年微医率先从复旦大学附属华山医院入手，通过创新性地解决医院内外网互联的难题，得到了院长的进入许可，并将其打造为全国预约诊疗典范。华山医院的成功，吸引了复旦大学附属其他8家医院的加入，随后上海市政府将其在全市推广。经过不断的发展，微医聚合了全国1900家重点医院，6700位学科带头人，20万副主任以上的医师。此外，中国排名前20名的所有三甲医院以及重点学科的专家纷纷入驻。

"这是黄牛网站吗？"

政府部门雪中送炭，送来资格认可。创业初期，微医界面的设置简单而清晰，方便用户挂号的操作，其中就医助手与"按医院找""按诊室找"等功能可以引导用户准确找到合适的医生。同时，系统要求用户输入身份证与手机号进行实名认证，防止黄牛挂号现象发生。2013年，微医承诺提供挂号业务不收一分钱，然而这样的决定让其无利可图，处于生死存亡的关口。国家卫生健康委员会了解情况后，立即向中国移动发公函，要求以公共服务平台标准来支持微医的呼叫中心。随后，中国移动立刻无偿提供3000台座机，帮助微医渡过难关。自此，微医成为国家认可的医疗健康服务平台。

"我付过钱，被骗了怎么办呢？"

支付系统的保障让用户更信任平台。微医为用户与医院的交易提供在线支付通道，用户可通过第三方支付平台如微信、支付宝等向医院支付挂号费用。微医先代为接收用户支付的资金，等用户接受服务后，再将资金付给医院。此外，虽然一些医院已在平台开通在线支付，但大部分医院还需用户在平台先挂号，看病时再缴纳挂号费。

"专家停诊或临时有事，我该怎么办呢？"

停诊保障与订单取消机制让用户与平台彼此相安。如果遇到专家临时停诊的状况，微医所设的停诊通知中心会立即通知用户门诊变更信息，再帮助购买停诊保障的用户改约专家。若改约专家失败，微医将会赔偿用户 200 元，希望降低因停诊给用户带来的损失。如果用户提前成功预约并支付后，却因为突如其来的事情无法准时赴诊，可选择取消订单重新预约，已经支付的资金会在 7 个工作日内原路退还。

"我的医疗信息会不会泄露？"

隐私信息的维护措施再加一重信任。微医使用 SSL 协议加密保护、HTTPS 协议安全浏览方式，提高了信息系统的安全性，并获得了公安部三级等级保护、ISO27001 等认证。此外，微医不仅通过备受信赖的保护机制让隐私信息免受恶意攻击，还建立访问控制机制，尽最大的努力去保证仅授权人员能访问隐私信息。微医还鼓励员工去进修有关安全和隐私的培训课程，提高员工维护用户隐私信息的观念。（笔者注：应对决策，针对困难产生的原因，详细叙述了相应的解决方案和决策实施的过程。）

经过全方位的不懈探索，微医的信任建设日趋完善，在信任方面所做的努力逐步发挥作用。2014 年度，微医不仅积累了超过 4800 万的实名注册用户，更是在全国范围内累计服务患者人次达到 1.6 亿人次。（笔者注：决策结果，阐述上述决策实施之后的效果，用具体数据来表现更为清晰且具有说服力。）

（摘引自金晓玲、尹梦杰、张晓洁、周中允《微医：重塑就医流程的战略布局》）

5. 结尾

这一部分是案例正文部分的尾声，通常包括对案例所描述事件经过和结果的概括总结，以及一些对于未来的开放性的展望。对于案例开发者来说，这一模块的设置是对整篇案例的收束并要留下悬念，在内容上要起到引导读者自主思考企业的未来发展方向和发展路径的作用。

【示例】

韩都衣舍用八年时间，从一个淘宝小店发展成一家互联网服饰品牌上市公司。从一个产品品牌转型到平台品牌，这一进化过程为我们理解互联网的品牌创建提供了一个典型的案例，更有很多内容值得我们去探讨。

第一，产品品牌创建阶段。韩都衣舍根据互联网市场小众化的市场细分、快速迭代、低成本运营、时间碎片化等特点，确定了互联网服饰品牌"多款少量、以销定产"的品牌基因。区别于传统服饰品牌的创建，韩都衣舍意图打造"小而美"的互联网快时尚品牌。在此基础上，在品牌 1.0 和 2.0 阶段，韩都衣舍实施了多品牌战略、构建了以产品小组制为核心的单品运营体系，打造了一条以快速追单生产模式为特点的柔性供应链，并以品牌人格化为传播手段来创建"中国互联网第一快时尚品牌"。

平台品牌转型阶段。依托在产品品牌阶段的运营经验，在品牌 3.0 和 4.0 阶段，韩都衣舍电商集团整合了韩都衣舍公司的运营资源，成立了韩都动力、智汇蓝海两家互联网品牌服务公司，构建了一套以韩都智能为核心的二级平台体系，打造了二级平台生态系统。意图在互联网流量红利下降，越来越激烈的竞争环境下，突出解决互联网品牌前端"小而美"和后端"大而强"的中间资源整合和匹配的问题，形成一个"大平台＋小前端"的二级平台的商业模式，实现向"中国最好的线上零售服务商"的转型。（笔者注：收束整篇案例的内容，对于案例所描述品牌的几个发展阶段进行概括总结。）

当然，韩都衣舍的发展道路也充满了各种争议，特别是对多品牌策略的选择以及最近关于纯互联网品牌线上线下如何融合的问题，都是业界争论的焦点。

第一，对于多品牌策略。市场部分观点认为，韩都衣舍过多数量品牌的发展会大大稀释企业的资源，企业很难聚集优势资源创建品牌。并且这些品牌之间会存在大量的内部竞争，资源的内耗加大了管理难度。从长远看，这些品牌的存活率会有多高需要进一步观察。

第二，对于线上线下融合。一个纯互联网品牌应该如何实现线上线下融合？以茵曼和韩都衣舍为代表的互联网品牌企业给出了不同的答案。茵曼以线下实体体验店为突破口，而韩都衣舍则继续聚焦于互联网，以构建二级生态为突破口，进一步探索新的融合方式。这两种模式会给出什么样的答案，也值得期待。（笔者注：在文末提出品牌发展所存在的，但在案例中尚未解决的问题，为整篇案例留下悬念。）

这些争议的存在也反映了当下互联网品牌处在探索期的时代特征，以韩都衣舍为代表的一批互联网品牌的崛起对探索互联网品牌创建起到了很好的示范作用。当然，韩都衣舍的模式不是统一的模板，对互联网不同的认知决定了品牌发展道路的选择。对于这些争议问题的回答亟待进一步的商业实践。在不久的将来，快速变化的互联网世界，又会出现什么样新的商业模式？我们拭目以待……（笔者注：此部分旨在引导读者将理论运用于实践，让读者对于品牌乃至行业的未来发展方向进行自主思考。）

（摘引自何佳讯、朱良杰《从产品品牌到平台品牌：韩都衣舍互联网品牌进化的商业逻辑》）

6. 用图表、数据、照片等辅助案例的解释说明

【示例】

附录1　Keep 发展历程

时间	事件
品牌孕育期：从自身痛点出发创立 Keep	
2014年10月	Keep 团队成立
2014年11月	Keep 获得泽厚资本天使轮300万元投资
2015年02月	Keep1.0 iOS 上线，蝉联 App Store 健康健美榜榜首数日
2015年03月	Keep 完成贝塔斯曼和银泰资本500万美元 A 轮融资
2015年04月	Keep 安卓端上线
品牌导入期：定位"移动健身教练"	
2015年05月	Keep 用户突破100万
2015年07月	Keep 获得 GGV 领投 B 轮融资1000万美元，贝塔斯曼亚洲投资基金和银泰资本跟投

续表

时间	事件
2015年11月	Keep用户突破1000万，成为APP Store2015年度精选
2016年03月	Keep被预装到大中华区苹果零售店；完成晨兴资本和GGV领投C轮3200万美元融资，贝塔斯曼基金跟投
品牌爆炸式增长期：从聚焦到扩展	
2016年04月	移动健身应用Keep发布3.0版本，正式推出跑步和电商两大功能，由最初的移动健身工具逐步向运动平台转型
2016年05月	Keep用户突破3000万
2016年08月	Keep用户突破5000万，获得来自腾讯的C+轮战略投资
2016年10月	Keep用户突破6000万
2017年05月	移动健身应用Keep发布4.0版本，产品进行全面升级，提出最新产品愿景：打造一个"自由运动场"——健身、跑步、骑行，运动品类更丰富，个性化推荐更加精细
2017年07月	Keep宣布演员李现成为首位"践行者"，合作拍摄"李现HIIT燃脂挑战"健身课程
2017年08月	Keep用户突破1亿，成为中国最大运动社交平台
品牌成熟期：打造运动生态闭环	
2018年03月	Keep推出城市运动空间品牌Keepland，在北京打造首家线下健身空间
2018年07月	Keep获得高盛领投1.27亿美元D轮融资，融资额创国内互联网运动领域之最
2020年05月	Keep完成由时代资本领投，GGV纪源资本、腾讯、晨兴资本和BAI贝塔斯曼亚洲投资基金等老股东跟投的8000万美元E轮融资

资料来源：《互联网健身独角兽Keep的品牌商业化探索之路》，范小军、李欣，2021-04-30，中国工商管理国际案例库

附录2　品牌升级前Keep竞品分析

	Keep	火辣健身	悦动圈
上线时间	2015年2月	2015年1月	2014年5月
测试版本	V2	V2	V3
目标用户	以年龄18～35岁的大学生、年轻上班族、都市白领群体为主		
	侧重于健身初学者入门	侧重于健身初学者入门	健身初学者、专业健身爱好者皆适合
核心功能	健身教学视频、社交	健身教学视频、社交	跑步健走记步、社交、商城
盈利模式	广告	广告	电商、广告、会员、线上训练营、线下活动、微课堂等

资料来源：《互联网健身独角兽Keep的品牌商业化探索之路》，范小军、李欣，2021-04-30，中国工商管理国际案例库

附录3　2018年中国运动健身人群课程服务参与情况

资料来源：《互联网健身独角兽 Keep 的品牌商业化探索之路》，范小军、李欣，2021-04-30，中国工商管理国际案例库

8.3.3　中欧案例库案例教学笔记写作范式

1. 标题

标题的首要职能是揭示案例的核心知识点，让读者可以根据标题直观地判断出案例内容是否满足自己的需求。因此，中欧案例库案例的标题通常要包含两个要素：案例所讲述企业的名称以及案例的研究方向。

2. 案例摘要

案例摘要一般由两部分内容构成：案例所讨论问题的背景介绍以及案例内容的概括总结。案例摘要通常需要包含的要素有：

①案例围绕什么主题展开的；

②所述企业面临怎样的内、外部环境；

③营销战略大致是怎样的；

④通过哪些措施最终实现哪些目的。

参考范式：

本案例立足于×××（社会现象），为什么选择这家企业（它做了什么，它可以代表哪一类企业/它的经历可以说明哪一类问题）等。

案例内容概括常用格式：案例企业的发展脉络、本案例揭示了×××知识点等。

【示例】

　　本案例立足于近年来互联网品牌兴起的社会现象，选择互联网健身独角兽品牌代表 Keep，通过聚焦 Keep 的品牌商业化历程，将其作为互联网品牌成长的缩影，向学生展示互联网 App 品牌的创立路径、产品调整升级以及品牌延伸逻辑。（笔者注：简述案例所立足的环境背景，解释选择 Keep 品牌作为研究对象的原因。）

本案例首先描述 Keep 从打造单一提供运动内容和数据记录的工具类 App 产品起步到通过主动调整品牌目标逐步发展成为"一站式"健身运动平台，超越同类产品成为中国最大的运动社交平台。接着描述了它经历坐拥巨大流量却无法变现的瓶颈期，最终在横冲直撞的探索中开辟出一条迈进健身全生态链的商业化道路。（笔者注：简单梳理案例企业的发展脉络，作为案例正文内容阅读的逻辑指引。）

（摘引自范小军、李欣《互联网健身独角兽 Keep 的品牌商业化探索之路》）

3. 教学目标与适用课程

在教学目标与适用课程部分，通常需要包含的内容有：
①概述时代背景之下案例重点研究理论与当前环境的相关性以及理论的研究意义；
②概述案例研究的主要出发点、所研究的企业及所运用的理论名称；
③通过案例的教学让学生理解了哪些知识点。

参考范式：

通过×××案例的学习，希望学生对×××（知识点）有更深刻的理解，便于其在实践中进一步运用。具体目标如下……（通常设置为 4 个目标）

【示例】

本案例主要适用于医疗健康管理类专业"智慧医疗创业"课程中的"战略管理"，以及工商管理类专业"企业战略管理"课程中的"差异化战略""生态战略"等章节。

预期实现以下 4 个教学目标：

（1）通过引导学员分析微医成立时所面临的市场背景以及选择市场的过程，掌握制定蓝海战略的前提条件以及价值创新。

（2）通过引导学员分析微医成立初期所面临的信任难题以及解决措施，掌握信任构建模型，并将此模型应用于企业实际运营活动中。

（3）通过引导学员分析微医的优劣势、机遇与威胁，以及微医采取差异化战略形成竞争优势的过程，掌握 SWOT 分析方法以及差异化战略实施方法。

（4）通过引导学员分析微医生态系统构建过程，掌握生态战略的内涵及实施方法，了解互联网医疗健康对传统医疗健康的价值链创新。

（摘引自金晓玲、尹梦杰、张晓洁、周中允《微医：重塑就医流程的战略布局》）

4. 教学对象

在教学对象部分，通常需要包含的内容有：
①案例教学适用的群体有哪些；
②在开展案例教学之前学生需事先了解哪些理论。

参考范式：

本案例主要适用于本科生/MBA/EMBA 的×××课程学习，通过探讨×××，加深对×××等具体知识点的理解，便于其在实践中进一步运用。

> 【示例】
> 　　本案例适用于工商管理和医疗管理领域的 MBA/EMBA 等专业学位学生、全日制研究生、本科生，以及企业的高层管理人员和培训人员。学员若有移动 ARB 创业经历，或者医疗健康背景等知识，授课效果可能更佳。
> 　　（摘引自金晓玲、尹梦杰、张晓洁、周中允《微医：重塑就医流程的战略布局》）

5. 推荐阅读材料

此部分的设置是为了让学生能够在案例教学正式上课之前先对案例所涉及的知识点有一定的了解，所推荐的阅读资料要与案例的知识点息息相关，从而起到引导学生课前自主预习的作用。

该部分的常见格式为将书名以参考文献格式罗列，如：

作者. 书名. 出版地：出版社，年份.

6. 预读思考题

预读思考题的设置要与案例总体设计中预设的决策点相对应。

思考题设计需要注意以下几点：

①通常设置 4～5 个问题，问题的内容以"how"和"why"为主。

②教学笔记的使用课程要明确，建议聚焦到课程具体的章节，而非只笼统地锁定到某一门课。

问题所聚焦的课程可以是单个也可以是多个，若只聚焦到一个课程就需要有深度；若选择多个课程则要求课程之间要有共同关联（即知识点之间一定要有关联），最终呈现为综合案例课堂的形式。两者相较之下后者更难把握，容易造成面面俱到但样样不精的尴尬状况，不建议案例开发的初学者选择。

不同思考题之间要有明显的逻辑关系，要与案例设计中的案例主线相对应。

参考范式：

①×××（知识点：×××）

②×××（知识点：×××）

③×××（知识点：×××）

④×××（知识点：×××）（最后一题通常需要设置为开放性讨论题）

> 【示例】
> 　　1. 在创业之初，完美日记是如何定位的？又是通过何种定价策略展现这种定位的？
> 　　2. 请结合案例分析完美日记都采取了哪些营销推广手段？又是如何运用这些手段的？
> 　　3. 根据案例，说明完美日记为什么要开拓线下市场？完美日记开拓线下市场有什么优势和劣势，并从人、货、场的角度谈谈完美日记新零售是如何布局的。
> 　　4. 落地之后的完美日记仍有许多亟待成长之处，你认为完美日记未来应该如何发展？
> 　　（摘引自李倩倩、赵晨《完美日记：电商品牌如何落地生根？》）

7. 教学计划

教学计划部分是对于案例教学课堂的一个整体设计，以供采用案例进行教学的教师进行参考。教学计划需要包含的内容通常有案例的建议教学时间、具体教学计划的活动内容及时间安排等。

参考范式：

本案例可以作为专门的案例讨论课程来进行，建议将此案例用于120分钟的课堂讨论。第一阶段课程集中在×××，第二阶段课程主要集中在×××，第三阶段课程主要集中在×××。各位教师可以参考×××书中所涉及的相关章节内容（见表8-2），依据自己的授课目标选择其中三个部分进行讨论。

表8-2 《×××》所涉及的相关章节

所属阶段	相关章节	内容

整个案例整体可分为四部分。第一部分讨论×××；第二部分讨论×××；第三部分讨论×××；第四部分讨论×××。教师可按表8-3所示的内容制订课堂进度计划。

表8-3 课堂进度计划

课堂进度	教学活动	教学内容	时间
课前	课前预习	1. 提前发放案例，学生阅读并进行初步思考 2. 学生查阅相关资料，初步了解相关理论知识	（不占用上课时间）
课中	简要引导	1. 教师简述选择该案例的原因 2. 教学目的和要求 3. 本节课的具体安排	
课中	案例回顾	采用提问等多种方式对案例主要情节进行整体回顾	
课中	小组讨论	1. 划分小组，确定小组长 2. 在组长带领下对案例思考题展开讨论	
课中	汇报展示	1. 小组代表分享讨论成果 2. 老师及其他小组成员进行适当提问与补充	
课中	案例总结	1. 老师进行整体总结 2. 启发对于本案例的进一步思考	
课后	课后作业	课后回顾，强化对于知识点的理解与应用	（不占用上课时间）

【示例】

本案例可以作为专门的案例讨论课程来进行，案例课程时间控制在 90 分钟。

课堂进度	教学活动	教学内容	时间
课前	课前阅读	提前发放案例，请学生在课前完成阅读和初步思考，并查阅相关知识补充案例材料以及相关理论知识	20～30 分钟（不占用上课时间）
课中	简要引导	授课教师说明选择该案例进行课堂讨论的原因，以及案例授课的教学目的、要求和具体安排	5～10 分钟
	案例回顾	随机提问学生，对案例主要情节进行整体回顾，促进学生对案例有一个完整的掌握	10 分钟
	分组讨论	分小组对案例启发思考题进行讨论，各小组在组长的引导下形成最终答案	30 分钟
	小组发言	采用点名与小组自觉发言相结合的形式对启发思考题进行发言，其他小组成员可以适当提出问题并进行补充	30 分钟
	案例总结	老师根据各组回答和理论知识点进行总结，同时启发学员对本案例的进一步思考	10～15 分钟

8. 课堂讨论与分析

课堂讨论与分析的设计是教学笔记设计的重要部分，通常需要包含以下内容。

（1）理论基础：①对案例所研究理论进行简述；②对案例的环境与特点进行简要分析，揭示选择这一理论的原因；③简述所选行业特征中限制发展的劣势，揭示案例中所研究企业需要解决的主要问题；④案例所研究理论的图示。

（2）讨论问题（对应预读思考题）：①对问题的展开回答；②策略上的不足分析；③结合理论提出具体解决方案；④案例讨论关键点总结。

（3）案例主要运用的知识点、从哪几方面找出了企业对应策略的不足、达到怎样的教学目的。这一部分的设计需要注意以下几点：①要体现课堂引导环节（即让教师拿到就能用），这是中欧案例库案例的一个很明显的特点，服务于课堂教学，要换位思考。②为了保证该部分设计的逻辑性，建议开始之前先确定一个分析框架。③理论和案例分析的比例和黏度要微妙把握，只有案例就事论事，没有理论，或者只有理论，缺少案例对应分析，这两种都不能被称为优秀案例。

（4）理论和分析要紧密结合，承接自然。

（5）讨论问题数量对应思考题数量。

参考范式：

讨论问题1：×××（知识点）。

①问题分析：

关键决策点×××

决策点分析×××。

在这部分的分析里，教师首先引导学生根据自身对×××的了解，以及案例中的一些描述，归纳总结出×××，以及×××。在×××上，教师可以调动学生们参与的积极性，结合他们的自身经历，总结出一些新颖的特点，如：×××。此外，教师引导学生从×××背景出发，考虑×××，由学生共同讨论得出×××。接着，教师可以进一步引导学生思考×××，可以从×××等方面进行分析。

②理论说明：

知识点1

知识点2

……

……

③问题解释。

【示例】

讨论问题1：Keep最初为何以一款移动应用App出道？其品牌定位是如何确立的？其拥有哪些互联网品牌的基因？（笔者注：知识点为品牌建立、品牌定位）

问题分析：

关键决策点：Keep创立的驱动力是什么？初创时如何进行品牌定位？作为互联网品牌有何独有的优势？

决策点分析：王宁在减肥成功后创立Keep，从自身痛点出发想要打造一款移动产品去解决更多"同胞"的痛点，并决定将品牌定位于"移动健身教练"，这种品牌建立的路径在新时代是否具有普适性？Keep初创时的品牌定位对于今后的发展是否有助推作用？

在这部分的分析里，教师首先引导学生根据自身对中国运动健身行业的了解，以及案例中的一些描述，归纳总结出运动健身品牌所处的市场环境（见附录），以及运动健身行业消费的需求特征（见附录）。在消费新趋势总结上，教师可以调动学生们参与的积极性，结合他们的自身经历，总结出一些新颖的特点，如现代年轻人追求便捷性，更倾向于选择上手快、易操作的产品与服务，喜欢个性化、定制化消费和尝新消费，良好的品牌体验和高质量的消费内容成为他们付费意愿的主要驱动力。此外，教师引导学生从把握互联网的时代背景出发，考虑移动终端的快速发展为健身行业带来新的突破口，打破时间和空间的限制，为品牌与消费者间的沟通提供了更多接触点，由学生共同讨论得出Keep打造App品牌的发展路径。（笔者注：对案例的环境与特点进行简要分析，揭示选择这一理论的原因。）

接着，教师可以进一步引导学生思考，Keep如何结合消费新趋势和互联网品牌自身优势实现品牌的快速引爆？可以从Keep"移动健身教练"的品牌形象、个性化服务和深入目标社群进行品牌推广等方面分析。品牌形象要求体现品牌识别的全套元素，反映出消费者记忆中关于该品牌的联想；个性差异化要求从满足消费者的多样化需求出发，通过产品和服务赋予品牌独特的个性；品牌推广要求建立与消费者沟通的渠道，增强消费者对品牌的认知，提升品牌知名度。（笔者注：简述所选行业特征中限制发展的劣势，揭示案例中所研究企业需要解决的主要问题。）

理论说明：

1. 互联网品牌

常见的国内外学者对互联网品牌的研究包括两种内涵：一种是传统品牌在互联网这一新型平台的延伸，其在互联网上的销售、宣传、渠道等一切活动只是该品牌活动的一部分；另外一种是产生于互联网，并以互联网为平台提供各类服务，互联网是其唯一的生存和发展空间。第一类品牌被称为网络品牌，其在互联网领域的开拓和发展被称为品牌的网络化；第二类品牌被称为互联网品牌，互联网是人们对于这类品牌及其服务或商品进行接触的主要方式。互联网品牌与传统品牌的主要区别如表所示。（笔者注：对案例所研究理论进行简述。）

项目	互联网品牌	传统品牌
覆盖范围	无国界，面向全球任何拥有网络覆盖的地区	有区域限制，面向特定区域的消费人群
产品定位	提供一种新兴的服务或是利用互联网提供一种新的销售模式	提供一种特定商品或者可量化的服务
品牌定位	注重品牌的小众化、个性化和私人专属化，从用户需求出发	注重品牌的大众化和共性化
目标受众	更精准的消费人群细分 扩展至品牌意见领袖	数量有限的消费人群细化 仅面向品牌核心受众
品牌激活	源于消费者的"品牌共创"，注重体验性与共创性，可分享及扩展 最大化相关性：极度个性化，关注时效、持续沟通 与品牌意见领袖沟通互动，提升消费者生命周期价值	来自品牌的"单向传播" 最大化覆盖率：关注到达率、转换率 仅针对核心目标受众
营销着力点	数字化生态系统 消费者旅程多触点整合营销	注重短期ROI 消费者旅程各个触点分散独立营销
市场竞争	"胜者通赢、强者通吃"：某一行业一旦有一个强有力的强势品牌出现，占据第二位的品牌存在的生存空间几乎是没有的	"紧随其后、后来居上"：某一行业市场上不但有占据第一的品牌，也有紧随其后并拥有同样强大竞争力的占据第二、第三位甚至更多的品牌

2. 品牌资产金字塔模型

如图1所示的品牌资产金字塔模型由下至上由四层组成：第一层是品牌识别，要求进入市场就有显著度（突出性），让消费者对品牌有深厚、广泛的认知；第二层是品牌含义，品牌通过功效和形象两条路径建立品牌的差异点和共同点，此层的工作实际上就是品牌定位；第三层是品牌响应，即要求消费者对品牌的功效和形象具有积极的判断和良好的感觉反应；第四层是品牌关系，即消费者对品牌具有强烈、积极的忠诚度。品牌资产金字塔模型形象地概括了整个品牌创建的阶段过程。在整个过程中，金字塔左侧倾向于建立品牌的"理性路径"，右侧则是建立品牌的"感性路径"。绝大多数强势品牌的创建都是通过两条路径"双管齐下"的。（笔者注：对案例所研究理论进行简述。）

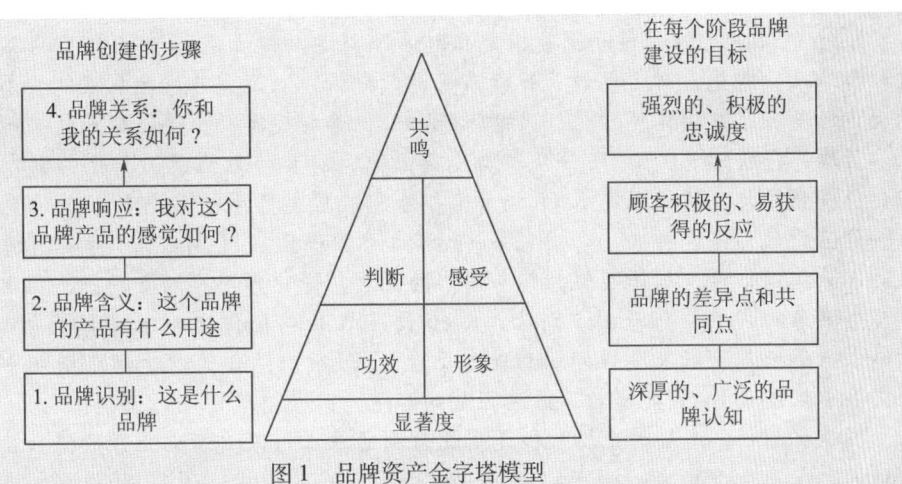

图1 品牌资产金字塔模型

资料来源：凯文莱恩·凯勒. 战略品牌管理，北京：中国人民大学出版社，2014.

3. 品牌建立的基本条件

实现品牌建立的基本条件包括：第一，规模化。足够的市场规模是实现盈利的基本框架，而且快速地达到市场规模，可以有效地形成竞争壁垒。实现足够的市场规模，要求品牌拥有足够的品牌知名度，建有完善的分销系统。第二，差异化。差异化帮助品牌建立竞争优势，它是实现有效品牌定位的基本保证。第三，一致性。品牌的一致性（例如品牌、感觉和体验等）是建立品牌强度的基本保证，在品牌进行地域扩张（横向）或制定长期发展战略（纵向）时，一致性的挑战非常突出。第四，创新力。创新力是维护竞争优势的重要保证，它使得品牌紧跟时代的步伐，紧密地贴合变化的市场需求。第五，消费者与品牌的关系，即消费者对品牌要有行为和态度上的忠诚度，对由品牌和它的顾客群形成的社区有归属感等。达到了上述条件，表明品牌已基本建立。

4. 品牌定位理论

品牌定位是市场营销策略的核心问题。它是指"设计公司的产品服务以及形象，在目标顾客的印象中占据独特的价值地位"。定位就是在顾客群的心中或者细分市场中找到合适的"位置"，使顾客能以合适的、理想的方式联想起某种产品或者服务。合适的品牌定位可以阐明品牌的内涵、独特性、与竞争品牌的相似性，以及消费者购买并使用本品牌产品的必要性，这些都有助于指导营销策略。

问题解释：

Keep的品牌建立，实际上是从创始人王宁基于自身减肥经历的一个想法开始的。结合自身经历，王宁发现市场上没有一款能够提供专业健身视频指导的产品，对于"健身小白"十分不友好。王宁从这个亟待解决的消费者痛点出发，决定打造一款帮助"健身小白"快速入门的健身指导产品。当时正值中国互联网高速发展时期，移动端在互联网背景下得到快速普及，而此时中国健身市场的移动产品空缺带来了巨大商业发展空间。与此同时，移动端产品的发展适应了互联网时代下消费者追求简单便捷、碎片化、娱乐化的新需求。在互联网大背景下，综合考虑中国健身市场的特点，王宁和他的团队决定将源于自身经历的想法落实到产品载体层面，打造一款"移动健身教练"App。Keep以移动端产品出道，成立以互联网为平台的健身品牌，走出一条"以价值起家的品牌建立战略"之路。

Keep 的品牌定位，实际上是指建立起一个与运动健身目标市场相关的品牌形象的过程和结果。首先，对运动健身目标市场进行分析，教师引导学生从案例中总结出健身运动市场具有客户群体年轻化、持续下沉、女性参与度大幅提高、娱乐化、碎片化等特点。其次，描绘出"0~70分"目标人群画像，以其碎片化、简单化的需求为导向进行健身视频设计，从而确定 Keep 消费者印象中的区别于竞争品牌的最佳位置，以实现品牌价值的最大化。再次，考虑到 Keep 作为一款移动应用 App，本身具有便捷、易扩散的优势，以平台为基础实现品牌与用户的互动、用户与用户的互动，凸显出互联网品牌与生俱来的"共创"基因。因此，Keep 团队在品牌定位中加入"社交属性"，想要打造出一个"具有社交属性的运动健身平台"。最后，结合健身运动市场发展趋势，教师引导学生发现 Keep 要想打造成为强势的品牌，必须遵循以下原则。

　　规模化原则，足够的市场规模是实现盈利的基本框架。而据公开数据，经常参加体育锻炼的人数在 2015 年已达到 3.6 亿，健身休闲产业规模达到 8000 亿元，市场规模较大且具有巨大发展空间。这带给 Keep 可观的目标市场规模，特别是扎实的流量规模，可以为后续商业化积攒竞争优势。

　　差异化原则，品牌定位必须要新颖独特，突出与其他品牌的差异点。在品牌目标方面，Keep 定位于"移动健身教练"，突破传统健身产品"面对面"的必要条件，以"互联网+健身"新型模式力求解决用户碎片化痛点，打造成具有社交属性的健身工具类产品。在品牌客户定位方面，Keep 将目标锁定在"0~70 分"年轻"健身小白"群体，数量更庞大、范围也更广，Keep 以解决"健身小白"的痛点为导向，打造品牌与众不同的形象，从而给消费者留下突出的品牌印象。

　　一致性原则，始终保持品牌精神、产品定位、目标市场以及品牌体验的一致性。Keep 品牌在建立初期想要向用户传达的就是一种在运动中找到自我、坚持不懈、自律自由的运动精神。这一品牌精神贯彻在 Keep 的品牌体验和每个品牌元素、营销活动中：Keep 品牌名称本身就含有"坚持"的意思，"自律给我自由"作为品牌口号也充分反映了品牌精神，以保证用户对 Keep 品牌知识的明确性。

　　创新力原则，Keep 在近几年的发展中尽可能地贴合目标市场需求的变化，将马斯洛需求层次融入用户对 Keep 的四大横向需求——工具需求、社交需求、学习需求和商城需求（见附录 2），追踪消费需求的层层递进，从而对品牌进行升级调整，以保持其互联网品牌的流量度和市场活力。

　　最后，Keep 要设计好品牌与消费者沟通的各个接触点，建立与消费者日常生活的直接联系，从而使消费者对品牌有行为和态度上的依赖感和忠诚度，有助于获得品牌共鸣。

（摘引自范小军、李欣《互联网健身独角兽 Keep 的品牌商业化探索之路》）

8.4　CMCC 案例库（中国管理案例共享中心案例库）

8.4.1　CMCC 案例库案例撰写基本结构与格式要求

1. CMCC 案例库案例撰写格式参考

（1）案例正文的基本结构及相关要求。

中英文摘要及关键词："摘要"作为案例内容的提要，不作评论分析，300~500 字；

关键词 3～5 个；英文题目、摘要、关键词与中文对应，符合科技英文书写规范，150～200 个英文单词。本部分内容单独成页，以下内容另起一页。

案例名称：以不带暗示性的中性标题为宜，提供企业真实名称，如需隐去，在首页脚注处说明。

首页注释：作者姓名、工作单位、案例真实性、版权说明等，注明案例只用于教学目的，不对企业的经营管理做出任何评判等。

引言/开头：点明时间、地点、决策者、关键问题等信息，尽量简练。

相关背景介绍：行业背景、公司历史沿革、财务状况、主要人物、事件相关背景等，内容真实客观，能有效辅助课堂的讨论分析。

主题内容：选题要有一定的典型性和代表性，能够反映某地区、某行业或更大范围的经营管理问题。陈述客观平实、不出现作者的评论分析，决策点突出，所述内容及相关数据具备完整性和一致性。大中型案例宜分节，并有节标题。

结尾：留下引人思考的案例结尾。

启发思考题：提示学生思考方向，3～5 题为宜。

脚注、图表、附录等：脚注以小号字附于有关内容同页的下端，以横线与正文断开；图表要有标题（中英文），全篇按顺序编号，不必分章节编号；有助于理解正文的相关资料、数据可作为附录列出。

（2）案例使用说明的基本结构。

教学目的与用途：适用的课程、对象，教学目标。

启发思考题：提示学生思考方向，3～5 题为宜，与正文思考题一致。

分析思路：给出案例分析的逻辑路径。

理论依据与分析：分析案例所需要的相关理论以及具体分析，包括财务分析的计算结果。

背景信息（可选项）：案例正文中未提及的背景信息。

关键要点：案例分析中的关键所在，案例教学中的关键知识点、能力点等。

建议的课堂计划：案例教学过程中的学生背景了解、分组及分组讨论内容、时间安排、课堂开场白和结束总结、课堂提问逻辑、板书设计，并就该案例如何进行知识点教学提出建议。

案例的后续进展（可选项）。

相关附件图表等（可选项）。

其他教学支持材料（可选项）：①计算机支持。列出支持这一案例的计算机程序和软件包，它们的可得性，以及如何在教学中使用它们的建议或说明；②视听辅助手段支持。可得到的，能与案例一起使用的电影、视频、幻灯片、媒体资料、样品和其他材料；③Excel 计算表格；④其他。

2. CMCC 案例库案例正文排版要求

（1）中英文摘要及关键词。

放在案例正文之前，单独成页。中文题目采用 3 号幼圆，并加粗，摘要和关键词内容采用小 4 号宋体排版，"摘要"和"关键词"加粗。英文题目放在英文摘要之前，采用 4 号 Times New Roman，并加粗，英文摘要和关键词采用小 4 号 Times New Roman、段前与段后空 0.25 行、1.3 倍行距,"Abstract"和"Key words"加粗。

【示例】

> **案例正文:**(幼圆、加粗、四号)
>
> **案例名称**(幼圆、三号、加粗、居中)
>
> 摘要:本案例描述了……(宋体、小四)
>
> 关键词:组织结构;战略规划;组织变革 (宋体、小四)
>
> Title:……
>
> Abstract:……
>
> Key words:……

(2)首页脚注。

可注明作者信息及版权说明(注释均为宋体、小 5 号)。

【示例】

> 1. 本案例由××大学××学院的××撰写,作者拥有著作权中的署名权、修改权、改编权。
> 2. 本案例授权中国管理案例共享中心使用,中国管理案例共享中心享有复制权、修改权、发表权、发行权、信息网络传播权、改编权、汇编权和翻译权。
> 3. 由于企业保密的要求,在本案例中对有关名称、数据等做了必要的掩饰性处理。
> 4. 本案例只供课堂讨论之用,并无意暗示或说明某种管理行为是否有效。

3. 案例正文

一级标题采用 4 号宋体,并加粗;二级标题采用小 4 号宋体,并加粗;三级标题采用小 4 号宋体。各级标题采用阿拉伯数字编号(如:1.;2.;3.……1.1;1.2;1.3……)。

全文段前与段后空 0.25 行、1.3 倍行距,全文为小 4 号宋体。

图表均须在文中引用,表的标题放在表格上方,图的标题放在图片下方,采用小 4 号宋体,并加粗。

【示例】

> **1. 公司发展及现状**（宋体、加粗、四号、半角）
>
> 2006年9月的一天……（宋体、小四）

4. CMCC案例库案例使用说明排版要求

各节标题采用4号宋体，并加粗，各节标题编号用中文数字或阿拉伯数字编号（如"一、""二、""三、""1.2.3.""（1）（2）（3）"…）。各节之间增加一行空格。全文段前与段后空0.25行、1.3倍行距，全文为小4号宋体。

【示例】

> **案例使用说明：**（幼圆、加粗、三号）
>
> **案例名称**（幼圆、加粗、三号）
>
> **一、教学目的与用途**（宋体、加粗、小四）
>
> 1. 本案例主要适用于××课程，也适用于××××。（宋体、小四）
>
> 2. 本案例的教学目的……

8.4.2 CMCC案例库案例正文写作范式

1. 摘要

案例的摘要部分一般依次按照案例背景、存在的问题或挑战、企业发展历程、案例适用范围、案例研究目的或意义这几个部分进行组织，有些摘要还会在一开始用一句话说明案例类型，即说明案例属于描述型案例还是决策型案例。

摘要范式参考：本案例为描述型/决策型案例，随着××的发展变化，××行业出现了××变化，A公司面临××问题。对此，它采取了××措施。面对××的挑战，它进行了××实践，描述了企业××的形成或发展过程。本案例适用于××课程中的××问题或章节内容，旨在通过一个真实的案例聚焦企业的×××，启发学生们对××问题进行更加深入的思考，探寻××内容的影响因素，了解××对企业发展/卓越绩效/整体战略/价值创造/××的重要意义。

【示例1】

随着传统电商流量红利的逐渐消失,社交电商等新型电商快速崛起。与传统电商不同,由于商品的购买与销售推广集于客户一身,交易裂变复杂,社交电商企业将面临分级销售渠道的设置和中间商品的内部定价的难题。本案例描述了经营健康类产品的康优公司由直销企业转型为社交电商企业过程中遭遇的商品品类扩充、分级销售渠道调整和分成比例确定等问题,重点介绍了该公司如何在高、中、低毛利商品的内部定价中调整对生产商、电商平台和云店店主的利润分割,以及在电商平台发展之后,公司面临的跨境电商进口商品与出口商品的内部定价新难题。通过对本案例的讨论,引导学生探究企业内部定价决策的多重影响因素,思考内部定价对社交电商类企业整体战略及价值创造的推动作用。(笔者注:该案例摘要前两句话交代了案例背景,而后又用一句话描述了案例中的企业,即康优公司所面临的挑战,最后,再用一句话总结出该案例的适用范围以及研究的意义。)

(摘引自潘立新《康优公司:社交电商转型中的内部定价》)

【示例2】

本案例为描述型案例,根据第一手的调研和实地访谈资料,对四川省峨眉山竹叶青茶业有限公司的品质发展历程进行了回顾,描述了其质量理念的形成与实施,并通过确立企业长期质量战略目标从而推动茶叶品质全面提升与追求卓越的历程。本案例适用于质量管理中有关质量内涵与影响,以及战略质量展开问题,旨在启发学习者理解"战略质量管理"的深层含义,了解全面质量管理对企业卓越绩效的重要意义。(笔者注:该案例摘要首先点明案例的类型,之后用一句话描述案例中的企业,即四川省峨眉山竹叶青茶业有限公司的发展历程,最后点明该案例的适用范围与研究目的。)

(摘引自石声萍《与己论道,追求卓越——峨眉山竹叶青的品质之道》)

2. 关键词

案例的关键词一般为4~5个,包括但不限于企业名称、案例主体、行业大背景、独特的商业模式、适用的知识章节、涉及的理论内容。

【示例1】

关键词:百果园;新冠疫情;企业社会责任;利益相关者;战略性企业社会责任

(笔者注:该案例关键词共计5个,涉及企业名称、行业大背景、涉及的理论内容。)

(摘引自郑耀洲《急难有情,以果之名:疫情下百果园的企业社会责任实践》)

【示例2】

关键词:风波庄;武侠主题餐厅;O2O;商业模式转型

(笔者注:该案例关键词共计4个,涉及企业名称、案例主体、独特的商业模式、对应的理论知识。)

(摘引自袁海霞《风口之下,一代豪侠如何驰骋网络江湖》)

3. 正文

(1) 引言部分。

引言主要用于描绘或引入案例主题,一般采用倒叙或插叙的手法,但不一定所有的案例都有引言。下面是引言部分的几种主要的组织形式,如图8-1所示。

①首段落用2~4句话概括案例背景,然后在中间段落用4~6句话概述案例中各小事件的起因经过结果,最后在末段落用1~3句话留下悬念,引发读者对企业所面临问题或对企业前景的深入思考,或者直接导入正文。

②首段落用2~4句话概括案例背景,然后在中间段落用2~3句话的细节描写描绘主人公所面临的难题或是企业所达到的成就以营造氛围,最后在末段落用1~3句话留下悬念,引发读者对企业所面临问题或对企业前景的深入思考,或者直接导入正文。

③省去对案例背景的描述,直接在首段落用2~3句话的细节描写描绘主人公所面临的难题或是企业所达到的成就以营造氛围,最后在末段落用1~3句话留下悬念,引发读者对企业所面临问题或对企业前景的深入思考,或者直接导入正文。

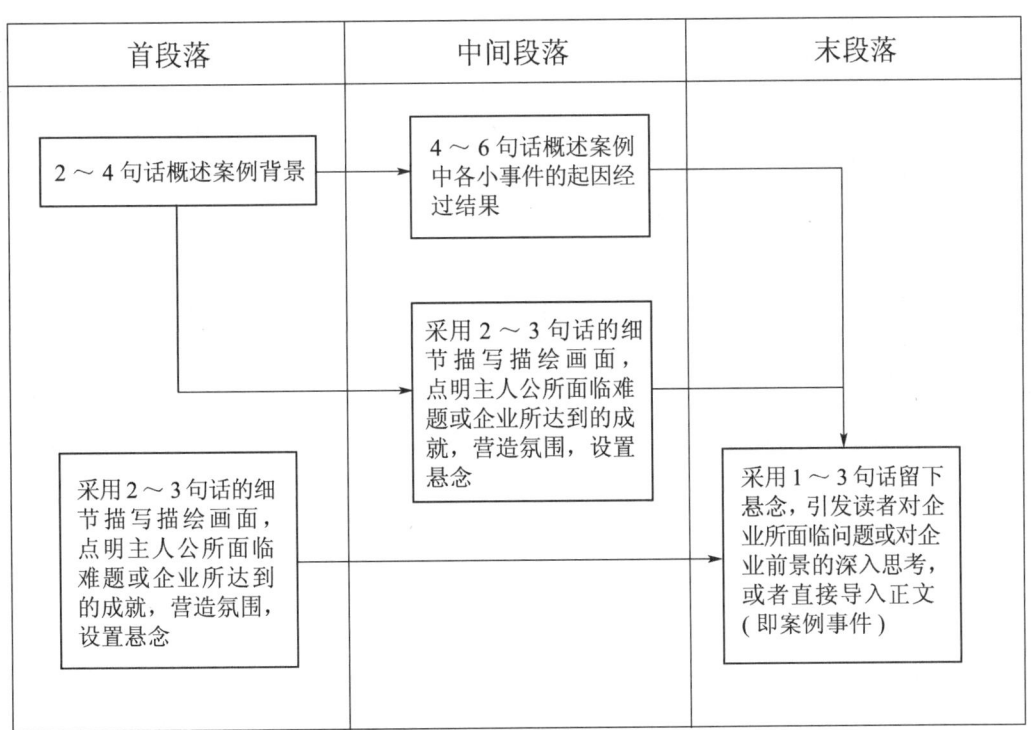

图8-1 引言部分示例

【示例1】

2020年5月29日下午,百果园深圳总部会议室里,集团供应商大会线上直播正在进行,屏幕上的一个视频让董事长余惠勇热泪盈眶。在这个由百果园草莓供应商"金色庄园"携众多莓农录制的视频中，人们纷纷表示对百果园的感谢："感谢百果园在新冠疫情期间没有放弃我们，给了我们希望！"……"疫情严重时，到处封村封路，我们的草莓却能顺利销售出去，没有烂在地里，感谢百果园对我们莫大的帮助！"……听着这一句句发自肺腑的感谢，看着莓农们排着长队在横幅上签上他们的名字，想到现在全国疫情得到控制，余惠勇倍感欣慰。

供应商大会结束后，余惠勇大大地松了一口气，信步来到公司文化展示墙前，看着百果园抗疫专栏中的公司图片、社会各界发来的感谢信、公司获得的荣誉和表彰，尤其是定睛在一张"履行社会责任杰出企业"的证书上时，还未来得及平静的内心又顿生许多感慨……（笔者注：该案例引言首段落通过细节描写描绘企业所达到的成就，营造氛围，末段落设置悬念，引出下文。）

（摘引自郑耀洲《急难有情，以果之名：疫情下百果园的企业社会责任实践》）

【示例2】

2020年，一场突如其来的新冠肺炎让全国上下绷紧神经，许多行业面临着前所未有的巨大挑战，人多力量大，在疫情面前，中国人民万众一心，众志成城，用热血谱写着中华民族的传奇。

在四川峨眉山，竹叶青茶业有限公司（以下简称"竹叶青"）董事长唐先洪酝酿已久的一封公开信让竹叶青人度过了一个温暖的寒冬。唐先洪在公开信中提出三大承诺：疫情之下，不欠款、不裁员、保春茶。竹叶青现有员工1000多名，上游茶农4万多户，寥寥数语，其实给企业带来了不小的压力，但是竹叶青要做的是一杯有温度的茶，一个负责任的企业。二十多年风雨征程，竹叶青已从过去濒临倒闭的乡镇企业成长为中国高端绿茶领导者，始终不变的是它做好茶的初心和对品质的坚守。忆往昔，那些峥嵘岁月仿佛就在眼前……（笔者注：该案例引言首段落是对案例背景的概述，下面的段落用较多的篇幅描述企业面临的难题与达成的成就，最后一句又设置悬念，引发读者想象与思考，引出下文。）

（摘引自石声萍《与己论道，追求卓越——峨眉山竹叶青的品质之道》）

(2) 第一部分。

案例的第一部分在内容上一般为问题引入的部分，通常采用顺叙的手法，可以是案例背景介绍或面临困境导入，也可以将企业面临的难题融入背景介绍，埋下伏笔；其中，案例背景介绍可为行业背景介绍或（和）企业简介。具体如图8-2所示，在篇幅上，它占除引言外的正文总体篇幅的10%~25%。

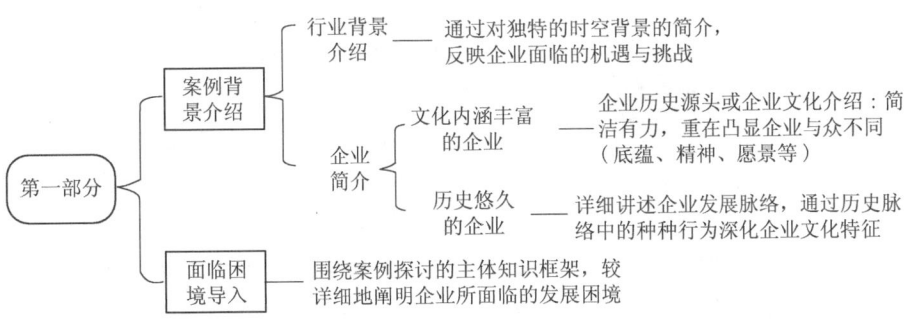

图 8-2 案例第一部分图示

【示例 1】

1. 案例背景

1) 康优公司及直销业务的发展困境

康优科技股份有限公司成立于 1995 年，以保健产品研发和直销为主，业务范围涵盖生物技术、健康管理、酒店旅游等领域，拥有 10 万直销用户，其中一级代理 1 万多户，二级代理 3 万多户。2017 年，销售额达到 35 亿人民币。企业在 25 年的发展历程中，沉淀了大量忠实的终端用户，拥有 3 家生产基地，自有品牌产品 100 多种，OEM 贴牌生产 300 多种，在售商品品类丰富。

2005 年《直销法》《直销管理条例》《禁止传销条例》等法规颁布以后，中国政府对直销业务的监管越来越严格。虽然 2005—2016 年直销商品销售收入总体呈增长趋势，2016 年行业总收入达 2092 亿元，但收入增长率自 2012 年开始回落，2016 年增长率低至 8.88%。直销行业已经告别高速发展期，进入发展瓶颈期，加上不正当竞争使得直销的市场认可度低，康优公司的运营逐渐陷入困境，自 2017 年开始销售额连续 6 个月负增长。另外，近十年来中国人口红利逐渐消失，老龄化越来越严重，公司的保健品用户逐渐缩小，企业面临转型的严峻考验。

(1) 传统电商发展趋缓，社交电商伺机生长

中国的电子商务经历近 20 年的高速发展，在 2018 年交易规模达到 8 万亿元，但是增速逐渐放缓。天猫、京东、唯品会等传统电商平台用户增速已放缓至 20%，甚至更低水平。电商平台和商户都面临着获客成本不断攀升、竞争日益加剧的困境，亟待找到更低价、高效、黏性更强的流量来源。

在传统电商发展受阻的同时，社交电商却异军突起。与传统电商采用低价策略、通过精准画像对目标用户进行外延推荐不同，社交电商依靠团长或者 KOL（Key Opinion Leader，关键意见领袖）带来销量，拥有去中心化、发现式购买、场景丰富等优势，流量成本更低，转化率更高，客户对价格的敏感度相对较低。2018 年，拼团型电商拼多多、会员制电商云集、内容性电商蘑菇街先后上市，更将社交电商推向风口。经历 3 年的探索孕育期，社交电商销售规模突飞猛进，2018 年达到 6268.5 亿元，环比增长 256%，之后进入稳定发展期，如附录 1 所示。

社交电商本质上是电商营销与销售渠道的一种创新。凭借微信、微博、抖音等社交

网络进行引流的营销方式,在中短期内为企业的高速发展提供了保证。但从长期来看,物美价廉的商品及快速高效的配送服务才是促使消费者对平台产生忠诚度、愿意持续复购的关键。因而,电商平台选品、采购、营销管理、物流管理和质量保证等能力依然决定这类企业的竞争能力。除此之外,社交电商最核心的部分是种草环节,锁住种子用户并且迅速形成裂变,这一过程需要电商平台不断输出物美价廉的商品,同时还要激励种子用户再形成新的裂变。因而,对于裂变营销的激励是社交电商成功运营的关键,也对企业财务管理能力提出了更大挑战。(笔者注:该案例的第一部分主要按照下述逻辑顺序展开描述:企业发展脉络→行业背景以及企业所面临的挑战。其中,企业发展脉络只占第一段的篇幅,其他篇幅都是用于描写行业的背景以及企业所面临的挑战,为后文做铺垫。)

(摘引自潘立新《康优公司:社交电商转型中的内部定价》)

【示例2】

1 日本的商业文化环境

1.1 日本的商业环境——规则至上

……

1.2 日本的家电销售渠道——掌握"生杀予夺"的量贩店

……

1.3 正式员工——终身雇佣的劳动合同

……

1.4 日本人的处世哲学——严于律己

……

(笔者注:从该案例第一部分各小标题不难看出,该案例的第一部分就是典型的商业文化介绍,事实上,这也属于企业简介的一部分。)

(摘引自刘素《海信整合东芝电视:化解文化"排异反应"的药方》)

(3) 第二部分。

案例的第二部分在内容上一般为对事件或冲突的发展的描述,通常采用并列结构组织语言,或是按照时间的顺序采用一波三折的故事叙述结构,在特殊情况下也可以夹杂插叙。在篇幅上,它占除引言外的正文总体篇幅的55%~80%。

值得注意的是,若案例为描述型案例,则每个难题或者是节点事件都应该有对应的措施或者结果;若案例为决策型案例,则至少有一个难题或者节点事件是没有对应的措施或者结果的,且这个难题或者节点事件一般放在第二部分的末尾。

①特殊情况——夹杂插叙。由于表达情感以及交代事情原委等的需要,暂时中断正常叙述,在不改变全文中心的情况下,插入另一个或几个与中心事件有关的情节或事件,这样的叙述方式叫作插叙。合理利用插叙,一方面能够补充说明有关文章的具体内容,补充背景材料,或交代细节。同时,还能丰富文章内容,使情节更加完整。另一方面,还能让文章情节有波澜,结构富有变化,避免平铺直叙。

【示例】

1 转型软件，遇资金与团队难关

……

5.1 华胜天成，止于"短信事件"

2010年4月8日，黄羽通过客户介绍认识了华胜天成的CEO王维航，后者对黄羽的业务拓展能力和良好口碑非常赏识，并表达了投资意向。

随后，黄羽和廖士出席了正式谈判，华胜天成的谈判负责人却提出以优厚待遇吸纳黄羽及易优核心人员以组成华胜天成电信业务部的方式加入华胜天成的想法。黄羽没有答应，他希望华胜天成能给易优投资并保持易优的独立性。最终，双方未达成一致意见。

两天后，王维航以朋友身份致电黄羽，自己和负责与易优谈判的同事都收到如下匿名短信："真正代表易优价值和灵魂的人物——原易优的CEO万峰已离开公司。没有万峰的易优团队犹如群龙无首，失去投资价值，希望贵公司不要被骗，慎重投资。"王维航认为华胜天成作为上市公司投资股权关系复杂的易优风险过大，但仍表达了随时欢迎黄羽本人加入华胜天成的意愿。黄羽谢绝了王总的好意，这通电话震惊了黄羽，同时也宣告与华胜天成的谈判彻底失败。

黄羽心里有无数疑问：谁发的短信？为什么要发？他明白此次谈判并与谈判有利益关系的只有公司股东。短信事件给了黄羽当头一棒，从此对另外几位股东心存芥蒂。之后他曾打算找万峰收回股份，但几次话到嘴边又咽了回去。

"我和万峰甚至从没有红过脸，他从来都是一副笑脸迎人的热情态度。想到他本来在大公司待得好好的，是被我'忽悠'过来过了一年多苦日子，我感觉挺过意不去。一开始不想收回，后来想收回但也觉得开不了口。"

——黄羽事后回忆

……

（笔者注：该案例的第二部分夹杂了黄羽的事后回忆，属于特殊的夹杂插叙的结构。）

（摘引自欧阳桃花，王慧《九死一生：高科技企业的创业过程》）

②并列结构。先并列阐述影响企业发展的各个要素（或企业面临的不同方面的难题），然后再对应阐述各个相应的措施或政策等。

【示例】

2 昔日TVS的佛系管人日常

2.1 员工的晋升机制——人岗相宜，工龄优先

……

2.2 端着"铁饭碗"的员工——收效甚微的考评方式

……

2.3 "当一天和尚撞一天钟"——暮气沉沉的创新意愿
……
2.4 日本工会组织——维护员工合法权益
……
（笔者注：从该案例第二部分各小标题不难看出，员工机制、考评方式、创新意愿以及工会组织等属于并列的内容，该案例第二部分采用的是并列结构。）
（摘引自刘素《海信整合东芝电视：化解文化"排异反应"的药方》）

③按时间顺序叙述。按企业发展的时间顺序，阐述企业发展过程中的重要节点事件（完整的，包括起因、经过、结果），采取故事化的语言进行一波三折的生动叙述，注意标题也要具有小说标题的生动特点，不要过于直白。

【示例】

2　在线消费初露角，大众点评起风波

风波庄以其独特的主题迅速赢得了广大消费者的喜爱，在5年内迅速扩张，并在省内外获得了一定的影响力。2006年被安徽电视台、中央电视台1套"社区新闻栏目"和中央电视台2套"第一时间"栏目、湖南卫视等分别做了专题报道（见附录）。2003年中国餐饮O2O史上的一个标志性事件出现，大众点评成立（见附录）。2005年3月29日，风波庄第一条评论出现在大众点评网，在此后的近四年时间中，风波庄在大众点评上的用户评论虽有所增加，但增长幅度极小。"当年互联网的普及率相对比较低，加上移动互联网技术发展水平及普及率的影响，在线消费行业所占比重小，尤其对餐饮行业来说，更是微乎其微。再加上当年我们也没有一个成熟的O2O概念，低估了大众点评在互联网时代消费决策中的重要性，早期企业并未对大众点评上的相关信息进行维护和管理"，王宗潮遗憾地说。随着3G网络盛行和互联网普及率的提高，在线消费获得了进一步发展。2010年，中国团购网站兴起，并于2011年达到顶峰，同时团购行业的激烈竞争从"百团大战"演变为"千团大战"，残酷的竞争使得餐饮行业商家开始意识到线上模式的重要性，风波庄亦不例外。王宗潮解释说："当年团购大战后，我们在对平台评估分析的基础上，2012年以美团和大众点评为主要依托平台开始布局线上团购业务。我们当时一致认为线上团购是一种渠道，主要用来引流。对于风波庄来说，作为一个主题餐厅，线下体验才是关键，企业经营的重点依然在线下，所以在这个时期也没有专门的业务部门对线上渠道进行维护。"

3　线上并蒂齐绽放，商业转型显神通

进入2014年后，随着4G网络的普及和智能手机的更新换代，以及市场上消费主体的变化，在线消费逐渐成为一二线城市居民消费的主流。整个餐饮行业也开始向外卖模式转变。外卖平台争相引流，补贴商家，吸引了大量商家入驻。此时，风波庄也开始全面布局线上业务。对此，公司专门成立管理部门负责线上平台和新媒体的运营，由公司经验丰富的80后员工张军担任该部门的经理。张军说："线上消费与线下不同。除了产品质量外，线下消费注重的是武侠主题的体验；而线上外卖是一种'刚性'需求，价格是引发消费行为的主要因素。风波庄一直宣扬'有人就有江湖，有江湖就有风波庄。'如今江湖已是两个世界，风波庄也需要作出改变。"

风波庄在强化自身内功的基础上，不断追踪餐饮市场消费主体更替和需求的变化，从线上线下两个方面不断修炼进化，实施O2O商业转型（见下图）。其中在线下，从员工的招聘、培训及能力提升、产品品质等多个方面修炼自我。首先，在员工招聘上，风波庄在追求个人基本素质和业务能力的基础上，积极寻求有"江湖英雄梦"的热血青年入门，共同打造江湖传说。其次，在培训中，为了提高整体服务水平、技能、服务质量，统一服务规范，结合主题餐厅的特点，风波庄从武林门派知识、菜单知识、迎客送客、业务术语、服务流程、安全手册、服务中的常见问题等对员工进行全方位的培训。再次，在能力提升上，风波庄定期邀请高校专家培训，不断提升员工业务素质，同时结合武侠文化的发展不断对自身主题进行丰富。另外，风波庄积极组织线下社群活动，如武侠征文活动（见附录），粉丝日主题活动，金庸武侠知识大比拼，20周年之"义薄云天""再闯江湖""义重情深"等活动；结合公司消费群体特征，在安徽省高校开展"风清扬杯"创客营销大赛等。最后，在产品上，严格把控原材料质量的同时，承诺所有菜品上桌后顾客不满意可以免费退换，退换菜品统一处理，绝不再回餐桌。

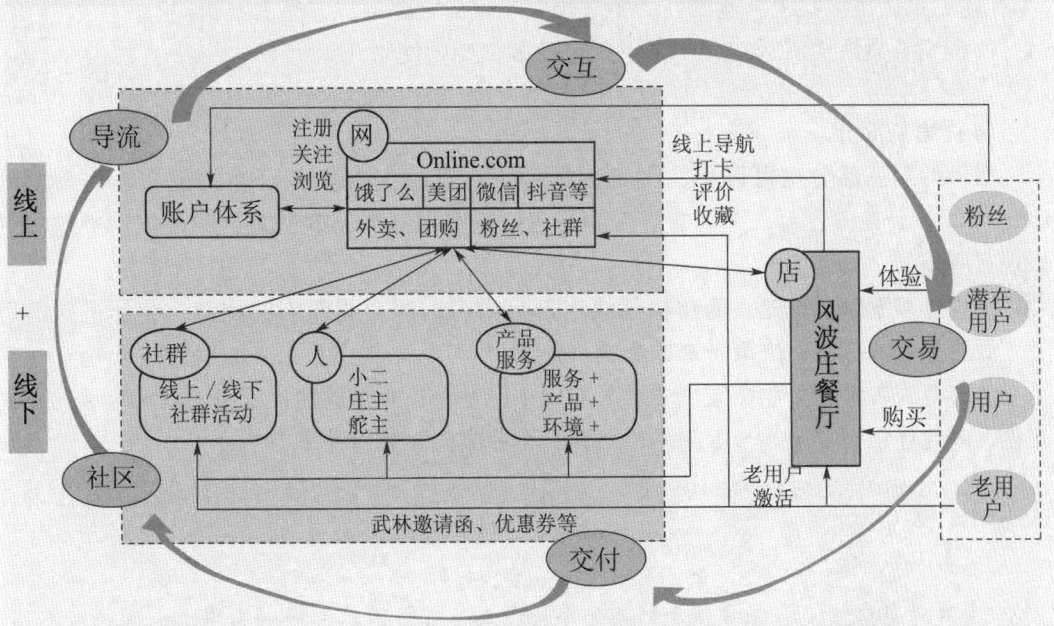

在线上，风波庄以美团平台和阿里平台为主，在团购和外卖两个领域发力，同时布局线上团购和外卖业务。团购主要以代金券为主，吸引顾客到线下消费。消费后在线上进行点评、打卡、收藏等。外卖从"提供质量可靠，价格更具吸引力"的理念出发，精心布局线上产品。在服务或业务方面，以满足线上消费者的刚性需求为主，根据风波庄的客群特征，在严格把控菜品质量的基础上，精心布局线上产品。如在套餐设计上，风波庄客户对象是20～35岁的年轻人，2～3人餐、4～6人餐更加符合这部分人群的特征，同时结合企业招牌菜、产品的毛利率等设计套餐，在满足客户需求的同时也能够确保盈利。

此外，在售后服务方面，线下用餐后风波庄小二会询问顾客反馈，并记录在案。线上设置专门人员处理顾客反馈，总结意见及时作出调整和改进。此外，成为风波庄会员后，若一段时间未消费，系统会自动识别并发出武林邀请函及相应的优惠信息，刺激用户再消费，提高黏性。

综上，结合风波庄目前的业务领域，其收入来源主要为线上团购、外卖收入及线下堂食，成本主要有人员工资、产品成本、仓储费、平台费及平台推广费、微信和抖音等社交平台广告费等。

2019年年底，一场突如其来的新冠疫情，作为餐饮行业中一员的风波庄的发展也面临严峻的挑战。自2020年企业复工复产以来，线上消费迎来发展的春天。风波庄的全线布局也取得了一定的成绩，最新榜单显示自2020年5月1日以来的三周内，2/3的门店销售额同比已实现正增长。（笔者注：从该案例第二部分的关键时间节点"2003年""2005年3月29日""进入2014年后""2019年年底""2020年企业复工复产以来"等描述不难看出该案例第二部分采用的是按照时间顺序描述的形式。从该案例各小标题不难看出该案例企业既经历了辉煌时刻也面临着挑战，有着波折。）

（摘引自袁海霞《风口之下，一代豪侠如何驰骋网络江湖？》）

（4）第三部分。

案例的第三部分也可以称为案例的尾声，在篇幅上占除引言外的正文总体篇幅的10%～20%。在内容上，案例的第三部分在描述型案例与决策型案例两种案例类型中的呈现有所差异，具体如下所示。

①描述型案例。首先，简单概括第二部分内容，即企业面临的困境，企业进行的思考，而后采取的决策，决策带来的影响（结果）。然后，提出对未来的展望或思考。

内容范式参考：企业在案例中所采取的举措是否具有普适性；未来随着×××的发展变化，企业还将面临×××等问题，对此，企业应该采取何种举措……

【示例】

尾声

这些感谢信、荣誉证书和表彰函如今被挂在了百果园总部的一面墙上，这是对百果园的又一次肯定。经过此次疫情的考验，余惠勇对百果园的未来更加充满信心，同时也更感到责任重大。履行企业社会责任这条路道阻且长，在世界疫情渐趋常态化的情况下，如何能够更好地履行企业社会责任？百果园又会遇到什么困难？余惠勇依然在思考着如何将百果园这个中国品牌推向世界大舞台。（笔者注：该案例第三部分首先简要概括了第二部分的内容，即百果园经受疫情考验所取得的成就，而后又借余惠勇的第一人称视角提出对百果园未来发展问题与方向的思考。）

（摘引自郑耀洲《急难有情，以果之名：疫情下百果园的企业社会责任实践》）

②决策型案例。针对第二部分末尾所遗留的待寻找对应决策措施的难题或者节点事件进行简要的总结，然后提出问题，留给读者思考空间。也可以在这之后再加上对企业未来的展望或思考。

内容范式参考：虽然 A 公司在线上消费市场份额不断扩大，但在疫情大背景下，线下市场与利润却在不断萎缩，在这看似繁荣的背后隐含着利润的下降，对此，A 公司的经营模式与商业模式是否应该调整，又该如何调整。

> 【示例】
> 随波逐流终成憾，前路遥遥向何方
> "当年各外卖平台为了争夺市场分析，纷纷补贴。整个餐饮 O2O 市场得到空前发展，风波庄也加入其中。但一直以来，我们在线上发展的过程中，仅仅将自身作为餐饮行业中的一员，却忽略了武侠主题餐厅的特点。外卖仅餐具上有武侠元素，其他地方都很难看到武侠主题。我们的武侠主题是否正在流失，武侠是否已经不再适应时代的变化。"王宗潮带着极大的困惑说。
> 线上餐饮市场竞争越来越大，用户获取与留存的难度逐渐升高。同时，各大平台补贴消失，突然新增的平台费用却逐渐升高，企业的利润空间越来越小，而线上消费的比例却在稳步提高。正如这看似繁荣发展的同比正增长的销售额背后却是利润的同比下滑。对风波庄来说，在平台经济繁荣发展的时代，主题餐厅经营模式和商业模式是否需要调整，该如何进行调整，成为风波庄在未来发展中迫切需要解决的难题。（笔者注：该案例第三部分针对第二部分所遗留的"风波庄在线上发展过程中武侠主题可能正在流失"的问题，提出如何在线上餐饮市场竞争愈发激烈的情况下提升用户的获取与留存，提升利润的问题，并进一步引发读者思考风波庄是否应该在平台经济繁荣发展的时代调整其主题餐厅经营模式和商业模式的问题。）
> （摘引自袁海霞《风口之下，一代豪侠如何驰骋网络江湖？》）

(5) 第四部分。

案例的第四部分为附录，主要附上与案例内容有关联的，有助于案例理解与分析的相关资料，包括但不限于行业发展数据、企业概况、企业发展历程、企业销售业绩情况图表、企业所获荣誉、企业管理制度或政策、企业活动示意图等等。但不一定所有的案例都有附录。

8.4.3 CMCC 案例库案例使用说明写作范式

1. 教学目的与用途

交代研究对象相关背景介绍，或普遍出现的待解决的问题。如：本案例以××为例，描述了企业所面临的××问题。通过梳理××问题，分析××企业的××措施与感悟，让学生更好地理解××管理知识，将所学理论知识应用于……（该段可放在首段或者"教

学目标"处)

(1) 案例特色。

为提高案例使用的便利性，适应案例教学的灵活性，特对案例开发增设了以下环节（突出案例特色部分，属于可有可无的内容）：

①描绘了完整的××，帮助学生深入学习××；

②开发了××，辅助案例核心问题的深入分析；

③给予××支持资料，强化××，提高案例使用有效性。

(2) 适用课程。

本案例属于×××（决策型/描述型）案例（可有可无），主要适用于"×××"及相关课程中×××章节内容的教学。

(3) 适用对象。

本案例的研究开发主要面向 MBA、EMBA 等具有一定工作和管理经验的学生（尤其是具有企业中高级管理职位背景的学生），亦可用于工商管理专业本科、学术型硕士研究生的案例教学。本案例教学建议采用小组讨论的方式开展，以便取得更好的教学效果（要求学生在案例研讨前，对××知识有一定的了解和掌握）。

(4) 教学目标。

本案例描述了××企业所面临的××困难及解决措施，使学生树立××××意识，培养××××能力，正确掌握和理解××××内涵、意义及有关理论知识，能够运用有关理论分析具体的××（或以××为素材，揭示××的内涵以及××之间的内在逻辑，使学生了解××），促进学生对企业××相关问题做进一步分析（可详可略）。

具体的教学目标为：

①熟悉、认识、了解、梳理××背景/策略；

②认识、掌握、了解××过程/原理/概念/内涵/模型/特征/类型；

③梳理、分析、解决、思考、探讨××问题/原因/思路/影响；

④掌握、理解、习得××知识/理论/模型/实践应用；

⑤思考、探讨、拓展××设计方案/措施。

（此处目标应和"启发思考题"的题目设置一一对应，在逻辑上层层递进。）

或采取以下形式的表述：

①能够梳理归纳××，通过对××的讨论与思考，理解××理论/模型/方法的概念及特征；

②能够掌握这些理论/模型/方法，并运用××分析××问题；

③通过案例讨论与分析，掌握××在现实中的实践与应用。

（教学目标也可分层叙述，如设置"理论、能力、观念/意识"等不同层面的能力提升的目标梳理。）

【示例】

本案例主要适用于"管理会计"课程中内部定价问题的教学。

本案例适用对象：MBA、EMBA、MPAcc、具有一定工作经验的企业培训人员以及会计专业本科高年级学生。

社交电商纵向价值链上从事商品的生产、采购与销售的实体之间的交易活动具有内部市场的特征，合理的内部定价可以有效地激励每个主体的经营活动，更好地发展企业价值链的"战略环节"（笔者注：背景、知识点引入）。本案例以一个直销企业转型社交电商过程中遭遇的不同销售层级、不同类别商品的内部定价难题为例，通过教师对案例的引导和学生的深入讨论以达到如下教学目的（笔者注：案例教学目的指明）：

（1）掌握内部转移价格的概念内涵和常用的内部定价方法；

（2）理解内部定价在企业价值创造和竞争优势形成中的重要作用；

（3）理解基于价值链分析的利润分割定价法的特点和具体实施步骤；

（4）思考多层级销售和电子商务背景下，当不同种类商品在实现企业战略和价值创造上具有相互关联性和价值融合性时，内部定价需要考虑的因素。

（摘引自潘立新等《康优公司：社交电商转型中的内部定价》）

2. 启发思考题

（1）从××出发，梳理和归纳企业在不同阶段的发展特征。企业的××管理模式有什么特点？你如何看待××企业的××问题？什么是×××（案例中的关键词，如社交电商）？如何从×××角度分析×××企业进行×××遇到的问题和机遇？为什么要实施××？（案例内容、行为举措、特点、区别等信息梳理/总结/概括/分析，一般是"what"和"why"类型问题）

（2）企业发展（转型）过程中遇到的动力与阻力有哪些？步骤和方法？在××管理上做出了哪些调整？（延续第一个问题，继续深挖案例内容，对案例决策/转折点、发展过程、方法选择进行概括/分析，一般为"what"和"how"类型问题）

（3）从××管理角度如何分析？企业采取××措施产生了怎样的影响（变化、结果）？你认为企业××行为是否正确（有战略性）？影响其成功或失败的因素有哪些？目前企业××方面出现了哪些新的问题及原因？（具体分析决策的作用/影响，使用相应理论模型分析举措的科学性，并探究案例研究对象成功或失败的影响因素或原因，涉及"what""how""why"三类问题）

（4）如果你是××，面临这个局面你将如何决策，如何制定××计划？在××情形下，以实现××为目标，请提出你的计划思路。结合××发展趋势和企业现状，分析和探讨公司下一步如何决策以走出困境？（理论掌握和实际应用，引导学生依据相关理论探究案例冲突点，解决实际问题"how"类型问题）

（5）从这个案例中你能得到什么启示？纵观企业××管理实践过程，你能得到的启迪是什么？（纵观整篇案例，回归、强调主题和主要知识点）

启发思考题应和"具体教学目标"设置一一对应，在逻辑上层层递进。

【示例】
1. 什么是社交电商？康优公司为何要转型为社交电商？
2. 什么是内部转移价格？常用的内部定价方法有哪些？康优公司转型前后采用的内部定价方法是什么？
3. 康优公司社交电商价值链活动对内部定价的影响是什么？在转型社交电商的不同阶段，为什么会发生不同毛利商品内部定价的变化？
4. 解决康优公司跨境电商进出口业务内部定价问题的对策是什么？
（摘引自潘立新等《康优公司：社交电商转型中的内部定价》）

3. 分析思路

本案例的分析紧密围绕着……展开，全面系统地解构××企业遭遇的××情境、××策略和方法。教师可以根据自己的教学目标（目的）来灵活使用本案例，引导学生进行分析，加强学生对于××的理解。这里提出本案例的分析（课堂讨论）思路，仅供参考。（案例分析思路图的一般结构是：时间/案例故事→教学目的→案例涉及的知识点→启发思考题→分析思路/较为具体的分析过程→总结/目的实现）

分析思路的几个小点应根据启发思考题题目展开，与教学目的相关联。

（1）首先，从××角度出发/思考，梳理和归纳案例中企业的发展变化过程/特征，讨论企业的××问题、机遇及合适的分析角度，引导学生正确理解××理论（模型）的内涵。

（2）其次，回顾××的概念和定义，根据××理论，引导学生识别、确认问题内在的原因（如发展的动力和阻力，步骤和方法），对案例进行详细分析。

（3）然后，通过××管理角度解读××企业的举措，讨论××主要驱动因素、构成的影响和结果，引导学生掌握××等知识内容。

（4）接着，通过对企业战略、行动计划的讨论与设计，引导学生对管理措施方案的思考和总结，提出解决问题的对策，反思××解决问题关键点的适用性，形成××决策的一般框架。

（5）最后，对案例进行反思和总结，引导学生深刻理解××之间的关系，以及他们对企业管理的积极意义。

【示例1】
本案例试图从康优公司"转型社交电商的动因""转型前后内部定价的方法选择""价值驱动作用和价值相关性对内部定价的影响"以及"跨境电商价值链特征与内部定价对策"等角度讨论社交电商的内部定价问题，加强学生对于内部定价与企业战略、价值创造之间关系的理解。这里提出教师引导本案例的课堂讨论的思路，如下图，仅供参考。

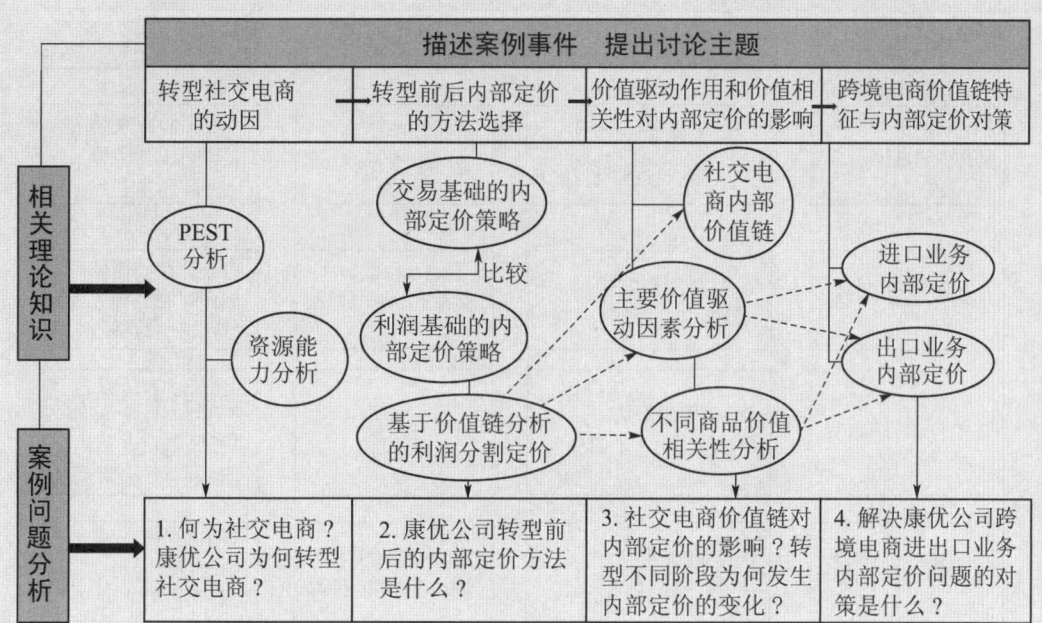

  1. 从直销行业的发展瓶颈、社交电商的发展机会、案例公司拥有的核心资源与能力等角度，讨论康优公司转型社交电商的动因。

  2. 回顾内部转移价格的概念和内部定价的含义；讨论内部定价的常用方法，对比以交易为基础的内部定价策略及以利润为基础的内部定价策略的不同，引导学生理解基于价值链分析的利润分割定价法的优势，以及该方法对社交电商内部定价的适应性。

  3. 分析社交电商内部价值链的构成；讨论价值创造的主要驱动因素，促使学生理解康优公司内部定价时对各主体价值创造贡献的考虑；引导学生识别康优公司业务转型中内部定价的变化，思考不同种类商品或劳务在价值创造上具有相互关联性时内部定价需要考虑的因素。

  4. 根据上述问题的讨论结果，引导学生思考社交电商跨境进口和出口业务价值链活动的特点，以及电商平台、云店等在进出口业务价值创造中贡献的变化情况，引导学生提出解决跨境电商进出口业务内部定价问题的对策，帮助学生形成多层销售渠道和电子商务情况下企业内部定价决策的一般框架。

  （摘引自潘立新等《康优公司：社交电商转型中的内部定价》）

【示例2】
  教师可以根据自己的教学安排灵活使用本案例，本案例分析思路可供参考（如下图所示）。

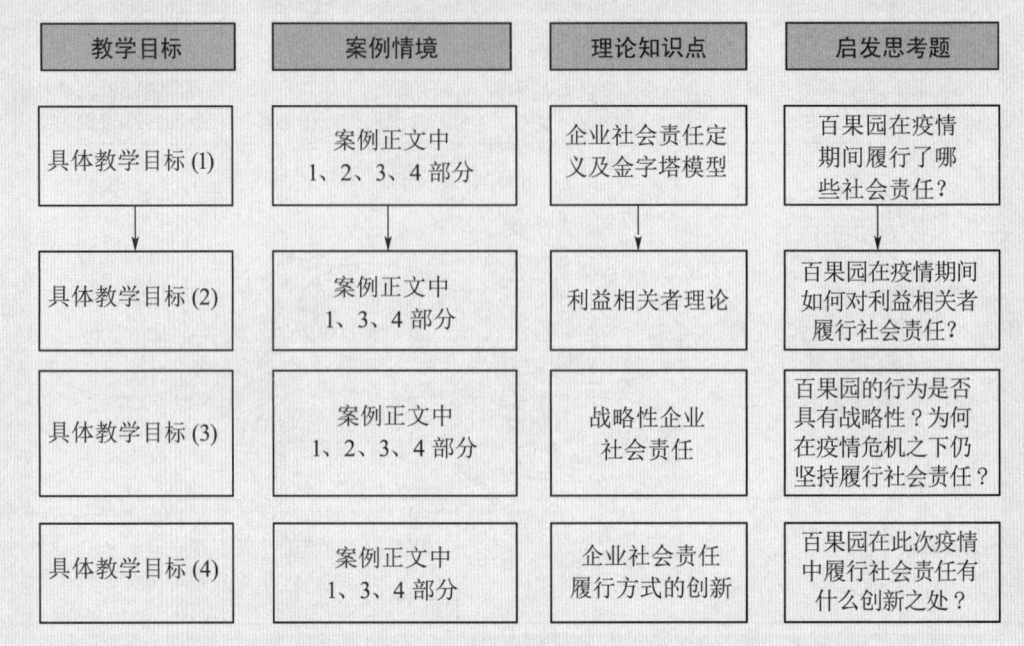

（摘引自郑耀洲《急难有情，以果之名：疫情下百果园的企业社会责任实践》）

【示例3】

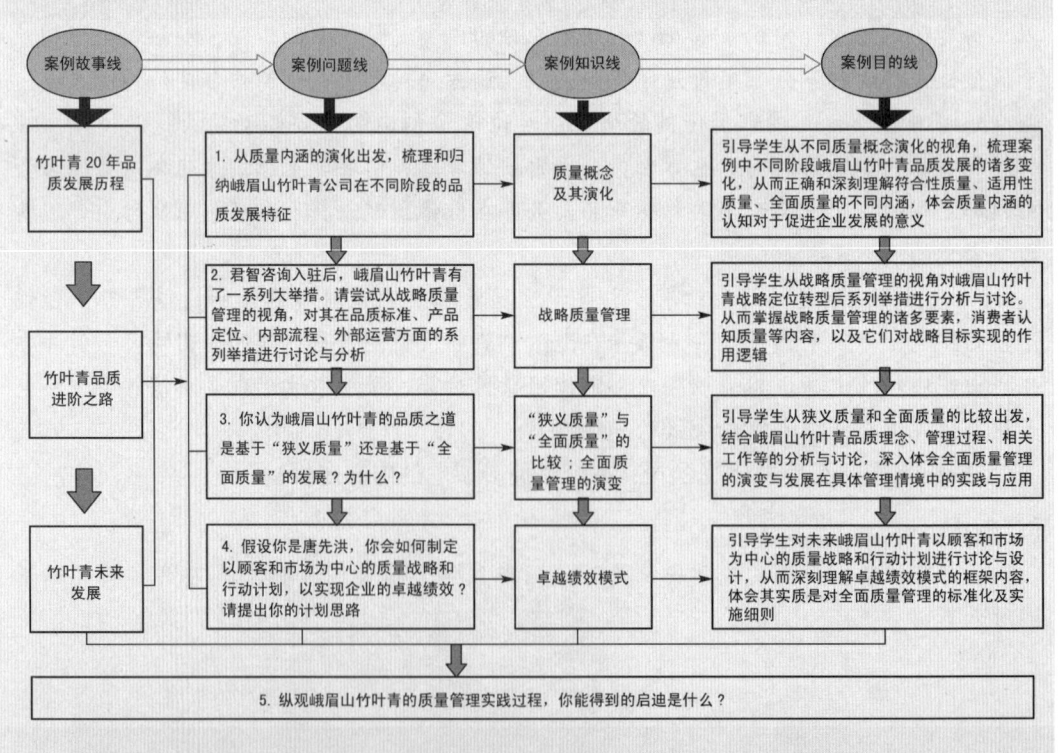

（摘引自石声萍《与己论道，追求卓越——峨眉山竹叶青的品质之道》）

4. 理论依据及分析

一般的分析过程及参考范式如下：

问题1×××？

【问题说明】该启发思考题是本案例的"热身问题"（和"案例分析图"的问题设计思路表述一致）。结合案例正文内容第××部分，在深入理解理论依据××的基础上，查阅××等相关资料（案例附带的材料），提炼、归纳并结合相关理论进行分析。

【理论依据】

（1）××××××（概念）

（2）××××××（原理）

（3）××××××（模型）

（介绍具体理论及相关内容）

【问题/案例分析】

此部分案例讨论的总体思路是"案例—理论"，沿着"启发思考题—案例要点分析—理论分享—小结"的思路进行，可以通过逐层提问引导学生对××进行复盘，进入××管理情境，领会到××意义。

具体案例分析和教学步骤如下：

（1）步骤1：教师抛出第一个问题，引导学生回顾和讨论××，并将学生的答案置于黑板（提出分歧并引出××理论进行理论介绍）

（2）步骤2：第一种形式，可代入教师实际教授过程，进行分析过程的开发。通过××理论和××分析，可以解释××企业的一些行动举措。××企业遭遇的困境为……解决上述问题需要运用××手段/模型。根据上述分析，可以得知××企业……

第二种形式，直接进行案例分析，不代入实际教学过程。案例分析过程按需要设置配图及其他资料。

【示例】

3. 你认为峨眉山竹叶青的品质之道是基于"狭义质量"的发展还是基于"全面质量"的发展？为什么？

该问题的设计目的是引导学生从狭义质量和全面质量的比较出发，结合对峨眉山竹叶青品质理念、管理过程、相关工作等的分析与讨论，深入体会全面质量管理的演变与发展在具体管理情境中的实践与应用。

知识点："狭义质量"与"全面质量"的比较；全面质量管理的演变；全面质量管理（TQM）。

【理论依据】

（1）狭义质量与全面质量：20世纪90年代后，费根堡姆（Armand Vallin Feigenbaum）等人提出"全面质量"概念，目的是持续降低成本，持续增加顾客满意度。与单纯考虑产品质量的"狭义质量"不同，全面质量不仅指最终的产品，同时包括与产品相关的一切过程的质量，涵盖了产品的整个寿命周期。具体差异如表4所示。

(2) 全面质量管理（TQM）的演变：……
(3) 全面质量管理（TQM）：……

【案例分析】
此部分案例讨论的总体思路是"理论→案例"，沿着"启发思考题—抽象理论—匹配分析—小结"的思路进行。具体案例分析和教学步骤如下：

步骤一，对于此问题的分析，教师可以先放映第9块黑板/幻灯片（表4）并对狭义质量和全面质量做一个简要对比的讲解。

然后提问：你认为峨眉山竹叶青的品质之道是基于"狭义质量"的发展还是基于"全面质量"的发展？

为了更好调动课堂同学们的参与度，教师可以将各种选项先列出来，让同学们采取举手表决的方式进行选择，同时在黑板/白板上记录下投票的结果，参考格式如下（表5）。

步骤二，投票表决完成之后，进入"为什么？"的讨论，引导学生结合表4的理论，从对象、目的、相关者、过程、涉及人员、相关工作、培训等维度，对照案例素材进行梳理和匹配分析。先让投票表决结果中票数较少的一方进行陈述，并将其理由的要点书写于黑板/白板上，然后再依次让票数较多的一方进行陈述，在黑板/白板上书写理由要点。

步骤三，学生陈述完毕之后，教师进行本题小结：

1. 结合第1个启发思考题的分析，以及刚刚同学们的观点，我们可以看出，竹叶青公司的品质发展之路经历了从"狭义质量"到"全面质量"的过程，但是，"品质之道"与"发展历程"并不相同。何为"道"？百度百科的解释是：事物变化运动的情况，它即变化之本。那么，竹叶青公司的品质之道也即是品质变化之本，是什么呢？就是在不同阶段对质量工作的不同侧重，这恰恰是全面质量管理演变的内在逻辑。

2. 纵观全面质量管理的演变历史，其发展经历了几个明显的步骤或阶段，即分别着重于产品质量、产品过程质量、服务质量、服务质量过程、经营计划活动、战略质量计划等，具体如图7所示。

3. 结合竹叶青的品质发展历程可以看出，竹叶青最早是从茶叶产品的质量出发来开始其质量管理活动的，这种对产品质量的注重一直持续到了当下。2000年随着成功获得ISO9002体系认证，标志着竹叶青也开始关注产品过程质量，并一直延续到现在。历年产品定位的更新及服务质量的提升，表明竹叶青较早就已将消费者体验纳入质量竞争的组成部分；服务质量过程关注成本的方面在竹叶青案例的"五年期产品提升计划"中得到呈现，说明竹叶青在提供高质量服务的同时也会关注实现这一高质量的成本。由于财务数据的保密性，质量目标与财务目标整合的经营计划在竹叶青案例中没有得到呈现。最后，将质量计划融入企业战略的"战略质量计划"，案例中2018年与君智咨询公司合作后的诸多举措已呈现出这一点。这些具体分析详见表6。

4. 综上，峨眉山竹叶青的品质之道在于与时俱进，是在不同的发展阶段对质量管理进行不同侧重点的部署，且每一个新的质量管理关注点都是基于前面质量管理奠定的基础，不断进阶，不断升华。因此，我们认为峨眉山竹叶青的品质之道是基于"全面质量"的发展。

表4 第9块黑板/幻灯片设计思路
（知识点：狭义质量和全面质量的比较）

要素	狭义质量	全面质量
对象	提供产品（包括服务）	提供产品及所有与产品有关的事物（附加服务）
目的	本组织受益	本组织及所有相关方受益
相关者	外部顾客	内部与外部顾客
包含过程	与产品提供直接相关的过程	所有过程
涉及人员	组织内部与质量直接有关的人员	组织内所有人员
相关工作	组织内部有关职能部门	组织内所有职能或部门
培训	以质量部门的人员为主	组织内所有人员

表5 选择投票结果示例表

狭义质量	全面质量	两者都有	不确定/不知道
支持人数：＿＿＿人 支持比例：＿＿＿%	支持人数：＿＿＿人 支持比例：＿＿＿%	支持人数：＿＿＿人 支持比例：＿＿＿%	人数：＿＿＿人 比例：＿＿＿%

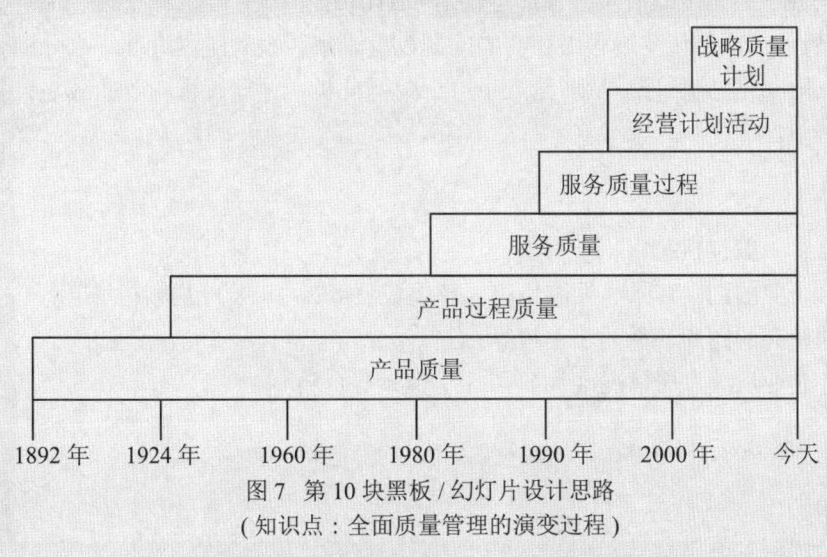

图7 第10块黑板/幻灯片设计思路
（知识点：全面质量管理的演变过程）

表6 第11块黑板/幻灯片设计思路
（知识点：竹叶青公司的品质之道）

全面质量管理的演变	竹叶青公司的例子	标志性事件
产品质量	茶叶	• 1999年独家拥有"竹叶青"商标专用权
产品过程质量	质量管理体系认证	• 2000年获ISO9002体系认证 • 2003年通过了HACCP食品安全控制体系认证
服务质量	关注消费者体验	• 2015年在万隆国际茶叶大会上被授予"中国至美绿茶"大奖后，发现"外形"是消费者对好茶判断的一个重要标准，由此将沿用14年的产品定位标语改为"至美绿茶，至美味道"
服务质量过程	关注提供服务质量的成本	• 五年期产品提升计划（2014—2018）
经营计划活动	暂无呈现	—
战略质量计划	全面质量	• 2018年6月与君智咨询达成战略合作，启动竞争战略布局，新的质量计划随之展开

（摘引自石声萍《与己论道，追求卓越——峨眉山竹叶青的品质之道》）

（笔者注：运用全面质量管理的理论对峨眉山竹叶青在从单纯考虑产品质量到最终实现全面质量管理的转变过程中存在的问题以及未来转型的建议进行了充分的分析和展开，说理透彻，思路严谨。从理论入手进行案例分析，才能直指问题的核心，找到本质的原因。）

5. 背景信息

背景信息一般包括：

①××企业的创立背景、发展历史、辉煌成就等，《×××》视频；

②其他补充的图片、视频、音频等；

③××企业后续发展情况（调研图片、视频等资料）。

【示例】

3. 疫情突发百果园应急响应措施（图片）

> **全力保障供应 共同守护健康**
> 百果园针对目前疫情应急响应措施
> 针对近期爆发的新型肺炎疫情，百果园已成立疫情防控专项小组，实施紧急预案如下：
> ❶ 百果园在疫情区域为一线员工配备口罩，每日进行体温测量等工作。
> ❷ 各区域督导、店长将及时对员工健康状况进行确认，如若发现员工身体有异常症状，将立即停止其工作。安排就医并及时报备。
> ❸ 提升门店消毒措施频次，做到早晚消毒多次，让顾客、员工更安心。
> ❹ 春节期间，为了保障顾客可以买到新鲜水果过好年，百果园全国门店均正常营业。同时，我们提供线上购买，送货到家服务。我们承诺，果品价格保持稳定。
> 同时，百果园呼吁顾客做好防范工作，出门佩戴口罩，减少接触密集人群，外出回家后请立即洗手、洗脸。出现发热、咳嗽等症状，及时就医。

4. 百果园员工原创公益歌曲《无名英雄》视频
   https://v.qq.com/x/page/x3068mj6ecf.html?

5. 百果园"三无退货"的十年时间效果：《十年数据说，可信中国人》视频
   https://www.iqiyi.com/v_19rska8vhs.html

（摘引自郑耀洲《急难有情，以果之名：疫情下百果园的企业社会责任实践》）

6. 关键要点

（1）关键分析点。

①本案例的核心在于突出××理论，帮助学生理解×××，学会××（工具、措施）/本案例分析的关键背景是……一定要紧紧抓住××，结合××理论进行分析；

②在分析××时，一定要紧紧抓住××维度进行对应分析。××才是解决问题的根本。因此本案例分析的关键因素就是××；

③在对××进行分析时，必须和××结合。

（2）关键知识点（对应"理论依据及分析"部分）。

①××××××（概念）；

②××××××（原理）；

③××××××（模型）。

（3）关键能力点（即通过"关键要点"期待学生掌握的能力）。

通过分析和解决问题，使学生在掌握理论知识的同时得到能力的锻炼和提升，具体为：

①基础层面：通过该案例培养学生认识和了解问题的能力、综合分析问题的能力、逐步解决复杂问题的能力。

②升级层面：通过对该案例问题的分析，拓展学生思维，提高学生创造性解决问题的能力。

（4）第一种表述方式。分层进行能力表述：

①对××分析的能力（对应启发思考题×）；

②运用××管理框架进行综合分析的能力（对应启发思考题×）；

③了解和确定××；

④××模式的准则理解与综合应用能力（对应启发思考题×）；

⑤对不同××术语之间逻辑关联的领悟能力（对应启发思考题×）。

（5）第二种表述方式。直接表述对哪些能力的提升。

【示例1——分层表述】

1. 关键分析点

（1）公司在争取正常营业的最困难的一点是其必须满足政府的要求，要在防控基础上进行营业，因此本文案例分析的关键背景因素就是疫情下的特殊性；

（2）在分析公司行为和战略的关系时，一定要紧紧抓住战略型企业社会责任的特征维度进行一一对应分析；

（3）在对利益相关者进行分析时，必须和生态圈伙伴结合，企业在保障利益相关者的利益时，也相应地得到了利益相关者的回报，二者互相创造价值。

2. 关键知识点

（1）企业社会责任定义及金字塔模型；

（2）利益相关者理论；

（3）战略性企业社会责任概念及特点；

（4）企业履行社会责任方式的创新。

3. 关键能力点

（1）识别履行企业社会责任的行为并依据理论归类；

（2）运用有关理论，分析企业如何履行社会责任；

（3）辨析具体的履行企业社会责任的行动是否具有战略性；

（4）延伸思考企业社会责任履责方式的创新。

（摘引自郑耀洲《急难有情，以果之名：疫情下百果园的企业社会责任实践》）

【示例2——直接表述教学分析关键点】

1. 社交电商纵向价值链上从事商品的生产、采购与销售的实体之间的交易活动具有内部市场的特征。由于销售层级多，价值活动复杂，社交电商企业面临较大的内部定价困难的问题。

2. 传统的内部定价采用的是以交易为基础的定价方法，其缺点是无法提供企业利润分布的全局视野，容易出现各主体获利与价值创造的贡献度不一致的情况。基于价值链分析的利润分割定价法更能够体现内部市场参与方对于企业价值创造的贡献，并激励与发展企业价值链的"战略环节"。

3. 当不同种类商品或劳务在实现平台战略或者价值创造上具有相互关联性和价值融合性时，内部定价除了要考虑价值链各组成部分在价值创造上的驱动作用，还要考虑各种商品或劳务的价值相关性。

（摘引自潘立新等《康优公司：社交电商转型中的内部定价》）

7. 建议课堂计划

（1）课堂教学计划。

案例教学对于不同的学生群体特征（包括听课人数、场地等）需要有不同的课堂计划，才能更有针对性地教学，尽可能地增强同学的参与度和兴趣度。

以下课堂计划时间安排主要适用于人数为××人左右的××的班级；在人数可能较少的学术型研究生班级使用该案例时，可灵活调整课堂计划，总的教学时间也控制在××分钟以内。

①课前计划。提出启发思考题，请学生在课前完成阅读和初步思考。相关的课前准备如下。

教师：

a. 制定案例教学计划，确定小组人员构成、讨论步骤及时间安排；

b. 教师根据整理的讨论点及教学计划制作PPT，准备课堂讨论记录纸；

c. 发放案例正文、补充材料及相关参考文献，并提供启发思考题及其完成后提交的说明，可考虑通过在线调研模式来获得学生对启发思考题的初步分析。

学生：阅读案例正文及其他辅助材料，查阅教师提供的参考文献。

②课中计划。开场引言、小组展示与问题回答、讨论总结等。简要的课堂前言，明确主题（2～5分钟）；分组讨论（30分钟），告知发言要求；小组发言（每组5分钟，控制在30分钟）；引导全班进一步讨论，并进行归纳总结（15～20分钟）。

教师：

a. 介绍案例主题，带领学生回顾案例内容，展示启发思考题，并发放讨论结果记录纸；

b. 以小组为单位组织讨论与分析；

c. 采取随机提问的形式对案例启发思考题进行提问，并在每一个问题结束后对学生回答进行点评、总结和完善；

d. 提供案例后续进展；

e. 课堂小结，提供理论支撑，对案例所讨论的知识点进行归纳总结，进行案例讨论深度提炼和强化。

学生：根据课前学习，积极参与案例启发思考题的讨论与分析，并汇报分析结果；小组间对意见相左之处提出质疑、辩论，强化对问题解决思路的认识。

③课后计划。若有必要，请学生通过报告的形式给出更加具体的解决方案，包括具体的职责分工，为后续章节内容做好铺垫。

a. 布置课后学习和报告提交等活动；

b. 建议的课堂计划表。计划表基本结构：阶段—步骤—教学内容—时间安排，课程计划可以以文字或表格、图片的形式展示。

（2）板书建议。

重点展示上课所用到的板书，体现上课讲解的逻辑。板书/PPT展示内容需与"理论依据与分析"部分中的分析过程相联系。

【示例】

本案例建议在"管理会计"课程介绍内部转移定价专题时使用，课前计划、课中计划和课后计划如下。

课前计划：建议提前 1～2 周发放案例正文，请学生在课前完成案例阅读和启发思考题的思考，并利用微信群等方式分组进行线上讨论。在课堂讨论之前要求提交1000 字的小组讨论报告和群讨论截图，确保学生课前对案例的阅读与思考。

课中计划：整个案例课堂讨论控制在 80～90 分钟，讨论的引导过程设计和时间安排见表 3，教师可以逐步抛出问题，引发学生对于案例问题的深入思考和充分讨论。建议在黑板上记录案例讨论过程，形成板书，见图 6。

课后计划：请学生选择一个企业内部主体之间提供商品或劳务的案例，分组搜集相关信息，根据课堂讨论的思维框架，探讨该企业内部转移价格的制定方法以及如何将内部定价与企业战略、价值创造等相关联，改善内部定价的效果。形成案例报告（不少于 3000 字）。

表 3 案例课堂讨论计划

简单介绍案例主题，引入社交电商概念（预计时间：8 分钟）
在提出案例讨论主题之后，询问学生是否使用过"拼多多"等社交电商 APP，是否在社交电商平台上有购物经验？学生可能回答说用过或者至少听说过。请学生说出社交电商与传统电商的区别？学生可能提到，社交电商主要依靠团长或者 KOL 等进行分享、宣传，邀请粉丝或身边的亲朋好友在网络购物平台购买商品，价格比较优惠，而传统电商主要依靠电商平台推送商品等。教师可以总结社交电商具有多层级销售的特点，流量裂变的方式与传统电商存在不同
问题 1：康优公司为何要转型为社交电商？（预计时间：12 分钟）
询问学生康优公司为什么要转型为社交电商？学生可能回答直销业务受到政府严格监管、直销不被社会认可、社交电商有更大的发展空间、社交电商的销售模式与现代人依靠移动互联网的购物模式更相匹配等，教师可以从 PEST 分析视角进行总结。进一步询问学生为什么康优公司能够转型为社交电商？学生会指出，该公司在直销业务中发展了完备的二级销售渠道、较为忠诚的代理商，有合理的内部定价系统等，有助于社交电商业务的发展。教师可以引导学生思考转型社交电商后，康优公司还需要加强哪些资源和能力的建设
问题 2：什么是内部转移价格？康优公司转型前后采用的内部定价方法是什么？（预计时间：20 分钟）
询问学生什么是内部转移价格？学生可能回答它是企业内部商品与劳务的交易价格。教师需要提醒学生内部转移价格不见得局限在一个企业实体之内，但是交易活动必须具有内部市场特征，即服从于企业管理层的组织与指导，定价的目标是建立有效的激励机制并对每个经济主体进行业绩考核。引导学生理解康优公司在生产企业、电商平台和云店之间的转移定价，属于内部定价的范畴。邀请学生列举内部定价的方法，得到的回答可能是成本加成法、市场定价法、协商定价法等。教师让学生思考，为什么案例企业的内部定价往往与平台、云店等的分润比例有关？帮助学生辨识出"利润分割定价法"是康优公司转型后采用的主要内部定价方法，此方法虽然是跨国转移定价中常用的"以利润为基础的定价策略"，但是同样适用于发生在非跨国主体之间的、在内部价值链上转移商品和劳务的中间品定价
问题 3：康优公司社交电商价值链活动对内部定价的影响是什么？在转型社交电商的不同阶段，为什么会发生高、中、低毛利商品内部定价的变化？（预计时间：30 分钟）
要求学生按照波特价值链理论，列出康优公司社交电商价值链的基本活动和辅助活动。教师总结并画出案例公司价值链的基本活动图，引导学生识别云店店主的精准服务和裂变推广作用是该公司价值链的主要驱动因素，帮助学生理解利润分割定价法定价的依据就是各主体价值创造贡献的大小。询问学生康优公司转型社交电商的初期阶段，全品类经营的第一阶段、第二阶段和第三阶段，各主体在高中低毛利商品上的分润比例及变化情况，在黑板上进行总结，画出表 2。进一步询问学生为什么中、低毛利商品在不同阶段的分润比例和内部定价不同，讨论低毛利商品的引流价值和中等毛利商品维持平台现金流的价值，引导学生思考电子商务背景下，内部定价还需考虑不同商品价值创造的关联性
问题 4：解决康优公司跨境电商进出口业务内部定价问题的对策是什么？（预计时间：15 分钟）
询问学生跨境电商进口业务的拼购制属不属于分级销售？引导学生理解拼购团长返现佣金的确定就是内部定价的利润分割；要求学生列出跨境电商进口和出口业务的价值链活动构成情况，识别电商平台、云店等主体在进口和出口业务中承担的作用与国内电商业务有何不同，进而询问学生跨境电商进出口业务应该如何在电商平台和云店之间进行分润定价。综合以上问题的讨论，帮助学生形成多层销售渠道和电子商务情况下企业内部定价决策的一般框架
案例讨论总结（预计时间：5 分钟）
教师通过 PPT 展示，对案例涉及的重点知识和案例分析框架进行归纳总结

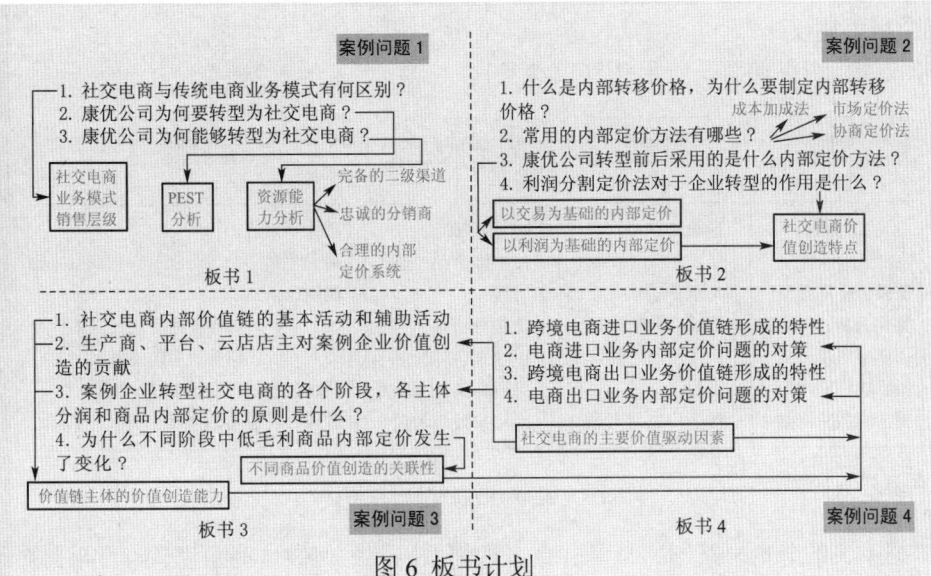

图 6 板书计划

（摘引自潘立新等《康优公司：社交电商转型中的内部定价》）

【示例2】

表 6 建议的课堂计划

步骤		教学内容	时间安排
课前计划	课前准备	1. 通知上课时间与计划。发放案例正文、启发思考题及参考文献	提前一周
		2. 教师需提前了解学生背景（专业、教育、职业等），根据其背景结合本课堂计划合理设计	
		3. 让学生自由分为8组。每组5～6人，为后续课堂讨论做准备。每组围绕案例4个启发思考题进行思考与讨论，准备PPT或word用于课堂展示。其中学生的具体分工合作自行商量。但要上交一份表格，填上每个人在团队工作中的角色和贡献，严禁搭便车现象	
课中计划	开场引言	教师回顾案例所处疫情背景，放映百果园原创公益歌曲《无名英雄》，以百果园在疫情期间坚持开店的抉择为铺垫，点明企业社会责任的主题。参考本案例使用说明列出的启发思考题，引出学生课堂小组展示	10分钟
	小组展示与问题回答	随机抽取4个小组进行展示并回答其他小组的提问，每个小组展示及回答时间控制在15分钟以内。其中问题1、2、3和4(1)可由学生自由展示及讨论回答，问题"在面对重大突发事件时，企业应如何更好践行社会责任"可在老师的引导下作为开放性题目供学生拓展思考	60分钟
	讨论总结	教师就各小组展示及回答进行归纳总结，梳理相关理论知识点。同时画出案例的板书逻辑图。按小组回答次数进行积分排序，对同学的分享给予表扬	20分钟
课后计划	提交报告	每位同学就课堂讨论的启发思考题及涉及的相关知识理论撰写个人书面报告，以进一步巩固相关理论知识点，并以小组为单位提交案例课堂心得体会电子文档，阐述团队分工与贡献、团队成长与不足以及对案例课堂的建议	课后一周内

2. 板书建议

建议课堂板书如图 5 所示（仅供参考）。

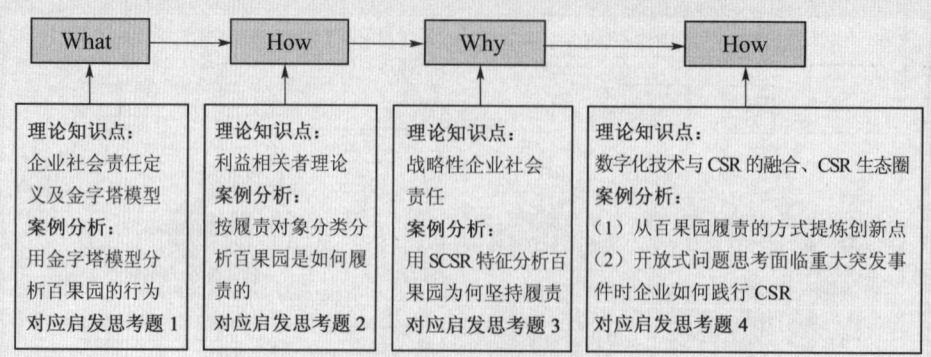

图 5 建议课堂板书

根据本文的分析思路图，从是什么、如何做以及为何做这些角度，对百果园履行企业社会责任的行为进行分析与讨论（见图 5）。

本案例在 2020 年 6 月 14 日线上 MBA 课堂试用过程中，学生踊跃参与，通过本案例的学习，学生能够较好地掌握企业社会责任的有关知识（见图 6）。

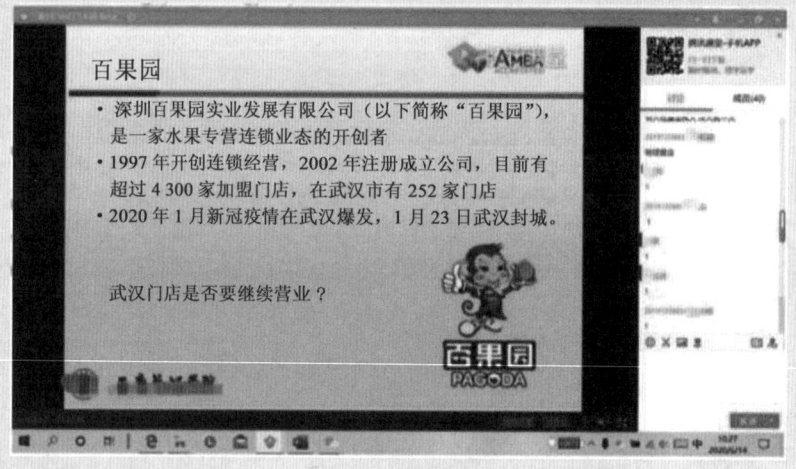

图 6 百果园案例课堂教授

（摘引自郑耀洲《急难有情，以果之名：疫情下百果园的企业社会责任实践》）

8. 案例的后续进展

有以下几种可选择的写法：

（1）在××背景下，××企业进行多次讨论/分析，研究××管理模式，取得了××的结果，但是由于……对于……还需要根据××进行深入研究。

（2）（日期），由于××企业在××期间的××表现，××企业收到了××的感谢信。

（3）案例企业后续发展情况，获得的成就。

(4) ××背景下，××企业的经营发展情况。

【示例】
　　2020年2—4月，由于新冠疫情影响，康优公司销售业绩有所下降，但是5月份疫情好转后业绩逐渐回升并趋于稳定。海外项目的上线也受到了突发疫情的影响被迫推迟，但是新冠疫情发生之后，国家积极倡导跨境电商业务的发展。在此背景下，康优公司加紧了跨境电商进出口业务内部定价的测算和调整。财务部与运营、市场以及招商采购部多次讨论，对跨境电商进口业务拼团模式的价值链进行分析，研究平台与团长的分成比例以及各种税费的管理模式，对于出口业务暂时按照原海外直销业务的内部定价模型进行分级定价与利润分割。但是由于电商商品的品类远多于直销商品，对于出口商品的分级定价，还需要根据不同国家、不同区域的市场特点和销售推广规律进行深入研究。
　　康优公司财务部预计在2020年第三季度制定出一套跨境电商进出口业务内部定价的管理规定与工作标准。
　　（摘引自潘立新等《康优公司：社交电商转型中的内部定价》）

9. 其他附件（补充）
①××企业相关资料的视频链接；
②案例正文故事架构、提问访谈清单（时间、正文目录、启发思考题、课堂提问）；
③准备多媒体教学设备（多媒体计算机、投影仪、电动投影屏幕等），以便在课堂上展示公司相关图片和视频等影像资料及相关媒体报道。影像资料如：……图片如：……并使用计算机查阅网上相关企业信息。
　　根据需求设计支持教学的附件内容。

【示例】
　　准备多媒体教学设备（多媒体计算机、投影仪、电动投影屏幕等），以便在课堂上展示公司相关图片和视频等影像资料及相关媒体报道。影像资料如：公益歌曲《无名英雄》、采访专题片《余惠勇的水果人生》等；图片如：百果园内部家书及鼓励员工的信等；使用计算机查阅网上与百果园相关的报道。
　　（摘引自郑耀洲《急难有情，以果之名：疫情下百果园的企业社会责任实践》）

10. 参考文献
1. ××行业相关参考文献
说明：行业背景知识
对象：教师和学生
要求：推荐查阅
文献目录：××
2. ××相关参考文献
说明：案例核心知识点（或发散思考题等）
对象：教师和学生

要求：要求阅读（或推荐）

……

（案例使用说明字数：××××）

8.5 清华案例库

8.5.1 清华案例库案例撰写基本结构与格式要求

1. 案例正文开发要求

（1）首段要求。

①500～800字之间，直接进入情节叙述，不包括内容简介、关键词等。

②选题为一个组织，而不是两家组织作对比。

③从公司或者主人公角度陈述，清晰描述公司所面临的挑战和困境，以及必须进行的决策与条件。案例库重点收录决策型案例。

④首段展示的问题必须具备充分的争议性或开放性。

（2）案例长度。

①以8000字以内为佳（不含附录）。

②所有的讨论问题均基于案例内容，案例内容应同时具备完整性和聚焦性，而这两点通常是矛盾的，作者应当对内容进行适当取舍。

③附录、引用一律放在文章末尾，先附录，后引用。附录需在正文中用括号标注，如"（见附录1）"，引用文献应在正文中用自动尾注表示。

（3）案例叙述方式。

①以公司为主角，或者以人为主角均可，若是后者应采用第三人称叙述方式。视角唯一，不可在多人之间交替转换。

②案例主体内容主要是叙述挑战和困境的背景，或者是陈述制定决策的条件。对于决策型案例，所有事件发生时间不应超过决策点。

③叙述风格应客观中立，语言平实简单，逻辑连贯无跳跃。

④主观评述仅可表现为引用主角或其他方的陈述，不可出现作者口吻的任何评述。

⑤对于一手资料案例（现场调研并获得公司授权书的案例），引用来自公司之外的信息（如竞争公司、行研报告等）需要遵循引用规范。对于二手资料案例（基于已经发表的文献而形成的案例），引用数据、评述、敏感信息等，需要严格遵循引用规范。

⑥对于内容构架，推荐采用时间顺序记叙。如果时间顺序意义不大，推荐采用模块化的内容构架。尽量避免时间反复跳跃，避免同一事物的发展阶段分布过于分散。

⑦案例开头结尾不需要任何从作者角度出发的案例概述、结论、讨论、中英文简介等。

（4）案例结尾。

如表8-4所示，介绍了案例结尾的几种推荐的叙述方式及不推荐的叙述方式。

表 8-4 案例结尾

推荐的方式	不推荐的方式
（1）基于公司现状，对未来的展望 （2）对开头挑战的重述 （3）对开头挑战的几种解决方案 （4）新问题的浮现	（1）仅仅给出开头决策的答案 （2）作者评述公司措施的好坏 （3）无任何前瞻性、开放性问题

（5）附录。

①附录以 10 个以下为宜，所有附录需注明出处。

②一手资料的引用。公司直接资料写为"资料来源：×××公司"；公司直接资料经过作者编辑则写为"资料来源：作者根据×××公司资料整理"。

③附录数据应简洁明了，尽量去除无意义的冗余信息，可支持案例主题讨论即可。

④图片足够清晰即可，避免因为图片导致文件超过 5M，表格需要自己制作（避免图片截图形式的表格）。

（6）尾注。

①内容注解放在尾注。

②引用文献放在尾注，应严格遵循引用规范。

2. 教学说明开发要求

（1）案例概要。

①300～500 字之间。

②第一部分清晰描述挑战、困难、决策。

③第二部分介绍案例在选题方面的独特性，例如热点或普遍话题、新兴公司或知名公司、现有案例库中鲜有该话题的案例、主人公角度独特等。

④若是独立视频案例，需要具体介绍内容是动画还是现场拍摄所得。

（2）在课程中的定位。

①100 字左右。

②本案例可以用在×××××课程当中，针对有关×××××话题进行讨论。

③对学生是否有事先阅读其他材料的要求，或者需要做何种准备。

④适合×××学生人群，为什么？是否还有其他课程可以分析这个案例。

（3）学习目标。

①学习……

②阐述……

③理解……

④说明……

注：以上仅为范例，不仅限于以上措辞。

（4）相关阅读资料。

①相关阅读资料最少 2 个，建议 3 个。

②可以是某一本书的章节、某个相关的案例、某一篇商业评论的文章、学术文章等。

③如果后续有国际平台投稿意愿，本部分全部选用英文文献。

④格式如下：

例1：张三、李四和王五，《书名》（北京：×××出版社，2018），第20页。

例2：张三、李四和王五，《文章名》第×卷，（年月日）：第20页。

（5）讨论问题。参考范式如下：

讨论问题1……

讨论问题2……

讨论问题3……

（6）教学计划。

可按照如表8-5所示内容自行编排，若有必要可以再添加几句话的说明，例如"本案例适用于90分钟的课堂，其中辅助视频用于×××环节（若有）"。

表8-5 教学计划示例

讨论问题	时间/分钟
案例内容概述、案例讨论热身等	5
讨论问题1	20
例如：此时播放辅助视频	5
讨论问题2	25
讨论问题3	20
分析框架介绍或教授总结	15

（7）讨论问题分析。

讨论问题1：问题在这里重新列出

①建议一共3~4个讨论问题，可以是一个学科的深入分析，也可以是多个学科的综合分析。

②每个分析问题在1500字以上为宜。

③问题必须有可讨论性，建议补充理论框架，也可以补充板书，不建议重复案例中描写的事实性内容。板书放在附录BP-1，2，3……中，建议用PPT制作然后截图，白底黑字即可。

④答案分析内容必须来自案例内容，如果有案例之外未经企业授权的事实，需要额外增加引用。

⑤如果需要插入分析框架作为图表，图表放在附录TN-1，2，3……中，建议用PPT制作，白底黑字即可。

⑥对理论的解释，需要作者用自己的语言重新陈述，并参照大赛引用规范添加尾注，不可直接照搬教材段落。

⑦需要添加附录（TN-1或BP-1等），须在正文中用括号标注，如"（见TN-1：具体标题）"，所有附录均放在最后，不要放在正文中。

（8）案例的实际结局。

如果案例是几年前发生的事情，想当然已经有结果的，尽量添加本段，400字左右即可。如果案例刚刚发生不久，还没有结局，这一段可以忽略。

8.5.2　清华案例库案例正文写作范式

1. 标题

参考范式：

×××××××（楷体五号字）　　　　2021-07-08（Times New Roman 五号字）

×××：××××××

主标题：黑体二号字，加粗。

序言部分：与标题内容紧密贴合，多以介绍企业开头，以问题和挑战结尾。

2. 介绍企业

Y企业成立于××××年，是一家从事××××的企业，现如今已经有××××个运营点。

【示例】

万华化学集团股份有限公司（以下简称"万华化学"）起步于1978年建厂的烟台合成革总厂的一个车间。1998年改制成立烟台万华聚氨酯股份有限公司，并于2001年在上交所上市，该公司是山东省第一家先改制后上市的股份制公司。2013年6月公司更名为万华化学集团股份有限公司。2011年，万华化学收购了匈牙利宝思德化学，开启了全球化战略的序幕。2019年，万华化学又收购了瑞典的国际化工公司。

2020年，万华化学在C&EN全球化工50强排名中位列第32位，并入选ICIS世界化工企业100强。万华化学在2019年还进入了美国《化学周刊》全球化工公司30亿美元俱乐部，位列第45位。到2021年6月，万华化学已经在美国、日本、印度等十余个国家和地区均设有法人公司和办事处，成为全球性的跨国公司，公司拥有5个生产基地，分别位于烟台、宁波、福建、四川以及匈牙利的卡辛克巴契卡。万华化学在全球范围内拥有17 000名员工，近1/3为外籍员工。

（摘引自李东红、陈航等《万华化学的数字化转型》）

3. 抛出问题

随着时代、行业背景变化和公司发展，Y企业面临××××的风险和问题，Y企业将何去何从？

【示例】

那么，万华化学在数字化转型过程中，是如何借助数字化转型实现全球化工行业领军者的目标？如何让数字化转型为企业带来价值？又如何克服数字化转型过程中遇到的各种困难？这些问题是万华化学在数字化转型过程中始终思考的重要问题。

（摘引自李东红、陈航等《万华化学的数字化转型》）

4. 萌芽：介绍企业成立背景

企业创始人×××在一次经历中产生了××××想法，于是Y企业应运而生。

【示例】

　　小米是一家技术至上的互联网科技公司。创始人雷军在北京四环海淀区保福寺桥银谷大厦807室创办小米，创始团队核心由6个工程师、2个设计师组成，核心团队全部拥有技术背景。自诞生就携带技术基因的小米，在5G技术（第五代移动通信技术）上处于领先地位，拥有5G技术意味着拥有面向高端市场的竞争力。

　　小米在2016年就开始针对5G进行研发，并得到了合作伙伴高通的支持。2019年2月，小米在巴塞罗那发布了智能手机小米MIX3 5G版本，合作伙伴高通也将首款5G基带——骁龙X50基带用在了这款机器上面。首发于欧洲的小米MIX成为全球性价比最高的5G手机之一。此外，小米在2020年2月推出的小米10 Pro，拍照能力获国际权威评测机构DxOMark认可，总分124，排名第一。

　　先进的技术背后是小米不断加大的研发投入。2019年，小米研发投入达到75亿元，2020年的研发投入预计超过100亿元，2017年到2020年研发投入的复合增长率为53%。除手机外，小米也自主研发了智能电视与笔记本电脑等重量级产品，成功拓展出了100多类其他产品，其中多款产品销量居世界第一，小米的品类拓展能力得到市场的验证。

　　小米还建成了世界上最大的消费级IOT平台。截至2020年第二季度，小米IOT平台连接设备2.71亿台，连接5个小米IOT设备以上的用户数量达到510万，这让小米成为中国智能生活市场的翘楚。值得一提的是，在复杂的小米生态体系下，小米的创新力获得了全球专业机构认可。2014、2016年，小米两次获得波士顿咨询公司（BCG）"最具创新力公司"荣誉，2015年荣获《麻省理工科技评论》"全球最智能公司"荣誉，2017年荣获商业杂志 *Fast Company* "年度最具创新力公司"奖项。

　　（摘引自王琨、赵子倩、白冰峰等《小米集团：数字化风控》）

5. 启动：企业筹备前期的困难和解决方式，开始起步

　　Y企业面临着许多问题，钱从哪儿来，该建在哪里等一系列问题。后来，通过××××方式解决。

【示例】

　　决定建立思远农业之后，摆在白京波面前的首要问题是公司建在哪？为此，白京波经常辗转于寿光、青州、临淄等地，了解不同地区的农业经营特征。他发现临淄在1984年就种植大棚蔬菜，还早于寿光市两年。其"产、加、销"的农业产业链条日趋完善；生态循环农业、电商农业、休闲农业等新型农业经营方式不断涌现。基于临淄悠久的农业种植历史，浓厚的种植文化以及农业生产的组织化、专业化和社会化水平，白京波认为临淄可以为思远农业的发展提供一个良好的基础。于是，白京波在临淄开启了创业之路。

　　（摘引自王洪生、陈琪、李国瑾、吕玫萱等《思远农业：标准化服务之路》）

6. 前期发展：通过某种方式实现快速发展

　　Y企业通过××××方式打开了市场，又创新采用×××方式实现了快速发展。

【示例】

接下来的时间，俩人忙得不可开交：产品 Logo 设计、注册公司、卫生许可、注册微信公众号等。张喃喃继续改良产品，Denny 实施产品宣传。其间，一篇名为《我眼中的喃喃和乐纯酸奶》的长微博被疯转，两周不到，文章浏览量近千万次。徐小平、王珞丹、冯绍峰等名人也参与转发，乐纯从中收获了 3000 多名种子粉丝。文章详尽描述了乐纯酸奶诞生的全过程，并为读者呈现了张喃喃对酸奶痴迷的匠人精神。文中通过列举种种食品安全问题，引出乐纯的高标准产品理念，突出乐纯"必须健康"的产品定位。文末还加上了最具传播爆点的试吃评价，以及邀请更多人加入试吃团的二维码。如何把一个品牌故事讲得更好，吸引更多的流量，Denny 在此次推文中表现得淋漓尽致（见附录2）。

一切进行得极其顺利，2014 年 5 月 27 日，乐纯公司正式成立，随即乐纯微信公众号"乐纯的伙伴们"也开通了。5 月底，乐纯酸奶正式面世，即使以远高于市场价格的 99 元四盒的定价，首次预售的 120 盒酸奶不到一个小时就被抢购一空（见附录3）。3000 名种子粉丝很快转化为消费者，之后每周一次的限量预售同样火爆。Denny 曾激动地说："这一切都归功于乐纯酸奶的高品质和 3000 名种子用户。"虽然是在微博上的小范围售卖，但好评纷至沓来"味道极纯""就是我想要的""业界良心"。这其中不乏许多公认的资深酸奶吃货。伴着美誉，乐纯酸奶成功出现在大众视线中。

（摘引自王洪生、陈琪、李国瑾、吕玫萱等《思远农业：标准化服务之路》）

7. 遭遇打击：原有方式不适应时代变革，陷入低谷

随着时代发展，Y 企业原有架构不适应时代背景，企业发展陷入危机。

【示例】

随着思远规模的不断扩大，新的问题又显露出来。在农业服务的深化与推进过程中，人手不够成为了阻碍思远发展的主要原因。给农户进行现场培训需要人员、为农户提供技术指导需要人员，作为立志做"北方蔬菜农业技术服务的老大"的思远，如果按照这种模式一直发展下去，除了给思远农业带来巨大的人力资源成本消耗之外，还会影响其服务效率的提高，给思远增添"负担"。因此，如何能够在人员既定条件下，保证更高效的农业服务，成为白京波接下来要思考的问题。

（摘引自王洪生、陈琪、李国瑾、吕玫萱等《思远农业：标准化服务之路》）

8. 进行变革：通过某种方式调整各方面内容，转危为安

Y 企业进行了×××变革，调整了×××结构，获得新生。

【示例】

线上助力发展：建立农保姆 App

万事开头难，决定转型智慧农业的白京波，对互联网方面的了解甚少，如何发展成为白京波首先考虑的头等大事。幸运的是，思远农业多年努力经营的成果引起了国家农业信息化工程技术研究中心的浓厚兴趣。于是，双方展开了深入的合作，共同开发出了"农保姆 App"。

为了保证线上服务的精确性和高效性，白京波及其团队分小组去采集基础数据，将基础测土原始数据、测土配方施肥数据，录入为农服务中心电脑终端服务系统，建立主要作物施肥指标体系，打造精准施肥查询服务平台，从而根据地块位置、目标产量，为农户量身打造施肥方案，明确细化基肥、追肥时间、用量和使用方法，给农户提供个性化服务。白京波说道："在思远的示范基地里，我们已经接入了物联网设备，可以实时监测大棚光、温、水、汽以及作物生长情况，实现对作物生产的全程监控。"物联网的应用，为思远智慧农业的发展提供了保障。

（摘引自王洪生、陈琪、李国瑾、吕玫萱等《思远农业：标准化服务之路》）

9. 未来方向

目前，Y 企业在×××战略下，正努力向着×××目标奋进。或，在未来的道路上，Y 企业将进一步做出××××调整，以实现可持续发展。

【示例】

万华化学致力于实现"成为具有全球一流竞争力的世界五百强企业"的目标，数字化转型是实现目标的重要一环。通过数字化手段提升企业核心竞争力，最终支撑并推动战略目标的落地。在万华化学看来，其在数字化建设方面未来的发展方向包括：第一，加速推动"5G+工业互联网"应用，助力企业绿色、低碳、安全发展；第二，持续推进上云、用云，提高资源配置效率、降低信息化建设成本；第三，利用大数据、物联网等技术，重点推进智慧资产、销售电商、智能物流与供应链等系统的优化应用，提升企业应对疫情等重大风险的能力与弹性。

万华化学已经在试点 5G 智慧园区项目。2020 年，万华化学与华为、中国移动合作，在山东烟台打造智慧化工园区项目，在园区内通过 5G 技术支持人脸识别、智慧公交等应用，实现化工园区的智慧化管理。这也是万华化学开启未来数字化之路的第一步。

万华化学对推进未来的数字化转型充满信心，这一过程也有各种不确定性和风险。随着国内数据隐私意识的觉醒，万华化学如何在未来确保系统的数据安全？数字化系统建立后，如何通过数字化系统防控企业的合规风险？数字化转型之路道阻且长，万华化学在数字化转型方面所确定的未来走向是否可以如期实现？这些问题都值得进一步深思。

（摘引自李东红、陈航等《万华化学的数字化转型》）

10. 附录及尾注

附录1：×××××××（黑体四号 加粗）

资料来源：××××（宋体小五）

附录2：×××××××

尾注：

×××××××××××××××

【示例】

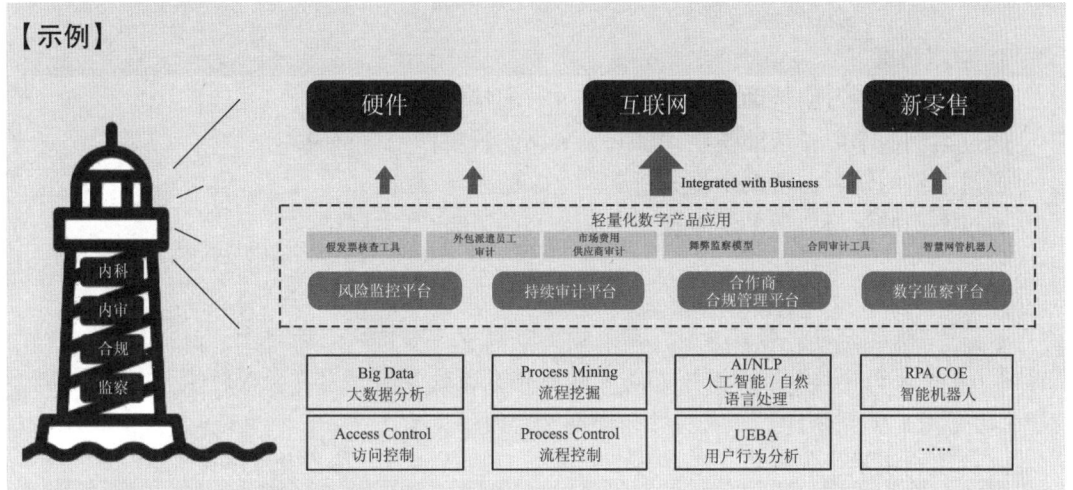

8.5.3　清华案例库案例教学笔记写作范式

1. 案例概要

介绍案例背景，包括企业发展历程、发展转折期、解决的问题、案例概括。

【示例】

　　Bilibili（后文简称B站）创立于2009年6月，其前身是视频分享网站Mikufans。初始的B站只是用来分享视频、为二次元用户提供稳定弹幕的视频网站，也仅有基本的几个功能：评论、弹幕、看视频和投稿。历经11年，B站从单纯的以ACG为主的网站发展成为一个综合型内容网站，其业务内容和业务范围发生了较大的变化，其影响力也在逐渐扩大并成功出圈，一些原来和B站没有关联的人也开始使用B站。然而，B站也不断遭受原有用户的质疑，他们担心B站变味儿了。

　　（摘引自刘璞、刘丽静、徐悦、李鑫圭、甄轶泽《B站11年：商业模式变革之路》）

2. 在课程中的定位

适用课程：本案例适用于……的学习。

适用对象：本科、MBA、MPAcc、EMBA等，对不同对象的内容侧重点和学习要求应有所区别。

【示例】

　　本案例主要适用于"营销管理""市场营销""商业模式创新"等课程中有关商业模式构建与创新等相关知识点，适合 MBA 和 EMBA 学生、本科经管类学生及其他有意愿了解企业商业模式、商业模式创新的人员。

　　（摘引自刘璞、刘丽静、徐悦、李鑫圭、甄轶泽《B 站 11 年：商业模式变革之路》）

3. 学习目标

通过案例的学习，帮助学生了解×××的特征/影响/表现；

通过案例的学习，帮助学生理解×××的重要作用/特征；

通过案例的学习，帮助学生分析×××的差异/原因；

通过案例的学习，帮助学生梳理×××的策略/基本规则。

【示例】

　　通过案例的学习，帮助学员了解在创业过程中，如何从影响因素、创业类型、识别过程等几个方面把握创业机会，获得发展先机；通过案例的学习，帮助学员理解蒂蒙斯理论的应用，学会分析创业成功的必备要素之间的关系。

　　（摘引自王洪生、陈琪、李国瑾、吕玫营《思远农业：标准化服务之路》）

4. 相关阅读材料

（1）相关课程的教材：作者，《×××》（××××出版社，××年×月×日），第×章，××页。

例：杰弗里·蒂蒙斯编，《创业学》第六版（人民邮电出版社），第二章，31 页。

（2）相关主题的论文：作者，《×××》，出版单位，卷号，（××年××月）：第×× - ××页。

例：魏云捷、徐大为、杨一帆、胡毅、乔晗、汪寿阳，《商业模式变革研究：TCL 案例》，管理评论，28，2016：251 - 256。

5. 讨论问题

结合××企业发展现状，试分析××是在怎样的背景下转型的？

结合……相关知识，分析××是如何……

在转型过程中，运用了何种发展策略，实现了进一步的突破？

××模式有哪些特点和好处？

××面临的机遇和挑战。

××面临的内部环境和外部环境。

【示例】

　　请对良品铺子进行品牌体系建设面临的环境因素进行分析；良品铺子如何提升消费者对高端品牌的认知？请说明良品铺子当前的品牌运营现状如何，为什么要考虑多品牌战略？

　　（摘引自胡左浩、孙倩敏、赵子倩《良品铺子：如何构建品牌体系？》）

6. 教学计划

本案例用于相关课程中的案例讨论，建议课堂教学时间为 90 分钟。供参考的课堂教学计划如下，授课教师可根据具体情况自行调整。

（1）课前计划。

授课教师在课前将案例正文发放给学生，要求学生提前阅读并查找相关资料，熟悉案例内容以及案例涉及的市场和行业基本情况。

（2）课中计划。

①案例引入（10 分钟）：授课教师对案例企业及其行业基本情况做一个简单介绍，确定案例讨论的主题并聚焦问题进行讨论。

②各组陈述意见（50 分钟）：将学生按 4～6 人进行分组（也可根据上课学生人数调整），围绕讨论问题进行小组讨论，归纳形成统一意见。

③案例深入总结（30 分钟）：授课教师回顾讨论过程，进行简单评价，对案例讨论的逻辑线索和各部分的知识点做一个串讲，加深学生的理解。

（3）课后计划。

要求学生小组在课后围绕×××问题进行进一步深入讨论，形成一个完整的战略方案，以小组为单位提交给教师，形成案例分析报告。

7. 讨论问题分析

可以直接进行问题的分析，理论分析和案例分析融合在一起，按照"【理论依据】""【案例分析】"的模式展开。

【示例】

【理论依据】基本竞争战略

【案例分析】

如《品牌李宁：V 字反转的秘密》，张志勇进行"品牌重塑"计划时考虑到了什么因素，又为什么失败了？

一个真正优秀的品牌，应该是植根于企业自身能够给予的、消费者最需要的、竞争者没能提供的空间内。

此问题的目的在于学习品牌定位。特劳特认为，定位就是在顾客心中针对竞争建立优势位置，出于这个观点我们提炼出三个关键群体，企业自身、消费者和竞争者（也可以理解为差异化竞争），这三个角度构成了品牌定位（见附录 TN-1：LI-NING 的品牌定位）。鉴于此，教师可引导学生从这三个角度概括张志勇时期"品牌重塑"的考虑因素，失败原因也可从这三个角度阐述。其他原因在后文列出作为补充，供教师引导学生扩展思考。

（摘引自王崇锋、于文青、刘欣荣《品牌李宁：V 字反转的秘密》）

8. 案例后续进展

受××××影响，项目最新的发展情况是……

×××预计将推出××××方案，进一步推进×××发展。

在××方面，不断挖掘……

在××方面，及时调整……

【示例】

《国谊赛:大漠之路在何方?》:"在第五届国谊赛落幕之后,国谊体育以活动主办方、活动协办方和战略合作伙伴的身份组织了较多赛事活动。"(如表1)

表1 国谊体育组织的其他赛事

赛事组织身份	赛事名称	赛事概况
活动主办方	国谊黑威戈青少年夏令营	2019年8月9—14日在内蒙古乌兰布和沙漠举办,通过沙漠体验、沙漠生存、公益环保等活动促进青少年的心智沟通、团队协作、情绪管理
	贡嘎雪山徒步行	2019年9月29日—10月4日在四川贡嘎雪山举行,是针对国内外商学院师生、校友代表、商会代表、企业家或企业代表的国谊福利系列活动
	Relay100团队百公里接力赛	2019年11月10日在江苏昆山森林公园举行,赛事分为100公里团队赛和3公里少儿赛
活动协办方	萨洛蒙越野跑	2019年9月22日在苏州虞山举行,赛事规模为15公里轻野商学院5人团队赛
战略合作伙伴	首届中国犀鸟谷山径极限越野挑战赛	2019年9月18—29日在云南盈江举办,赛事分为:5公里湿地公园欢乐跑、38公里田园风光轻越野、100公里探秘犀鸟谷挑战

资料来源:作者根据国谊体育官方公众号的发布信息整理。

9. 附录

参见陈明,刘向阳,常露《家在哪里,事业就在哪里》——温氏集团"让爸爸回家"责任品牌培育与推广案例。

10. 课堂板书设计

【示例】

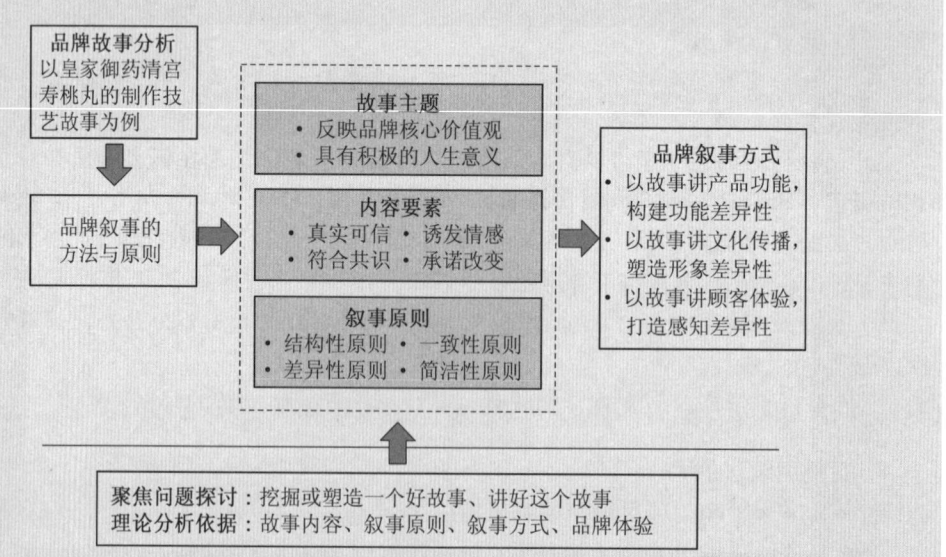

(摘引自王洪生,李瑞雪,朱萌萌,刘怡宁《百年积淀,承古立新——达仁堂品牌故事寻迹之路》)

第3部分

新文科背景下管理案例的教学应用

第 9 章 案例教学的定义与发展历史

要做好管理案例的开发，了解管理案例用于教学时的情境就变得十分重要，否则，开发的管理案例不适合教学，就失去了案例开发的意义。因此，要认真了解案例教学的定义、发展历史、需求与特点、设计原则和实施体系等。

9.1 案例教学的定义

本书所言的案例教学特指管理案例教学，它是一种兴起于 19 世纪后半叶，基于将管理实践和管理经验融入具有代表性案例的方法，是一种被实践证明行之有效的引导学生思考管理问题的教学模式。

案例教学是一种开放的、互动的新型教学方式。通常，案例教学要经过事先周密的策划和准备，要使用特定的案例并指导学生提前阅读，要组织学生开展讨论甚至争论，形成反复的互动与交流。同时，案例教学一般要结合一定的理论，通过各种信息、知识、经验、观点的碰撞，来达到启示理论和启迪思维的目的。

20 世纪 80 年代，案例教学被引入我国的 MBA 学历教育，并且在今天得到了更广泛的应用。案例教学方法强调学生是知识的主动建构者，教师对学生的知识建构起帮助和促进的作用。根据专家的研究，把案例引入课堂教学，有几方面的作用：一是根据一些理论框架来解释实践；二是将科学理论与实践融合起来，以构建独立的理论知识体系；三是将已经构建的知识和原则应用到具体的情境和事件中去。

9.2 案例教学的发展历史

1. 初见雏形

国内案例教学最早的雏形可以追溯到我国的春秋战国时期，诸子百家在著书论说的时候都会采用大量的民间故事来阐发事物的内在规律，比如大家从小就耳熟能详的"龟兔赛跑""守株待兔"等故事，还有"子非鱼安知鱼之乐""白马非马"等就是从生活中的小事提炼总结出的哲理，被国人所广泛引用。

这种利用案例进行道理阐述的方式在我国古代的史学和医学领域更是被广泛使用。比如司马光的《资治通鉴》就采取了一事一议的方法；李时珍的《本草纲目》里也采用了大量的临床案例来帮助读者对症下药。

西方案例教学的先驱者，著名的教育家、哲学家苏格拉底所创造的"问答法"教学就是现代案例教学的雏形。他的学生柏拉图师承了这种教学方法，将其编纂成书，通过一个个故事来说明道理，创造了历史上最早的案例教学法。

2. 生根发芽

19 世纪后期，"苏格拉底方法"被当时的哈佛法学院院长引入哈佛大学的法学教育体系中。案例一词英文为"case"，译为"判决后的案件"，可以看出最早的案例教学就是用在法学领域，教师以判决案件为教材，引导学生思考和分析问题。

1870 年，美国哈佛法学院院长克里斯托弗·哥伦姆布斯·朗德尔（Christopher Columbus Langdell）创立了判例教学法（case method），被誉为案例教学法的"先驱者"。在他的律师生涯中他的表现并不出色，但是他研究和写作的才能在案例教学领域大放异彩。

朗德尔之所以在法学院率先采用案例教学，是因为当时的法律教学背景是按照"德怀特法"（Dwight method）来进行教学的。该方法以美国哥伦比亚大学教授德怀特命名，是一种"讲授、背诵材料和练习相混合的方法"，其考试就是靠背诵的记忆力。这样的教学方法使得学生处于一种被动的状态，无法调动学生的积极性，培养出来的学生也无法胜任处理复杂案件的工作。

朗德尔的教学思路受当时盛行的经验主义的极大影响，他在其著名的《合同法案例》（Selection of Cases on the Law of Contracts）一书的前言中说："有效地掌握这些原理的最快和最好的途径（如果不是唯一的）就是学习那些包含着这些原理的案例。"

由于这种教学模式迎合了英美法系国家以判例为法的法律特点，因此这种教学方法得以迅速传播，直到 1920 年，案例教学法确定了其在法学教育中的主导地位，并延续至今。

3. 开枝散叶

案例教学法不仅在法学领域发挥了作用，在医学领域也备受青睐。当朗德尔在哈佛大学法学院大力推行案例教学法的同时，哈佛医学院也引入了案例法教学模式，即采用临床实践和临床病理学会议两种案例教学的形式，对当时传统的医学教学进行改革。

哈佛的医学院将案例教学分为临床实践和临床病理学会议两种形式，到了 20 世纪 30 年代，美国大多数的医学院都采用了这种案例教学模式。

4. 百花齐放

哈佛在 1908 年创设工商管理学院，由经济学家盖伊（Edwin F. Gay）担任首任院长。他认为企业管理教学应尽可能仿效最成功的职业学院法学院的教学法。但是由于当时商业领域缺乏可用的典型案例，这种情况一直持续到 20 世纪 20 年代，因此商业案例教学的进展都十分缓慢。

1919 年，多汉姆（Mallace B. Donham）担任哈佛大学商学院第二任院长。出身于法学院的他看到了很多法学和商学案例教学的关联性，为此他向企业界募集了 5000 美元，邀请著名的营销专家奥兰德（Malvin T. C. Opeland）教授专门从事案例开发工作。1921 年，经商学院教授的投票，把商业院用的教学方法从"问题法"正式定名为"案例法"。

更重要的是，多汉姆还专门拨付资金建立了商业研究处，为案例的开发投入了大量的人力物力，既保证了哈佛商业教育拥有充足的案例来源，又保证了哈佛商学院在商业教育中案例教学的倡导者地位。

到 1922 年之前，哈佛商学院案例方面的书籍被 85 所学院采用。到了 20 世纪 40 年代，哈佛打开了大门，开始大力推广案例教学。自 1946 年起连续 9 年，先后请来 287 位外校的高级学者参加他们的"人际关系"课的案例讨论，开始争鸣辩论。1954 年，哈佛编写出版了《哈佛商学院的案例教学法》一书，同时出版了《哈佛案例目录总览》，建立了"校际案例交流中心"，对澄清有关概念、统一术语，就案例教学的功能与意义达成共识起到了良好的推动作用。

可以说，现代案例教学起源于哈佛法学院，发展于哈佛医学院，成就于哈佛商学院，在这个过程中哈佛大学功不可没。

第 10 章 新文科背景下管理案例的教学

10.1 传统案例教学

无论是以 MBA、EMBA、MEM、MPAcc 为代表的高等学校教育,还是以成年人为主要教学对象的企业培训,成年人的相关特点决定了案例教学流行的必然。

10.1.1 成人学习的特点

1. 具有独立人格的自我导向能力

成年人希望作为一个具有独立人格的人去参与一切活动,希望别人尊重他的独立地位和活动能力,照本宣科式的传统教学方法,必然受到他们的抵触。

2. 具有丰富多样且个性化的经验

成人承担了多种家庭角色和社会职责,已积累了一定的生活经验和社会阅历,学习需求、兴趣、动机的形成及学习内容的选择很难不受影响。

3. 学习目的明确,关注解决问题

成人学习主要是为了提高自己适应和履行职责的能力。明确的学习目的,使成人在学习中以解决当前面临的问题为核心,追求学习的直接有用性和实效性。

10.1.2 案例教学的特点

合适的往往是最好的,案例教学这种教学方式适应甚至发扬了成人学习的上述特点。案例教学的关键特征,主要表现在以下两个方面。

1. 鲜明的教学目的性

这个目的主要是培养学生的独立工作能力。这里所说的"工作能力"有着广泛的内涵,概括了学生今后管理职业生涯中所需的一切主要能力,包括自学能力(快速阅读、做札记、抓要点、列提纲、查资料、演绎与归纳、计算等),解决问题的能力(发现与抓住问题、分清轻重主次、分析原因、拟定针对性的各种解决方案、权衡与抉择、总结与评估等),人际交往能力(书面与口头表达、辩论与听取、小组的组织与管理等)等各个方面。可以说,案例学习全过程的每一个环节,从案例预习到最后呈交书面报告,无不贯彻着独特而又明确的目的。

这种教学目的性不但反映在单个案例的学习中,而且反映在整个案例教学的全套设计上。在学生通过众多的、表面看来互不相关、支离破碎的、然而实际上却是经过精心选择、用心安排的案例学习活动,在反复的分析与决策实践中,举一反三,由此及彼,经过不断对比、归纳、思考、领悟后,会建立起一套适合自己的独特且有效的思维与工作体系

(包括程序、方法、手段、基本观点、价值观等)。这个缓慢而艰巨的自我参悟过程，将带来学习与工作能力的升华与质变，可以说是案例教学最宝贵的特点与最核心的目的。

有些案例教学的怀疑者与反对者指责"一个个案例涉及的全是很狭窄的、很局部的情况"，不如系统的知识讲授与通则教育。但他们忘了量的积累可以导致质的跃变。据统计，一个两年制的哈佛企业管理研究生，在校两年中可接触与分析600～700个大小不同的案例（一说1200多，平均每个学习日约分得2个案例作业）。经过这种锻炼，他们的分析与决策能力大大提高，多能在讨论中口若悬河，讲解得头头是道，见解精辟，语惊四座。美国大企业的高级经理中，哈佛硕士生比重颇大，不能否认这种锻炼是原因之一。学校中传授的知识再多、再先进，到实践中也会不足，也会过时；而在自学中领悟出的有效工作体系，却能受用无穷，终身得益。"为将之道，存乎心。"这种可意会而不可言传的独特财富，正是在长期学习与实践中勤学苦索的宝贵心得。

案例教学要求学生从案例中发现问题、拟定解决方案，并参与课堂讨论、交换意见，形成有创意的结果，这样利于培养学生独立思考的能力。案例教学是针对性地运用理论知识分析解决实际问题，它不仅要求学生知其然，而且要知其所以然，从而既加深学生对教学内容的理解，又提高他们实际操作的能力。案例问题的解决方案可能有多种，丰富多样、充满个性的经验使案例教学更加生动精彩。由于案例教学法非常重视其结论的思考过程及解决问题的方法，又可以不断培养、提高学生分析问题和解决问题的能力。因此，案例教学是最节约时间、成本最低的"社会实践"。针对解决问题的教学方式是学生所期望的，案例教学恰好迎合了这一需要。

2. 高度的拟真性

案例教学法大多采用与实际生活紧密相连的事例，要求学生以当事人身份身临其境地解决问题。案例强调的是自学效果，不是由教师对学生进行保姆式的"知识喂养"，而是放手让学生自己去摔打摸索。因此，案例绝不是一揽子包装精巧的"知识食品袋"，所有的信息都以"半成品"状态提供得完备清楚，井然有序，一目了然，只待你"如法炮制"，便能全盘吸收。正相反，案例中的问题往往若隐若现，并不太明确，信息的提供也往往是含蓄的、零乱的，一些数据、素材需要作一定加工、演算、推导，才能使用。

常听有学生抱怨说："这案例是啥玩意？颠三倒四，乱七八糟，吞吞吐吐，不痛不痒。"殊不知这或许正是开发者的苦心，是为了加强拟真性，因为真实的生活正是这样，没有人会把信息搜集、加工、整理得有条不紊，万事俱备，只需要自己作决定，所有事情都需要自己完成。学生需要锻炼这种能力。案例开发者还常用些障眼手法，如对细枝末节的问题加以渲染，对实质问题反而半掩琵琶，或提供一些无关的冗余信息。这并非是文字不精或未得要领，而是现实生活总是情况杂陈，茫无头绪，需要去伪存真，去粗取精。案例开发者甚至有时会故设"迷宫""陷阱"，提供点错误信息，如假借文中某角色之口，说出某种结论或看法，若不加分析，照单全收，先入为主，就会上当。

另一方面，进行决策所"必需"的有用信息，案例中却不一定都有。这不是开发者的疏忽，而是因为现实中的决策，往往是在信息不全的条件下作出的。缺少必要信息，就要作估计、假设与判断，这就带来了不确定性与风险。但现实中的决策哪有毫无风险，有

100% 成功的把握呢？管理者要有估计风险与收获的可能性大小，权衡利弊，果断取舍的能力。案例教学正是要培养这种能力。总之，案例尽量拟真，情况常是真假参半，藏头去尾，一捆乱麻，以迫使学生去观察、思考、分析、整理、假设、判断、比较、决策。这正是案例的特点与优点，能充分调动学生的积极性、主动性和创造性，达到良好的教学效果。为激发个性的发挥，案例教学不失为佳选。

10.1.3 案例教学的典型模式

总结哈佛大学商学院的案例教学，可以得出一个案例教学的经典模式。

1. 案例形成

在哈佛学习的两年里，MBA 学生要学习 500 多个案例，以体验在商业中的真实生活。这些案例覆盖商业运作和企业管理的各个领域——从金融服务到生产制造，从产品营销到人力资源，从海外战略到私人领域，从企业到公共机构，从地方到全球。它们是由大学教员和他们的研究助手在主题案例涉及的企业花上几周甚至几年时间，详细设计企业的背景、面临的问题或决定、管理人员的观点，在综合上述内容的基础上精心编写的，是对真实的商业情形较为详细的记录。

2. 教学过程

一般情况下，学生个人先对提前发放的案例花费若干个小时进行研究，然后在一个 4～6 人的小组里适当地做出一个定量分析，最后再到班上检测自己的想法。这个班的物理课堂是哈佛设置的一个圆形剧场式的教室，它是为案例教学特别计划建造的，同一个年级的 90 名学生每天大约有 4 个小时在这里度过。面对一个真实的案例，偌大编队天天一起工作，他们不仅学习到商业和管理的课程，而且可维持这种足以影响他们一生的关系。

班上的每一节课都是从点名开始的，教授假装叫到一个特殊的学生，由这名学生开始陈述案例以启动整个课程进入思考部分。在一年的课程里，每个学生至少被叫到一次，而且随机点名，所有学生都必须随时做好准备。

从提出问题到得到答案，全体同学聚精会神地沉浸在分析、辩论、洞察和充满激情的说服与被说服中。因为每个学生 50% 的评分依靠课堂参与，所以每个人都从贡献智慧中获得灵感和收获。

3. 教师角色

在传统教室里，只有一个特别的声音，就是教授发出的。但哈佛的教授不是独唱者，而是一个每天编奏一场激情讨论的乐队指挥，导演了一间屋子里面 90 个人分析综合所遇到问题的壮观情景。通常情况下，哈佛教授就是这些被讨论案例的开发者，是这些真实案例的见证者，他参与到课堂或通过自己亲历过的录像来回答问题，并揭示事实最终是怎么扭转的，这是课堂强有力的辅助手段。教授也通过日新月异的科技手段丰富完善自己的教学内容。

图 10-1 简单归纳了案例教学的一般模式。

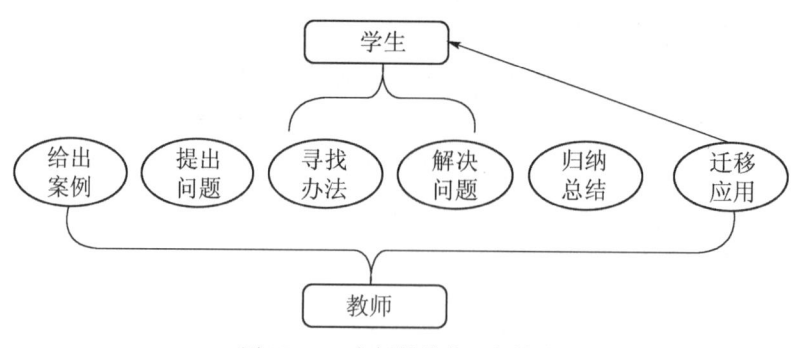

图 10-1 案例教学的一般模式

案例教学的一大特点是,课堂上很少有一种两全其美的解决方案。正因为如此,通常可以使参与者在两难抉择中,对案例所涉及的因素有一种深刻领悟,产生一种清晰的想法。这些进步表现在怎样运用适当的技术分析评定问题,增长新见解,怎样处理那些真实商业情形中零乱无序的状况等。

10.1.4 传统案例教学的局限性

在传统案例教学中,案例使用侧重于配合理论讲解,而不是通过建立情境模型,用结构化方式解构情境,通过情境变换讨论相关理论。在这种案例教学模式下,情境始终作为一个黑箱被处理,学生更习惯于凭借主观直觉而不是结构规范描述和分析问题,其结果是割裂了案例教学中理论与应用情境的深度联系,弱化了教学效果。

管理案例教学使学生把管理看成科学知识的技术应用,管理者也是一位高级技术人员,重技术轻德行,重控制轻领导。教师的教学受到每个案例的教学指导指引,学生的学习过程表面上是积极参与、平等的,但实质上是被控制的,整个课堂受教师评价的控制,学生不得不参与其中。学生的答案受到教师的理想答案的控制,参与其中等于是猜测教师的意图。管理学习者发展起来的不是民主性格和民主行为,而是学会了为了使风险最小化和保全面子遵从大多数和错误的伪装等不恰当行为。案例课程也没有培养起管理学习者的合作精神,培养出来的是一个个以自我为中心的好胜的独行侠。他们均希望成为团队的领导者,而不是扮演团队中的一员①。

10.2 新文科背景下案例教学的创新路径

新文科背景下,案例教学创新的重点在于引入真实的管理情景,引导学生进行知识与能力的自我建构,这里介绍业界学者提出的"情境化—去情境化—再情境化"的探究式案例教学模式②观点,即案例研究包含从理论析出到理论验证的完整过程,具有高度结构化的研究范式,并且涉及单案例和多案例研究等多种形式。将案例研究的逻辑和范式引入到案例教学中,通过科学合理的教学组织、引导学生参与到探究过程中,有助于训练和培

---

① 向眉. 经验—探究取向工商管理案例课程开发研究 [D]. 重庆:西南大学,2018:19-24.
② 赵航. 基于"情境化—去情境化—再情境化"的探究式案例教学模式研究 [J]. 管理案例研究与评论,2015,8 (3):284-290.

养学生结构性的探究思维和规范的探究能力，有助于提升学生将理论与实践相结合的能力。

1. 情境化—去情境化—再情境化的探究式案例教学逻辑框架

如图10-2所示，探究式案例教学存在两条探究路径，一条是从情境到理论的理论构建路径，即从情境化到去情境化的过程。情境化是把研究对象及相关活动置于具体情境中而形成系统的整体；去情境化则是通过研究和分析，再逐步抽象出具有普遍性的理论规律。另一条为从理论到情境的情境还原路径，即从去情境化到再情境化的过程。再情境化是将理论还原到新情境中的过程。

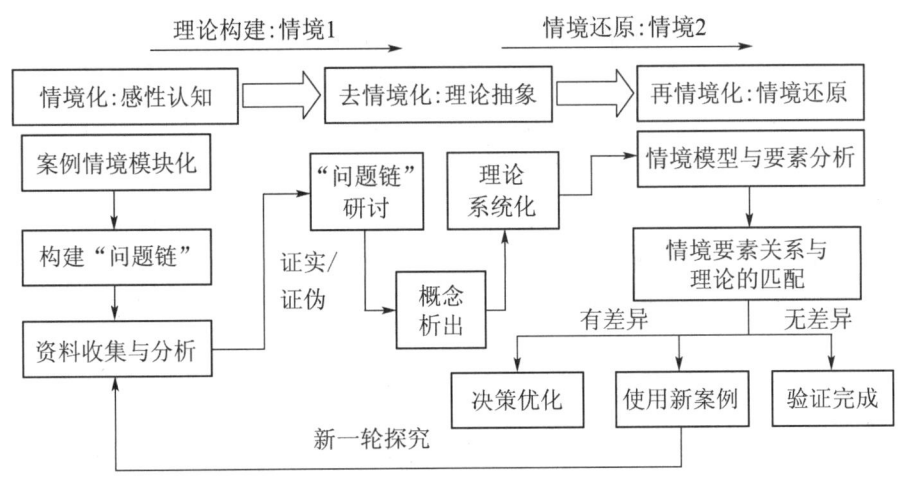

图10-2 基于"情境化—去情境化—再情境化"的探究式案例教学逻辑框架

理论构建是通过归纳既有知识和经验，形成理论假设，再应用案例对假设进行验证，从而引导出新的理论概念或者机理的过程。由于案例情境并不具有适合分析的结构化特征，因此，首先应构建情境模型，将需要通过探究得到的理论与具体情境相结合，隐含于情境当中，之后再依据情境逻辑构建"问题链"。问题链的构建过程隐含了需要得到的知识点和理论假设，是引导学生将既有经验、既有知识与新知识相结合的过程，也是为分析案例构建研究框架的过程。缺少了"问题链"，学生在案例分析过程中会过分依赖经验和直觉，不利于归纳总结出结构性的理论。围绕问题和假设，对案例情境中相关要素的词频和要素间关系进行分析，对管理决策及相关结果进行讨论，完成对"问题链"的回答，析出新的理论概念，建立新的理论框架。

由于"问题链"的构建能够形成相关理论假设，所以对问题链的讨论也是对理论假设进行证实与证伪的过程。情境还原是将析出的理论在新的情境中进行还原，这除了能验证理论、强化学生对理论的理解之外，还能够训练学生探究抽象的理论在现实情境中的体现和应用。与情境化不同，再情境化的逻辑起点是理论，要求学生在既有的理论框架下，对新的情境进行分析。因此，需要引入新的案例，在理论指导下，抽提情境中的要素，分析情境要素的内在关系，对要素间关系与理论逻辑进行匹配分析，一方面验证理论的正确性，另一方面判断案例情境当中的管理决策或各项管理活动是否存在优化空间并进行优化。

2. 管理情境模块化

情境模型由时间、空间、因果、目标和参与主体五个维度构成，从工商管理案例特点角度出发，可以将案例情境分成如图 10－3 中的六个模块。

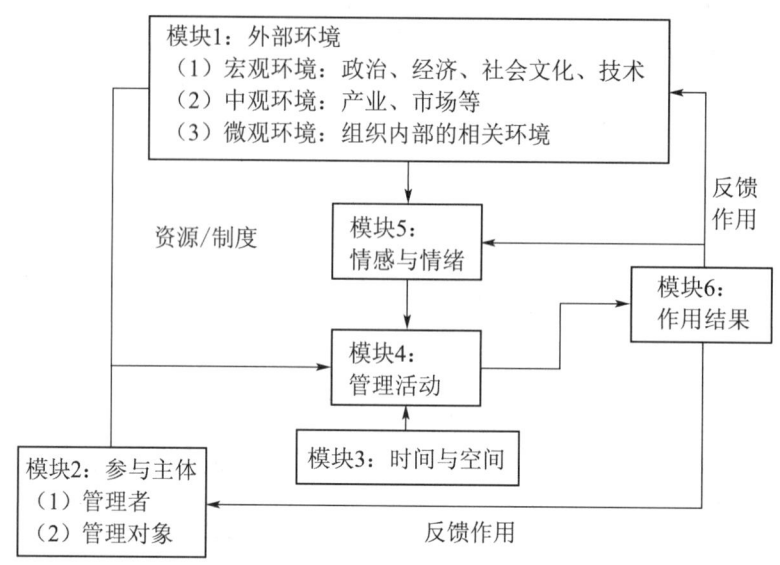

图 10－3　管理情境的模块化：情境模型

其中，通过"问题链"，可以逐步回答案例情境中各个模块的特点、模块间的关系以及管理决策的机理，也能够引导学生展开进一步的案例探究。学生可以根据"问题链"收集资料并展开分析，主要活动包括文献阅读、实地调研与小组研讨等。教师指定10篇左右的核心文献和与情境相关的背景信息，指导学生进行文献查阅，包括研究性文献和背景资料文献，了解各项问题的主要研究观点和关联性背景。在此基础上，学生分组开展扩展性阅读与实地调研、讨论，针对"问题链"形成核心观点。去情境化是理论抽象的过程，在这个过程中，教师不断追问"假如这样……那么会怎样？"通过改变情境模块中的条件，持续进行假设和推演，引导学生完成系统的理论思考。这个阶段是学生之间、学生与教师之间高度互动的过程，通过不同模块的讨论，析出新的理论概念，使特殊的情境问题一般化，形成理论抽象。

3. 再情境化过程

首先确定管理目标，完成实地调研与信息收集，然后梳理管理问题，基于所学理论，进行要素词频分析、关系分析，最后制定管理决策。将基于理论的管理决策与企业实际的管理决策进行比较，分析二者间的差异及形成的原因，探究理论在实践中的应用条件和理论与实际情境结合的方法。通过在讨论过程中引入角色扮演，能够提高情境呈现的生动化程度，也能够更好地激发学生的参与热情。

10.3　新文科背景下案例教学的设计要求

案例教学中教师的主要职责是提出问题、引导学生思考，让学生依据真实情境形成对案例完整的认识，从而建构相关的知识。国外尤其是哈佛和毅伟等在进行案例教学时强调案例结果不是唯一的，案例讨论完全开放且没有准确答案等，但这种教学模式并不符合中国学生的特点和需求，需要结合新文科的目标与要求，对案例教学模式进行进一步改造。首先，中国成人教育的学生差异很大，教学时必须兼顾不同层次的学生。其次，学生实用主义和功利主义色彩浓厚，希望所学知识能尽快迁移。这种特点就要求在教学过程中理论与实践更紧密地结合。最后，学生往往认为教师应该给予正确答案，因而并不满足于那些自己建构的知识。中国学生的上述特点使案例教学面临一定的困难。为此，国内业界学者提出如下的案例教学设计原则。

1. 多层级设计原则

在案例教学中提供多层次接触知识点的机会，使不同水平的学生都能够完成知识的构建和迁移。

2. 递进式逻辑设计原则

在进行案例问题设计时需要考虑问题的逻辑性，并通过问题引导不同层次的学生完成知识构建和迁移。

3. 冲突式设计原则

在主题选择、案例选择、案例讨论过程中制造良性的冲突，增加学生的讨论深度。良性的冲突可以促使学生进行思考，加深学生的记忆并促使学生完成知识的构建和迁移。

4. 实践性设计原则

针对学生尽快完成知识迁移的心理，在案例选择时需要完全真实的场景，且要求参与者对案例本身并不熟悉，从而模拟真实的决策过程。

5. 完整性设计原则

针对学生要求知识具有完整性的特点，在案例讨论和点评过程中有意识协助学生建构完整的知识脉络，在学生无法建构时教师需要直接补充。另外，对于所有案例应当尽可能提供案例发生的真实结果，供学生参考。

第 11 章　案例教学中教师的作用与学生的任务

11.1　案例教学中教师的作用

11.1.1　角色设定

正如前文所述,案例教学的特点是学生的情景代入与自主决策,强调的是学生的独立参与和自治。这与灌输式的课堂讲授截然不同,但这并不意味着教师在课堂上是一个可有可无的角色,相反,教师的作用非常重要。教师所扮演的角色与所起到的作用如下。

(1) 教练员。

体育教练员要根据运动员的特点和训练目的,拟定训练要求,选择训练方法,编制训练计划与进度表,等等。案例课的教师,也要为自己的学生制定类似的活动,承担同样的责任。

(2) 导演。

案例的课堂讲授虽然以学生为主体,而且基本由学生掌握进度与方向,但这并不等于完全放任自流,案例教学实际上一直处于教师无形而巧妙的密切指导之下。教师就像那个并未出现在舞台或银幕之上,却无所不在的导演那样,发挥着影响力。

(3) 触媒剂。

由于案例讨论是学生在集体中相互交往的过程,具体而言,学生在案例讨论中陈述与辩护自己的观点,评论、发展、支持、批评他人的观点,点醒启发别人,等等。因此,教师应充当桥梁,促进、鼓励与引导这种交往,起到穿针引线的作用。

(4) 备用信息库。

这不应是教师的主要作用,但在某些情况下,教师可以向讨论中的学生,适当地补充一些必要的信息,充作"顾问"和"活动参考资料库"。

此外,教师要自觉地抵制诱惑,尽量不使自己扮演下列角色。

(1) 讲演者。

高明的案例教师在课堂上往往少露面、少讲话,他们只开路搭桥,穿针引线。最忌经常插话,长篇大论,形成喧宾夺主之势。

(2) 评论家。

教师不要频繁地、急急忙忙地对学生的见解和活动横加指挥和干涉,不要吹毛求疵,评头论足,只能适当地诱导和提醒,不要把学生当小孩管理。

(3) 仲裁者。

当学生间产生争议时,不要马上出来澄清是非,充当裁判员。教师的见解未必总是正确而全面,不能总以"权威"自居。教师若下断语,实际上就终止了讨论。

总之,教师在课堂讨论中,既不宜过多干预,又不能撒手不管,而是要起积极的辅助作用。随着课程的进展，学生们对案例学习日渐熟悉，教师便应逐步退到幕后。

11.1.2 准备与实施

根据上述角色设定，教师在案例教学的过程中，需要做好充分的准备，并保证整个案例教学过程顺利而卓有成效地开展。

1. 管理案例课堂讨论的过程

课堂讨论的过程没有绝对固定的步骤，与所讨论案例的具体特点及教师个人的偏爱、习惯、风格有关。但一般而言整个讨论大致分为三个阶段。

第一阶段，分析案例中提供的情况、事实与背景，确定究竟存在哪些问题，其中哪些是主要的、关键性的，哪些是次要的，以及造成这些问题的原因是什么。

第二阶段，提出和罗列各种行动方案，并对各备选方案进行剖析权衡。这个阶段还包括确定需采用的分析方法和工具，以及更好地使用它们所需要掌握的信息与数据。分析工具中有些是定量性的，定量分析常能使抉择过程明朗和简化，但不能单凭定量分析结果就定取舍，因为很可能出于对某些定性结果的考虑，人们宁取定量分析结果较差的方案。

最后阶段，做出决策，决定怎样与何时采取行动。这个阶段对培养干部学生的决策能力最为重要。

当然也可以不遵循上述步骤进行教学，例如一开始就让学生先提出方案建议，然后再提供情况。对照分析和评审这些方案，不能断言哪种方式一定就较好。

2. 课堂案例讨论的"首次发言"

毫无疑问，"重在首战，务求必胜"的原则也适用于这里。每次课堂讨论的首次发言都十分重要。因为一是怕冷场，坚冰不易突破；二是怕发言内容偏离了方向，使课程违背教师既定的"导演方案"，造成被动。当然一开始就征求自愿发言者未尝不可，但多数教师都是主动点人提问，而且在究竟叫谁和如何提问的问题上，总是煞费苦心，十分慎重。

3. 案例课堂讨论的形式

讨论的形式很多，可以充分发挥创造性，但一般以学生发言为主，教师启发引导为辅。每人都有权自主举手，要求发言，但老师在适当的时机（如课程一开头）也可指定发言者。当班级很大，小组很多时，往往规定由各组代表（或组长）先发言，然后大家自由补充，以便每组都有机会发表意见。比较沉默，难得开腔的人，偶尔鼓足勇气举一回手，应优先照顾。具体说来，常见的讨论形式有下列五种。

（1）教师对学生——交互询问型。对话是在教师与个别学生间进行。教师一再提问，对学生的观点或建议进行审查，使该生发言的全过程显示出来，以检查论据能否站得住脚。提问的方式可以是对立的、质询式的，但态度应是温和而平静的，不要让学生误解教师专门跟他过不去，盘诘不休。

（2）教师对学生——官方反对派型。讨论仍在师生间进行，但全班任何人都可参与进来。不是教师对学生的论点主动质疑，而是教师假定地坚持某一论点，而且该论点往往是一种看来极端片面似乎站不住脚的论点，要学生从对立角度予以反驳。这种做法的关键是要让学生判断这种论点是否果真荒谬，要求学生主动思考，运用所能用上的一切理由来"围剿"，可以是从案例中获取的信息、学过的理论，也可以是个人经验或常识。

（3）教师对学生——假说型。同样是师生对话，但与上述两种有一点重要的不同，即教师既不向学生质询，也不充当反角，而是提出一种假定性的情景，该情景是某位学生的论点或建议导致的一种极端的状况或后果，要求该生用自己的论点或建议来予以评价。这样一来，作为该生论点或建议基础的逻辑，就不得不呈现出来接受审查，逻辑中的缺陷会变得很明显，使该生只好修改或重新拟定他的观点或建议。

（4）学生对学生——角色扮演型。教师指定一些同学，分别扮演不同角色，然后令他们彼此交锋辩论。所指定的角色，不一定是扮演者本人造成或接受的，这不要紧。会有不少学生喜欢在某种给定条件下，设身处地去想象人家的言行方式。当然也会有人不愿意，觉得这是违心的，不真实，太做作。但编出来的不一定没有价值，案例学习本身就是学习别人的经历，只不过这种经历很逼真罢了。角色扮演肯定存在好处，至少一定能提高对别人可能做出的反应的敏感性。也就是说，在自己决定要如何行事时，会开始养成先反躬自问的习惯，问一声：“我要是这么干，他（们）可能会怎么办？"这样一来就会改掉一意孤行、不顾影响的恶习。

（5）教师对全班——沉默型。教师提出一个问题，开头只是对个别学生提出，但因为无人应答，就变成面向全班提出。在这种僵局冷场情况下，只有几条出路：一是教师用新的提问来启发，或补充一些情况作线索，使思考与对话能发展下去；二是干脆由教师自己解答；三是教师默不吭声，直到有学生想出办法接下去为止。第一种，前面已经讨论过了；第二种很干脆，无须多说；第三种则需要教师有耐心，并对学生有信心才能做。

4. 对案例课堂讨论的掌握与控制

从讨论形式的介绍中，已明显看出教师"导演"作用的重要性。对于接触案例还不多的新手们，教师的作用更大。即使是采用"沉默型"，也不是撒手不管，而是故意的安排。因此，对讨论的掌握与控制，确是一门艺术。继续就其中的几个关键问题作一些说明。

（1）对提问的处理。学生在讨论中向教师提问请教是常有的事。由于案例教学强调对学生独立工作能力的培养，所以较忌直截了当地说出答案。因为把现成的答案"灌注"给学生，等于一口口地喂。高明的教师应尽量用启发法，即以一连串反问，启发学生通过思考自己找到答案。用提问答复提问，就是所谓"苏格拉底式问答法"，这正是启发式教学的鼻祖。

（2）绕过难点，化开僵局。问题答不上来，课程中断了，或是对立观点争执不下，陷入僵局。办法只有上述沉默型讨论形式中所说的那三条，或以反问启发诱导，提供些补充情况；或说出答案，予以仲裁；或听之任之，坐以待毙。中间一法自属下策，因为等于封死了继续讨论的路，学生只学到现成结论，没学到方法。第一种方法当然高明，但第三种方法并非无能。"三人行，必有我师焉"，在某一具体问题上，学生中有高于老师见解的，很可能大有人在。也可以将第一、第三两种方法配合使用，先等待一会儿，用一两句提问点醒一下；再等一会儿，补充点情况；又等一会儿……可以看出，无论用何种方法，教师认真备课，防患于未然，事先预计尽可能多的情况与对策，便能主动。切忌认为反正以学生讨论为主，冷场也无妨，就疏于准备，只想等临场发挥，相机行事，否则往往会挠头抓腮，黔驴技穷，陷于被动了。

（3）出现背离正题的情况，如何引回正路。许多人在一起讨论，难免出现天马行空，离题万里的偏差。这时不必焦躁，也不妨静观一下，学生中很可能有人主动出来纠偏。如果偏题严重，时间宝贵，不容再等，也可由教师干预，但切忌粗暴，语气要委婉些。其实把讨论引离正题者，也有"偶然"和"惯犯"之分。对无意岔入旁道的，可以客气而随意地说"你的说法挺有趣，不过我想还是继续围绕刚才大家谈的那点再深入一步"，或是"你说话可能有理，不过刚才那问题好像还没谈透，那就是……"只有对那些总是胡扯的人，才得认真点，比如说"很遗憾，我觉得你说的跟我们正在讨论的不太相干，我们讲的是……"若能培养学生自治，集体控制讨论，那当然是上策了。

（4）讨论的收尾。收尾并没有什么固定的格式。有的教师喜欢做一个简练的结论性小结，或作一番讲评来收尾。学生这时往往喜欢围绕着教师问这类问题"老师，您说谁的说法对？""要是换了您，会怎么办？""什么才是正确答案？"明智一点，最好别正面回答。一是有违学生自学与自治原则；二是管理问题本无所谓的"唯一正确"或"最佳"答案，何况学生中很可能更有高见。所以有的老师是让学生集体做总结，如问："大家觉得今天有哪些主要收获和心得？"也可以让一位学生带头小结，再让大家补充。案例讨论无所谓的"标准答案"，重要的是使每个人去总结自己的体会。在具体的案例讨论中，问题及其产生的原因已经找出，分析得也挺透彻，办法和对策也摆出了一大堆，必要的假设也已定，应让学生作出自己的决策，并了解别人是否有不同意见及其原因，这才是要紧的。

许多学生在最后老爱问"老师，这案例说的是真事吗？""公司后来实际上是怎么办的？"有时，出于对有关单位所承担的义务，要求保密，只好"无可奉告"。若无此约束，谈谈也无妨。但最好待下一堂案例课刚开始，发还已批阅过的书面报告，在作讲评时再提，因为有些学生往往以为企业实际的做法总是对的，而他们此时还没有写书面的报告。

最后，下课前千万别忘了布置下次的案例作业。

11.1.3 成绩的评定与考试

1. 评分结构的宣布

应当在第一课就向学生交代清楚案例课的评分结构，因为它表明了教师对成绩的要求和各组成部分的相对重要性。不但要口头说明，而且要形成文字，以书面形式发给学生，人手一份。有些教师把它印在发给学生的教学大纲与进度计划上。

典型案例教学课的常用评分结构：课堂讲座表现占总分的25%，书面报告质量占25%，期末考试成绩占50%。这当然也取决于教师个人的看法。如有一些教师不太重视书面报告质量，因为他们认为课堂讨论中个人表现出的水平就已决定了书面报告质量，所以要提高课堂讨论分数的比重。还有教师认为平时成绩比期末考试成绩更重要，因为平时要做几十个案例，考试只有一题，宜降低期末考分的加权。总之，因人而异，不必限定。

2. 案例学习成绩的评定

这是较难掌握的，因为没有标准答案可依据，就难免受主观因素影响。案例答案之所以无标准，一是因为每个案例的具体情况各不相同，二是因为管理问题本身无所谓的"唯一正确答案"，反映了管理环境的复杂和管理策略的权变性。同一处境，采取同一做法，可能效果悬殊；采取相反做法，却可能全都成功或全都失败。这是因为管理的成败取决于过多的变量，包括客观的与主观的因素，管理者个人的专长、作风、习惯做法、价值观、努力程度等，都有重要影响。

案例成绩通常可循下列三方面去评定：

（1）分析能力：指分析的全面与深入，逻辑的严密完整，主次划分的准确分明，等等。

（2）决策能力：指决策的依据是否有说服力，考虑的因素是否周全，所取的方案是否现实可行等。

（3）创新能力：这是最重要的因素，即想象力的丰富奔放，见解与主张的精辟独创，洞察力的深透久远。有的人在某一点上，能不人云亦云，敢独树一帜，力排众议，甚至与老师见解相左，但言之成理，有凭有据；或在某一点上能见他人之所未见，思他人之所不敢思，则其成绩应当优于面面俱到，却平庸无奇的分析。当然表达能力等其他因素也应考虑在内。

应当承认，综合性管理案例分析的评定，需要评卷者对案例所涉及的各方面都有所了解，具有较渊博的知识与较丰富的管理与教学经验。这就是高级综合性管理课程往往要由最资深的教师担任的原因。为了力争评分公允，阅卷最好不要由多人分担，以免标准各异。必须集体分阅时，一定要加强协调。

书面报告的评阅，要对文笔是否流畅、简练，错别字多少，版面是否整洁，乃至语法修饰等书面表达力诸因素，予以适当考虑。

至于课堂讨论表现的评定，当然是质要重于量。不过出勤率的高低，发言的主动性与频率，也必须考虑。口头表达能力的强弱，也属重要因素，因为这是对称职的管理干部的一项重要要求。

3. 书面报告的处理

对于学生的书面案例报告，评阅后可加上适当简短的批语，发还给学生本人。特别突出的，教师若复印留存备考，则不宜轻易示人。有些学生会要求老师选出一些优秀作业公布。这当然兼有表扬与示范两重作用，但一定要慎重权衡利弊，至少不宜多做。因为这种"范文"的复印或抄本可能传到低年级同学中去，使得这一案例在下学年不得不抽出封存，失去再用价值。要知道，一篇切合教学需要而又质量甚高的案例是很难得的。

顺便提一下，把备课教案、专供教师参考的案例注释、高班学生的分析报告借给或泄露给与自己有特殊关系或特别宠爱的学生，或者先跟他们讨论尚未经课堂讨论的案例，都是不恰当的。这不仅有失公允，不够道德，而且实际上也害了这些学生，使他们失去了一次锻炼提高的机会。这应属于教师的职业道德问题。

4. 案例考试

管理案例课的期末考试，其实就是一次案例分析作业，仅拿掉了小组及全班讨论这两个环节而已。常见的形式有以下两种。

（1）课外作业式：开卷，布置了案例考题后，让学生带回家去做，利用课外业余时间分析，然后在指定时间呈交上来。不许相互讨论，但是没有监督。实际上真有一些讨论也无妨，一则利用学生间的竞争心理，估计学生相互之间不致传授"绝招"；二则这也难使学生的应有水平出现"跃进"的假象。这种试题一般较长而复杂，难度偏大，多为综合性试题，但也可以是侧重于某一方面的试题。

（2）堂上限时式：考题（案例）当场发下，一般要求4小时以内交卷，无休息。建议采用的时间分配是：阅读1小时，分析与撰写各1小时30分。可以开卷，即允许携带和翻阅教科书、笔记和其他参考资料，也可以闭卷。不许交头接耳，或互相换阅考卷。因为限 4 小时交卷，故这种考题与平时布置讨论的作业比，相对较短，较简单，难度偏低。正因时限严格，所以能考查出学生对课程主要概念和方法消化吸收的真实程度。

由于大型综合管理案例的目的在于培养学生的独立综合工作能力，所以用这种案例作为考试内容，便能考查学生的这种能力。因此，案例考试不仅可作为高年级综合课期末考试的形式，也可作为干部培训班结业考试的一种形式。若仅采用那种纯知识测验性的，以选择、填空、演算、问答为主要形式的考试方法，不但难以测出学生的实际能力，而且容易滋长一种死记硬背，突击填入"参考答案"，考完就忘的坏学风，或养成死读书的不良习惯。这在实践性、综合性与权变性很强的管理教育中，是特别有害的。

由以上分析可见，案例教学虽然强调学生自治，但是教师的担子实际上不但未减轻，反而加重了。案例课的准备与实施比课堂讲授型教学更难，它对教师提出了更高的要求，因此要教好案例课，教师还得煞费一番苦心。

11.2 案例教学中学生的任务

管理案例的学习过程基本上是一个学生通过自己的努力逐步领悟的过程，尽管教师能起很大的作用，但学生的自学作用是任何人都无法取代的。以下对案例教学中学生的任务做一个介绍，以便教师准确把握和正确指导学生的案例课程的学习。

11.2.1 管理案例的学习

管理案例学习的性质决定了它必然是渐进式的，是长期、缓慢甚至是痛苦的，是一个艰巨的从个人摸索、积累到豁然开朗的过程，它不存在任何捷径。这从某种程度上来说是正确的，但以自学为主，并不排除教师的引导作用，因为那将有助于加速学生的体验过程，让学生少走弯路，提高效率。而且由于学生的学习负担很重，案例课不会是他们唯一的课程，因此效率仍是很重要的。学生独立获得的体会也许更扎实，但若没有指引，有人也许永远跋涉于崎岖之中，永远达不到"质变"与"悟道"的境界。

从学生的角度来探讨案例学习，就是要设身处地地为学生着想，想想他们在整个案例学习过程中，特别是入门阶段，会遇到哪些困难，如何能帮助他们尽快熟悉案例学习过程中诸环节的程序与细节，并且要随时想到如何帮助学生达到他们特殊的目标。

有人可能会问：在案例教学过程中，教与学双方不是都有同一个目标，即取得最大的学习收获吗？除此之外，难道学生还有什么另外的独特目标？应当承认，学生除了关心获得真正的知识外，还十分关心能否取得良好的成绩，即分数。从教师的立场出发，这两者应是统一的，但从学生的立场出发，则两者间有着微妙的差别，这是教师往往忽略的。

管理案例的学习有苦又有乐，既充满趣味与挑战，令人激动兴奋，又布满荆棘，困难重重，有时甚至令人沮丧。

说它有"乐"，是因为它虽然是"代理式学习"（体验他人的处境，非直接经验），但所提供的情景是那样具体而真实，那样多样而又典型，足以使学生身临其境般地得到在许多新鲜环境中的体验。尤其当学生的经验与心得渐增，终于形成了适合于自己的分析与决策的工作体系时，他们将经历自己一生中罕见的不可言传的奇妙感受。对于从未出过校门的学生来说，首次从独当一面的管理干部的立场出发，去锻炼自己独立的综合管理工作能力，当然也很令人激动。而对于那些有长期工作经验的专业学位的学生来说，在相对集中的管理决策的环境下高强度地进行思考并不断在挑战中形成自己独特的思维模式和符合管理原理的工作方式时，他们所获得的愉悦和满足感是难以言喻的。

这个过程确实也有"苦"。首先，学习负担很重。以案例教学为主的高级管理课程，如"企业战略"，通常要求学生每周要完成两个大型综合案例作业，而这只是学生同时所修的课程之一。其次，案例学习本身极其艰巨。案例总是头绪万千，情况杂乱而繁多，想要了解的事情不是不明晰，就是干脆没有线索，无需了解的事又有一大堆。学生经常自己冥思苦想，到上课时才发觉自己忽略了那么多情况。没有标准，没有权威，也不知道自己想得究竟对不对；自己觉得挺有道理，可就是茶壶里煮饺子——有货倒不出，表达不确切，不全面，无法说服别人，如此等等。

"我要是懂得怎样分析好这个案例该多棒！同组同学给出的分析和想法都那么精准而奇妙，其他小组汇报时都那么精彩而令人印象深刻，而我往往连门都没有找到，准备了一大堆材料却对案例分析没有起到什么作用。我真感到泄气和懊恼。我本来是能为讨论作出些贡献的，而且应该学到更多的东西。"这是一位初学者很有代表性的反映。学生在案例学习时是否持有想要有所贡献的想法会影响其学习效果。只有作出的贡献越大，得到的收获才会越大。

可以肯定，学生经过学习获得的心得必定会远比案例开发者写的内容更丰富、更生动。案例学习的全过程一般包括案例的阅读、学生的个人分析与准备、学习小组的集体学习与准备、课堂讨论、心得与发现的记录及书面报告的撰写等环节。下面逐一分析，并介绍案例课程学习的战略与战术规划以及如何指导学生参加案例考试等问题。

11.2.2 管理案例的阅读

1. 案例类型与阅读方式的关系

管理案例的类型大体可分为描述型案例和决策型案例两大类。对于描述型案例，因为它们都与某些具体的管理概念与工具有联系，是用来验证与熟练运用这些概念与工具的，所以让学生在初步浏览过案例后，最好先辨识一下该案例与最近课堂上讲过的哪些内容有关，先找出教科书与笔记中的有关章节温习一下，然后再细读案例，摘出有关情况与数据，参照找出的概念与公式，找出解法。对于决策型案例，要让学生充分了解问题产生的情景，以及案例所隐藏的线索和信息，甚至还需要让他们博览参考文献，搜集有关最新进展的信息，从而帮助学生对所提出的决策问题进行全面系统的思考，使学生找到合适的理论，熟悉其概念、原理和模型，准确而专业地表述自己的解决方案。

2. 案例阅读的目的与时间安排

阅读的目的不仅是了解和懂得案例的内容和所提供的情况，而且要以尽可能高的效率做到这点。提醒学生不要在课堂讲课日的前一晚才临阵磨枪，匆匆翻阅，囫囵吞枣。让学生明白不下功夫是无法理解、分析和消化案例的，大多数案例至少须读两遍，若要分析深透，两遍也不够。

一般来说，一个大型综合案例，需 2～3 小时精读一遍，外文案例则要更长些。如果学生有几门课全有案例分析作业，让他们用专门时间（比如一整天或两个下午等）集中阅读，效果较好。有经验的学生总是安排在每周五、六和周日，先把下周要学的案例预读一遍，以便能有充足的时间深思，有备无患。

3. 案例的阅读步骤

每个人都会发现最适合自己条件的案例阅读方式，可向学生推荐以下这种已被许多人实践证实是行之有效的阅读步骤。

（1）先粗读而知其概貌，再精读而究其细节。具体如下：先细看第1、2页和末页，了解相关背景，如果均无背景介绍，就从头读起，直到找到背景介绍。反复阅读背景介绍，直到能用自己的语言描述出来为止。

（2）了解完背景后，快速浏览正文中余下的部分。注意小标题，先阅读每一节第一段的头几句，做到心中有谱。

（3）快速翻阅完正文后，迅速翻阅正文后附图表。先关注图表的类型：是否有资产负债表和损益表，是否有组织结构系统图，是否有主要人物简历，表中是否已列出了一些现成的"财务经营表"等。

让学生了解图表分为两大类，对他们研读案例很有帮助。一类是多数案例都常有的，如一般的财务报表、组织结构图等；另一类则是某案例所特有的。对于前者，应让学生注意有什么不同于一般的奇特之处，如财务报表里有一笔没见过的特殊账目，就得标出来留待后续细加探究。

（4）对正文与附图有大体了解后，从头到尾再仔细读之。一般不必画着重线（底线），可以标注眉批和夹注。但不要重复文中所述，而应点出一些自己的观察结果、发现、体会与心得，包括与下一步分析有关的概念。如果是外文案例，可做点摘译。一边读正文，一边对照有关附图，找出两者关联。弄清对于技术性或组织方面的复杂描述不要不求甚解。要把事实和观点分开，还要分清人物所说和他们实际所做是否一致。不但要注意他们说过和做过什么，还要注意他们有什么没说和没做的以及为什么这样。对文中人物所说的看法和结论保持怀疑态度。仔细阅读附图，弄清每张图的主要组成部分。

（5）在全班讨论前夕，温习案例。不过步骤可不全同于上次。虽然还是先看背景情况，但接着先别读正文而是先看图表，并且要从最后一幅看起，弄清每一个细节，特别留心有反常表现的图或项目。这样做的原因是初读时往往越读越累、越厌烦，也就越马虎，很容易虎头蛇尾，对后面的理解不如前面的深入透彻。尤其时间紧迫时，倒读更为保险。

11.2.3 管理案例的个人分析与准备

1. 案例分析的基本角度

案例分析应注意从以下两个基本角度出发：

（1）当事者的角度：案例分析虽属"代理式学习"，但不能站在局外旁观者的角度，纯客观地学究式地去分析与评论，必须让学生进入角色，站到案例中主要角色的立场上去观察与思考，设身处地地去体验，才能忧其所忧，急其所急，与主角共命运。这样才能有真实感、压力感与紧迫感，才能真正达到预期的学习目的。

（2）总经理的角度：这是对于决策型案例而言。高级管理课程就是为了培养学生掌握从专业（职能）工作者转变为高层管理干部所必需的能力。也就是从企业全局出发，综合而协调地运用多职能技术的能力。因此，这种课程所选用的案例，要求学生从全面综合的角度去分析与决策，就是不言而喻的了。

2. 案例分析的基本技巧

这种技巧包括两个互相关联和依靠的方面。一方面，就是要让学生对所指定的将供大家讨论的案例进行深刻而有意义的分析，包括找出案例所描述的情景中存在的问题与机会，提出问题产生的原因及各问题间的主次轻重关系，拟定各种针对性的备选行动方案，提供各方案的支持性论据，进行权衡对比后，从中做出抉择，制定最后决策，提出自己的建议供集体讨论。另一方面的技巧易为人所忽视，却是很重要的，那便是使学生能以严密的逻辑，清晰而有条理的口述方式，把自己的分析表达出来。没有这方面的技巧，即使学生的分析质量很高，也很难反映在他讨论所获的成绩里。

3. 案例分析的一般过程

究竟采用哪种分析方法，分析到何种程度在很大程度上取决于学生对整个课程所采取的战略和在课程中所扮演的角色。但不论具体战略如何，可以向学生提供一个适用性很广、既简单又有效的一般分析过程，包括五个主要步骤：第一，确定案例在整个课程中的地位，找出该案例中的关键问题；第二，确定是否还有与已找出的关键问题有关但未予布置的重要问题；第三，选定适合分析该案例所需采取的一般分析方法；第四，明确分析的系统与主次关系，并找出构成分析逻辑的依据；第五，确定所要采取的分析类型和拟扮演的角色。

下面将对这些步骤逐一进行较细致的探讨。

（1）关键问题的确定。

有些教师喜欢在布置案例作业时，附上若干启发思考题。多数学生总是一开始就按所布置的思考题去分析，实际上变成逐题作答，答完了，分析就算做好了。作为学习案例分析的入门途径，此法未尝不可一试，但不宜成为长久和唯一的办法。教师出思考题，确实往往能构成一个相当不错的分析提纲，提供一条思路，但那是教师的，不是学生的，不是经过学生独立思考拟定的分析系统。按题作答不可能是一份综合性的分析，多半只是一道道孤立的问题回答。

最好是让学生在初次浏览过案例，开始再次精读前，先向自己提出几个基本问题，并仔细反复地思索：

①本例的关键问题，即主要矛盾是什么？

②为什么在此时此刻布置这一案例？它是什么类型的案例？它在整个课程中处于什么地位？它跟课程中已讲过的哪些内容有关？它的教学目的是什么？

③除了已布置的思考题外，此案例还有没有别的重要问题？若有，是哪些？

这些问题的答案往往并不那么明显、那么有把握，不妨让学生在小组里跟同学们讨论一下，将三个问题相互联系起来考虑，并将这三个基本问题放在心上，不断地试图回答它们，哪怕已经开始课堂讨论了。一旦学生想通这些案例的基本目的与关键问题，他的分析自然纲举目张，击中要害。要是全班讨论后有学生还没弄清，可以为其答疑解惑。

（2）找出布置的重要问题。

这是真正把握住案例的实质与要点所必须做的一步。让学生凭常识去找就行，但要围绕案例的主题并联系课程的性质去发掘。

找出这些问题的一个办法，就是试着去设想。让学生思考，假设自己是教师会向同学们提出些什么问题。有些教师根本不布置思考题,或讨论时脱离那些思考题,不按思考题的思路和方向去引导,或随着大家讨论的自然发展而提示出问题,画龙点睛地提示一下,启发大家提出有价值的见解。此外,还得提醒学生思考在全班讨论此案例时可能会提出的问题,以使其在遇到类似问题时能胸有成竹,脱颖而出。

(3) 案例分析的一般方法。

案例的分析方法,取决于分析者个人的偏好与案例的具体情况。可以向学生介绍三种常用的一般分析方法。这里所谈的三种方法,并非其中哪种就一定高明些,应让学生根据实际情况适当选用,或合并使用。

①系统法:让学生把所分析的组织看成是处于不断地把各种投入因素转化成产出因素的一个系统,了解该系统各组成部分和它们在转化过程中的相互关系,以更深刻地理解有关的行动,更清楚地看出问题。有时,用图来表明整个系统很有用,因为图能帮助学生了解系统的有关过程以及过程中各人物在系统中的地位与相互作用。常用的"流程图"与"价值链分析",就是系统法常用的形式之一。投入—产出转化过程一般可分为若干基本类型:连续流程型、大规模生产型(或叫装配型)、批量生产型与项目生产型等。生产流程的类型与特点和组织中的各种职能都有关联。

②行为法:着眼于对组织中各种人员的行为与人际关系的分析。重视人的行为,是因为组织本身的存在、"思考"与"行动",都离不开具体的人,都要通过组织中成员们的行为来体现;把投入变为产出,也是通过人来实现的。人的感知、认识、信念、态度、个性等各种心理因素,人在群体中的表现,人与人之间的交往、沟通、冲突与协调,组织中的人与外界环境的关系,他们的价值观、行为规范与社交结构,有关的组织因素与技术因素,都是行为法所关注的。行为法较易与系统法结合使用。

③决策法:这不仅是指"决策树"或"决策论",还指的是使用任何一种规范化、程式化的模型来评价并确定各种备选方案。仅仅知道有多种备选方案是不够的,还要看各方案间的相互关系,要看在某一方案实现前,可能会发生什么事件以及此事件出现的可能性大小如何。

(4) 明确分析的系统与主次,找出支持性依据。

所谓"明系统,分主次",就是通常说的"梳辫子",即把案例提供的大量而杂乱的信息,归纳出条理与顺序,搞清它们的关系是主从还是并列,迭加还是平行等。在此基础上,分出轻重缓急。

无论学生的观点或建议是什么,都要有充分的论据来支持。它们可以是案例中提供的信息,也可以是从其他可靠来源得来的事实,还可以是学生自己的经历。但是案例中的信息往往过量、过详,若一一予以详细考虑,会消耗大量精力与时间,所以要筛选出重要的事实和有关的数据。最好让学生先思索一下,采用某种选中的分析方法分析某个特定问题,究竟需要哪些事实与数据。然后再回头去寻找它们,这可以节省不少时间。此外,并不是所需的每一个事实都能找到,有经验的分析者们总是问"若此案例中提供这些材料,我该作出什么样的假设?"换句话说,他们做好了就某一方面情况做出恰当的、创造性的假设的准备。分析的新手们总以为凡是假设就不现实、不可靠,殊不知在现实生活中,信息总难完备、精确,时间与经费往往不足以取得所需的全部信息,这就需要用假设、估计与判断去补充。既然是决策,就不可能有完全的把握,总是有一定风险的。

最后还应提醒学生一点：能做出一些定量分析来支持自己的立场，便能大大加强分析与建议的说服力。有些人总是自觉或不自觉地讨厌和抵制"摆弄数字"，然而，能创造性地运用一些简单的定量分析技术来支持自己的论点，正是学生在案例学习中所能学到的最宝贵的技巧。这种技巧一旦变成了学生的习惯或反射性行为，就能使他们成为出类拔萃的管理人才。

（5）案例分析的类型及其深度与广度。

案例分析的类型不同，其对应分析的深度与广度（或称分析水平）也会有所不同。应提醒学生不能认为在任何情况下都力求分析得越全面、越深入才越好，究竟取何种类型的分析为宜取决于对具体的战略与战术方面的考虑。这里举出五种最常见的分析类型。

①综合型分析：对案例中所有的关键问题都进行深入分析，列举有力的定性与定量论据，提出重要的解决方案和建议。

②专题型分析：不是全线出击，而只着重分析某一个或数个专门的问题。让学生攻其一点，重点突破，选择自己最在行、最富经验、掌握情况最多、最有把握的，可以充分扬长避短的问题。这样做的好处在于，学生们能够比其他同学分析得深刻、细致、详尽、透彻，提出独到的创见。课程中即使只说这一面，也能收到一鸣惊人、令人刮目相看的效果。

③先锋型分析：让学生着重分析他认为教师可能首先提出的问题。这似乎也算是一种专题分析，但仍有所不同。课程开始时往往容易冷场，要有人带头"破冰"，放响第一炮。因此，对于学生而言，这种一马当先、飞骑闯阵式的分析，不一定要求太详尽，重要的是认准突破口，首先发难，先声夺人。当然，所谓"不要求太详尽"，还要具体视第一个问题的要求而定。这种分析，因为是第一个，所以还常有引方向、搭架子、铺摊子的作用，即先把主要的问题和备选方案大体上摊出来，供大家进一步深入剖析、补充、讨论。显然，这点做好了，是功不可没的。

④游击型分析：对所布置的问题，或某一较明显的题目，作一次简短的、蜻蜓点水式的分析。这种分析多半是一般性的、表面的、浅显的。这种游击型分析，一般在学生因故毫无准备，仓促上阵时采用，是一种"以攻为守"，或者说是"求存"性战略，目的是摆脱困境，只望收瞬间曝光之效。这当然只能在学生万不得已时为之。

⑤信息型分析：这种分析的形式很多，但都是提供从案例本身之外其他来源获得的有关信息，如从期刊、技术文献、企业公布的年报乃至个人或亲友的经历中得来的信息。这种分析的作用是"后勤性"的，但对于为某一特定问题做深入分析是很可贵的，因为它可以为分析与决策提供额外的丰富信息与依据。这种分析虽不能记头功，但在功劳簿上仍是要记上一笔的。

（6）将分析转化为口头发言的有效形式。

分析做完，不等于准备工作已完全就绪，还差很重要的一步，就是把分析变成有利于课堂陈述的形式。许多学生的分析做得颇为出色，可惜不能流畅表达，无法将自己的分析传播得让别人明白，以致甚觉尴尬。这其实是一种专门的技能，即讲演与说服他人的能力，学生即使在毕业以后都终生有用。

关于这方面的一般要点，包括必须开门见山，言简意赅，切忌拖泥带水，不得要领，等等，这里提出三点供参考。

第一，要让学生设法把想说的内容形象化、直观化。例如，将发言要点用提纲方式简明而系统地列出来，用一个"决策树"或"方案权衡四分力"来表明各主要备选方案的利弊，使比较与取舍一目了然，或列表说明各方案的强弱长短。学生若为课堂汇报预制挂图或幻灯片应当受到鼓励并为其展示提供方便，因为这可以大大提高讨论的质量和效率。在有投影设备的条件下，应充分发挥幻灯片的作用。学生可以直接在空白幻灯片上画和写，也可事先画好（直接画在幻灯片上，或在纸上打好字再用复印机转印到幻灯片上）。直接写时，蓝笔或绿笔效果最好，黑笔次之，红笔或黄笔最差。每幅幻灯片或挂图上信息不宜多，复杂图表应让学生分别制作在几张片子上。可以让学生自己边讲边放，自己换片；也可以教师代放，让学生专心发言。总之，应要求学生在用幻灯时最好事先告知教师，以取得同意和协作。

第二，可以让学生把自己的分析同班上过去分析某一案例时，大家都共有的某种经历挂起钩来，以利于联想与对比，方便大家接受与理解。

第三，让学生不必事先把想讲的一切细节全写下来，不但徒费精力，而且不易找到要点，列一个提纲即可。要让学生保持灵活，不要把思想约束在一条窄巷里，否则若他们面对教师或其他学生临时提出一个简单问题时，便会茫然不知所措，一下子就乱了套。

11.2.4 案例学习小组的集体学习与准备

以学习小组的形式，组织学生进行讨论和其他集体学习活动，是案例教学中重要的、不可缺少的一环。这是因为许多复杂案例，没有小组的集体努力，没有组内的相互启发、补充、分工协作、鼓励支持，个人很难分析得好，或者根本就干不了。而且，有些学生在全班发言时顾虑甚多，但在小组中则甚活跃，充分作出了贡献并得到锻炼。此外，案例学习小组总是高度自治的，尤其在高年级与干部班，小组本身的管理能使赏罚分明，使组员学到很有用的人际关系技巧与组织能力。

1. 案例学习小组的建立及其构成条件

小组建立的方式对它今后的成败是个重要因素。这种小组当然还应由学生自行酝酿，自愿组合为好，是高度自治的群体。但小组能否成功地发挥应有的作用，却取决于下述五个条件。

（1）建组的早期性。

这里所说的是建组的时机问题。据有的学校对成百位管理专业的学生所作的调查显示，发展得好的小组多半建立得较早，有些在开学之前就建立了。建组早的好处在于，对组员的选择面更宽，组员间多半早就相识，对彼此的能力与态度已有所了解，学习活动起步也更早。

（2）规模的适中性。

调查表明，最能满足学习要求的小组规模都不大，一般 4～6 人，规模过大和规模过小都会出现一些额外的问题，4～6 人正好取得平衡，兼具大与小的优点而无它们的缺点。小组若超过 6 人（调查中发现有的组多达 10 人），首先遇上的是集体活动时间难安排、不易协调的问题。小组活动多半是业余时间，由小组成员自行决定，人多了就众口难调，顾此失彼，时间与活动地点的意见也难统一，为此导致争执与不和的屡见不鲜。当然，人数多达 7～8 人的组且运行较好的也不是没有，但都符合下列条件：一是建组早，彼此又了解各自在工作和学习方面的表现；二是时间、地点安排上矛盾不大，可以解决；三是第7、第8位组员"身怀绝技"，也就是有某方面的特长、专业知识或有利条件；四是组员们知道有1～2位同学确实勤奋，因某种正当理由（如半脱产学习等），事先就说明不可能每会必到，但小组又希望每次学习的人数不少于5～6人时，就不妨多接纳1～2人。

（3）自觉性与责任感。

这是指组员们对小组的负责态度与纪律修养，尤指对预定的集体学习活动不迟到、不缺勤。否则常有人随便因故不来，或连招呼也不打，就任意缺席，小组的积极作用便不能充分发挥了。

有人可能会问：干脆每组只要2～3人，短小精悍，机动灵活，有什么不好？也许确实没什么不好，避免了大组的那些麻烦，但可能会因知识与经验的多样性不足，难收取长补短之效，导致不能满足优质案例分析的需要。而且与大组相比，分工的好处不能充分显现，每人分配的工作量偏多。很明显，小组规模的大小应因课程的不同而异：课程较易，对分析的综合性要求较低，且并不强调与重视小组学习形式的利用，则规模宜小，2～3人即可；反之，则至少应有4人，但增到6人以上就得慎重了。

（4）互容性。

如果组员间脾气不相投，个性有对立，话不投机，互容性低，就不会有良好的沟通，易生隔阂。调查中就有学生反映："尖子生未必就是好组员。要是大家被他趾高气扬、咄咄逼人的优越感镇住了，就不能畅所欲言了。"

（5）互赖性。

互赖性指组员相互间感受到各有短长，需要互助互补。可惜的是，学生往往为了组内气氛轻松随和，而容易去选私交较好的朋友组队，以为亲密无间，可利于通气，却忽视了互赖性。但这当然不是说非要拒绝好友参加不可。因此，最好根据课程性质和组员各人特长来建组，以确保集思广益之效。

2. 案例学习小组集体活动的管理

据经验，学生若要建设并维持一个有效能的学习小组，应该在管理方面注意下列事项。教师应将其传达给学生。

（1）明确对组员的期望与要求。

并非每一个组员都知道具体该做什么，所以作为组长的学生必须在小组会上从一开始就毫不含糊地向其他组员交代清楚这些要求，具体如下。

一是小组开会前，每人必须至少将案例从头到尾读一遍，并准备适当的分析。

二是人人尽量每会必到，如与其他活动冲突，本组活动应享受优先。

三是每人在小组会上都有发言的机会，人人都必须有所贡献，不允许任何人垄断发言机会。

四是个人作出了有益贡献，应受到组内其他成员的尊敬与鼓励，首先让他（或他们）代表小组在全班发言。

五是屡屡缺席，到会也不准备，无所作为，毫无贡献的组员不能分享集体成果。对于情节严重者，组长应采取纪律措施，甚至请他退组。这当然是极端情况，万不得已而为之。事关小组分裂的事，一定要慎重。有时小组成员为了程序方面的琐事（如定开会时间、地点、讨论顺序等）而争吵，或因为性格冲突，话不投机，拂袖而去，甚至为争夺影响与控制权而对立，也是有的。但关键要看小组是否确能出成果，对大家学习是否确有帮助。如果时间花了，却收获很少或没有收获，那么性格对立等破坏性因素就会趁虚而入。

（2）建立合理的程序与规则。

所谓合理即指有利于出成果。为此，对于小组而言，一要选好会址。这是第一个程序问题，对小组能否多出成果，影响甚大。会址除了要尽量照顾所有组员，使人人方便外，最要紧的是清静无干扰。最好有张桌子可以围坐和写字，能有块小黑板就更好。

二要定好开会时间。开会时间一经商定，就要定死，使之制度化、正规化。这可以节省每次协调开会所耗费的时间或因变化而通知的时间，也不至于因通知不周而使有的组员错过了出席机会。不仅要定好开始时间，也要定好结束时间，这更为要紧。每一案例讨论2小时，最多3小时就足够了。时间一旦确定，所有小组成员就会注意效率，寒暄、玩笑、海阔天空地瞎扯就会减少。会议时间太长，不但耗费时间，而且会使组员产生厌倦、烦躁的情绪。纠缠于细节则会导致进展迟缓，久而久之，大家就会离心离德，进而出现迟到、早退或借故不来的现象。

三要开门见山，直抒己见，节省时间。例如，当组内有人偏题时，其他组员应当场指出。

四要尽早确定小组领导功能的发挥。学生可以用协商或表决的方式推出组长，以让组长主持会议、分派作业并协调活动；也可以采取轮流制，使每人都有机会表现与锻炼组织领导能力。

五要尽早确定每个案例的分工。这种分工是允许的，甚至是受到鼓励的。多数教师允许同小组的学生在各自的书面报告中使用集体做出的相同图表（报告分析正文必须由每个学生独立完成，不得雷同）。有的组为了发扬个人特长，把分工固定下来（如××总是管财务分析等）。但由于管理案例各不相同，若每次小组会能根据案例具体特点，酌情分工，可能会更有利于出成果。但由谁来分工好？较多情况下是授权组长负责。他得先行一步，提前看过案例，拟出分工方案，然后确定各方面对应的负责人，专门化的范围，是各负责人分头独立去做，还是要他们配对去完成，或先独自干到一定程度再搭配合伙干等。一般只有在某项任务特别难，或某人在某方面特别弱，需要他人支持，或某些关键方面需要重复校核时，才考虑配对安排。

六要在全学期中使每人都有机会承担不同类型的工作，以便弥补弱点与不足。人们的长处常与主要兴趣一致，或是主修的专业，或是自己的工作经历等。通常一开始总是让每人发挥所长，对特别重要而艰巨的案例也要这样，才能取得最佳集体成效。但长此以往，人们的弱点依然故我，难有长进。因此，组长得考虑安排适当的机会，使每人在弱项上能得到锻炼。事实上，个个弱项进步了，全组总成绩也会水涨船高。好的组长会巧妙地安排不善演算的组员偶尔摆弄一下数字，而让擅长财会的人适当分析一下敏感的行为与人际关系问题。对于学生而言，要学会在弱项上能提得出较好的问题，并注意观察在这方面擅长的其他学生是怎样分析的。

（3）学习小组的改组。

由于各种无法控制的原因，在有些情况下，小组不能做出富有成果的集体分析，这时可以考虑与另一个较小的组完全或部分合并。后者是指仅在分析特难案例时，多个小组才会到一起讨论，或在难以找出共同时间时，在部分案例上合并讨论。可先试验几次，再正式合并。较大的组则可能体验到相反的情况：指挥不灵，配合不良。这时，大组可以考虑增加灵活性，有时分开活动，有时集中开全体会议。

（4）争取实现精神合作。

从行为学的角度看，小组也像个人那样，要经历若干发展阶段，才会臻于成熟，变成效能很高、团结紧密、合作良好的工作单元。但有的小组成长迅速，有的则要经历缓慢而痛苦的过程，有的永远不能成熟。成长迅速的小组，表面看来没下什么功夫，其实他们为了发展集体，是做出过个人牺牲的。他们注意倾听组员的意见和批评，仲裁和调解小组中的冲突，互相鼓励与支持，尊重并信任小组的领导。组员只有做出了这些努力，才能使小组完成既定的集体学习任务，使每位组员的个人心理需要得到满足，使小组成为团结战斗的集体。心理需要指的是集体的接受、温暖、友谊、合作与帮助。

案例学习小组的成熟过程，一般包括五个阶段：一是互相认识；二是确定目标与任务；三是冲突与内部竞争；四是有效的工作合作；五是精神上的合作。小组若能具备适当的构成条件，又能制定出合理的工作程序与规范，就易于较快越过发展的前三个阶段而达到第四个阶段，更有可能发展到最高境界，即精神上合作的完全成熟阶段，那时，小组的成果就更多，水平更高，学习兴趣更强烈，组员们也就更满意了。

11.2.5　管理案例的课堂讨论

课堂讨论对于教师来说是整个案例教学过程的中心环节，对于学生来说则是整个案例学习过程中的高潮与重头戏。因为学生在个人及小组的分析准备中所做工作的质量，要通过课堂讨论和汇报表现出来，这也是教师对学生整个课程中成绩评定的重要依据。事实上，课堂讨论的表现也决定了随后书面报告质量的高低，这就是不少教师不太重视书面报告评分的缘故。

1. 课程讨论的角色选择

角色选择就是学生打算在讨论中具体扮演的角色，发挥的作用。学生应恰当地选择并确定下来。选择扮演什么角色，与学生的整个课程战略有关，也和打算作的分析类型有联系。可扮演的角色很多，由学生去选择。对应于上节所谈的几种分析类型，有八种角色可供学生挑选采用。

（1）"专家式见证人"：指对案例中的一个或多个问题有较深入透彻的认识及丰富知识的人，他们可对案例提供综合性或专题性的分析。

（2）"抢险队员"：有些人对案例虽做过认真而深入的分析，但并不急着和盘托出，而是暂时韬晦，引而不发。一旦全班讨论卡了壳，在难点上陷住不得脱身，或出现冷场与僵局，他们才挺身而出，大显身手。这往往发生在权衡各备选方案，需要某种定量分析以作支持之时。

（3）"人物代言人"：指具有特殊知识与经历，或对案例中某一职位、人物做过深入分析，了解较透彻，掌握资料丰富，认同案例中人物，以其代言人自居的人。这是很有效的讨论方式，不但利于进入讨论，也利于在讨论的过程中不断地再深入。例如，有学生自愿与案例中某企业负责生产的副总裁认同，处处从他的角度发言和辩论，全班和教师也就认定该学生是那个人，凡要了解生产部门的看法时，就会向他请教。

（4）"龙套演员"：指没做认真准备，分析肤浅草率，见解粗糙片面，自知难登大雅，只好观望等待的人。一触及他略有了解的题目，便跳出来发言，跑一圈龙套，打过就跑。他若再多讲已无词，再迟点讲则高手纷纷出山，他已无从置喙了。

（5）"行业权威"：指因某种机缘，对案例所涉及的整个行业的较宏观的形势与动态有所了解，对行业新动向的影响做过一定分析，并贡献出来供大家参考的人。

（6）"识途老马"：指在案例所涉及的领域中有一定的经历与体会，能把自己的经验和案例之中的情景联系起来的人。

（7）"质询者"：指自己不做分析，专对人家的分析提出质疑的人。如果所提问题能使别人的分析拓深，而不是纠缠于枝节，钻牛角尖，则其作用不容轻估。

（8）"收拾残局者"：指那些能把全班提出的各种不同分析归纳到一起，与案例中主要问题联系起来的人。若有学生打算扮演这种角色，他就必须在讲座中始终全神贯注，记下各发言的要点，在准备回答教师在结束讨论前提出的"从今天的讨论里我们学到了些什么"时，进行归纳总结。对于"收拾残局者"而言，要做好这小结性的回答，得注意不能单纯重复同学们讲过的话，概括要有质上的升华，要超出东拣西拾来的那些零碎见解的总和，才算真正归纳了全班的收获。

2. 注意聆听是参加好讨论的关键因素

许多学生以为，参加好讨论就是自己要很好地发言。这的确很重要，但听好别人发言也同等重要。课堂讨论是学习的大好机会，而"听"正是讨论中学习的最重要的方式。有人还以为，只有自己讲，才是作贡献，殊不知听同样也是作贡献。

听之所以重要，是因为课堂讨论的好坏不仅取决于每一个人的努力，而且也取决于全班的整体表现。集体的分析能力是因班而异的，它的提高不仅依靠个人经验的积累，也要靠全班整体的提高。重要的是要使全班同学学会自我管理，因为许多人从未经过要强制自己注意听别人发言的训练，只顾想自己打算讲什么和如何讲，而不注意听别人正在讲什么，并对之做出反应。跟进全班讲座的进程，掌握好讨论的方向，履行好对提高全班讨论能力的职责，这也是重要的贡献。

光会讲的学生不见得就能成为案例讨论中的优等生，抢先发言，频频出击，滔滔不绝，口若悬河，还不如在关键时刻，三言两语，击中要害，力挽狂澜。如能在每一冷场、每一停顿，就插话启发，引得讨论马上又活跃起来，那才可谓是高手。

许多学生在讨论刚一开始，总是走神，不是紧张地翻看案例或笔记，就是默诵发言提纲，或沉浸在检查自己发言准备的沉思里。其实，一开头教师的开场白和当头一问，以及教师所选定的第一个回答者的发言最重要，是定方向、搭架子、铺摊子，学生得注意听第一个发言者的发言内容，思考自己是否同意，有什么补充和评论，并准备做出反应。

3. 重要的是积极参与，主动进取的精神

前面提到有学生总想多讲，但对多数学生来说，问题不在于克制自己的发言冲动，而在于怎样打破藩篱，消除顾虑，投身于讨论中去。这点，教师必须尽力做好说服教育工作。

就像生活本身那样，案例的课堂讨论可能是很有趣的，也可能是很乏味的；可能使人茅塞顿开，心明眼亮，也可能使人心如乱麻，越来越糊涂；可能收获寥寥，令人泄气，也可能硕果累累，激动人心。不过归根到底，从一堂案例讨论里究竟能得到多少教益，还是取决于学生自己。为什么？因为案例讨论是铁面无私的，既不会偏袒谁，也不会歧视谁。正如谚语所云："种瓜得瓜，种豆得豆。"

对于学生而言，他们参加讨论并成为佼佼者的可能性如何，关键的决定性因素是他们有没有一股积极参与、主动进取的精神。足球界有句名言："一次良好的进攻就是最佳的防守。"这话对案例讨论完全适用。最糟糕的情况就是畏缩不前，端坐不语，紧张地等着老师点名发言。这种精神状态，完全是被动挨打，难以有什么收获。

很多学生不敢发言的原因，无非是怕出了差错，丢了面子。他们总想等到万无一失，绝对有把握时再参加讨论。可惜这种机会极为罕见或根本没有。应让学生在有七八成把握时就说，把握住发言机会，积极参与。这能使他们勇于承担风险，而做好管理工作是不能不承担风险的，这种精神正是优秀管理干部最重要的品质之一。无论分析推理或提出建议，总难免有错，而这正是学习的一种有效方式。

人的知识至少有一部分来自于教训。有的学生在被指出某项错误时，会为了护面子而强辩，或为了满足自己"一贯正确"的感情需要而拒不承认明摆的事实，这正是管理者的一大忌讳。要让学生知道，案例讨论中说错了，只要诚恳认识，不算成绩不佳；无所作为，一句话不讲才是成绩不佳。

应让学生明白，害怕在案例讨论中发言不当根本谈不上是什么风险。因为即使讲得不全面、不正确，对他们将来的工作、生活、职业生涯与命运，都无损丝毫。倒是若分析与决策能力以及口头表达与说服能力得不到锻炼与提高，会影响前途与命运。既然如此，一试又何妨呢？

每个学生都承担着提高全班讨论水平的义务，把整堂讨论搞得丰富多彩、生动有趣，充满智力方面的挑战，的确能汇聚集体智慧与经验，是每位学生不可推卸的责任。

11.2.6 学习中心得体会的记录

1. 记录学习要点的重要性

多数学生没有注意养成及时把案例分析与讨论中的主要发现与心得体会，用书面形式简要记录下来的好习惯。相反，因为在教室听全班讨论，一坐就是几小时，学生易养成不把集体的主要发现记下来的恶习。好记性不如烂笔头。应让学生把要点记录跟观察、思考和讨论当成一个活动的统一整体来看待，若没把所见、所闻、所感记录在案，就不算完成了整项分析工作。集腋成裘，持之以恒，是会尝到甜头的。

相反，有的学生不做记录，到考前复习时，面前是一大堆资料，不知从何下手，感到头痛，那时就悔之晚矣。即使他们能记住课堂上的某些精辟见解，也只是一鳞半爪。

2. 记录学习要点的要求

首要的要求是记录要精确、简明，对素材要有所取舍和选择。在课堂上，学生的主要注意力要放在听和看上，若确有重要新发现、新体会，提纲挈领，只记要点。下课后，学生应立即小结，记下要点，切勿拖延到明日或更迟。

3. 学习要点记录的格式

通常没有固定的格式。根据不少学生的实践，若取"事实、概念、通则"一览表的格式，最一目了然，切合实用，简便易行。下面是具体实例。

> 春季学期：1985 年 5 月 11 日课堂案例讨论"兴办新事业"。
> 一、事实
> 1) 在美国的所有零售业企业中，50%以上营业两年就垮了。
> 2) 美国企业的平均寿命是 6 年。
> 3) 在经营企业时想花钱去买时间，是根本办不到的。
> 4) 美国在 1980 年有 235 万个食品杂货店。
> 二、概念
> "空"：各大公司经营领域之间，总有两个不管的空档。大公司不屑一顾，小企业却游刃有余，可有所作为。例如，给大型电线电缆制造商生产木质卷轴，就是个空档。
> 三、通则
> 1) 开创一家企业所需的资源是：人、资源，还有主意。
> 2) 新企业开创者的基本目标只是维持生存。
> （摘引自：黄培伦《管理案例教学与编写教师手册》）

有人记得更简单，只用一两句话就把讨论最关键的信息归纳了。这些信息可以是理论方面的，如"本案例为没有制定明确战略发展方向的企业提供了一个绝妙的实例"等；也可以是方法方面的，如"这次案例学习告诉我应怎样使用'盈亏平衡法'这种分析工具"等。

11.2.7 管理案例书面分析报告的撰写

管理案例的书面分析报告，是整个案例学习过程中的最后一个环节，是教师在学生结束课堂讨论后，布置的一份文字材料，让学生把自己的分析以简明的书面形式呈交上来以供批阅。一般书面分析报告由正文（2500 字以下最多不到 3000 字）和若干附图组成。

然而，并不是每门课程所布置的案例作业都必须撰写书面报告，有些案例教师可能只要求作口头分析就够了。有些报告可能完全布置给个人去单独完成，有些则可能要求部分依靠小组来完成。

书面报告一般是在小组及全班讨论后才完成，本身已包括了集体智慧的成分。这里说的"部分依靠小组"是指教师允许同一小组的成员使用小组共同准备的同样图表，但报告正文照例要由个人撰写，禁止互相抄袭。有的教师要求学生在全班讲座之前呈交个人书面报告，这主要是为了掌握学生的分析水平，也便于在下轮全班讨论前进行小结讲评。

一般说来，要求写书面报告的案例比仅要求口头讨论的案例要更长、更复杂、难度更大，教师希望学生在这些案例的阅读与分析上花的功夫和时间要更多些。因此，对学生来说，在书面报告上下点力气是值得的，书面报告的撰写是一种极有益的学习经历。在学习管理的整段时期内，这是在管理专业领域检验并锻炼书面表达技巧的极少而又十分宝贵的机会之一。多数学生在如何精确而简练地把自己的分析转化为书面形式方面，往往都不怎么在行。这种转化的确并非易事，尤其篇幅与字数的限制又很紧，所以学生花点功夫去锻炼和提高这种可贵的技巧是必要的。教师可建议学生按照以下内容撰写报告。

1. 做好撰写计划与时间安排

撰写书面报告，先要认真地考虑一下计划，尤其要把时间安排好。这不仅指撰写报告本身，还要把阅读与个人分析以及小组会议（一般是开两次）统一起来考虑。一般的计划是，在两三天内共抽出 12～15 小时来完成一篇案例分析报告（包括上述其他环节，但课堂讨论不在内），是较恰当的。如果案例特别难，也许总共得花 20～25 小时，但如果长达 25 小时以上，就会使人感到疲乏而烦躁，洞察力与思维力会下降。

2. 将时间碎片化地利用

不仅满足于拨出整段总的时间，还得仔细划分好拨给每项活动的时间。这种安排是否恰当，将影响整个工作的效果与效率。下面是一种典型的时间计划安排，共分六项活动或六个步骤，分析的案例是一份较长的、典型难度的综合性案例，书面报告要求 2500 字以内，图表最多八幅：

①初读案例，个人分析 4～5 小时；

②第一次小组会（分析事实与情况，找出问题及组内任务分工安排）2～3 小时；

③重读案例，完成分析 4～5 小时；

④第二次小组会（交流见解及讨论难点）2～3 小时；

⑤着手组织报告撰写（确定关键信息，列出提纲，完成初稿）5～7 小时；

⑥修改、重写、定稿、誊正（或打字）、校核，2～3 小时。

这六项活动可分别归入"分析"与"撰写"这两大类。据对 3000 多份案例报告的调查，无论得分高低，大多数学生花在写稿方面的时间普遍不足，而花在分析上，尤其是小组会上的时间过多。既然总时数已限定，若多分析 1 小时，写稿就少了 1 小时，而且又多出一批需要筛选和处理的信息，会加重写稿的工作量。这种连锁反应式的影响，将使分析成果无法被细致地利用、消化、吸收，并被准确表达、陈述和综合归纳成一份有说服力的文件，很难使阅读分析报告的人接受其中的意见。

有人曾说："根本不会有高质量的初稿，只可能有高质量的定稿。"这就是说，要写好分析报告，在报告的构思上得肯花时间，得安排足够时间用在修改和重写上。

3. 书面报告的正确形式与文风

要写好报告，当然应以正确的分析作为基础。此外，怎样才能最好地把分析转化为书面报告也是一个问题。由于受篇幅的限制，这就自然引出了对文风的要求：简明扼要。

写案例报告不是文学创作，不需要任何花哨的修饰堆砌，但要做到一针见血，开门见山，确非易事。对于 2000～3000 字的报告，学生只需把分析的精髓那几点关键信息说出来，并给予有力的辩护和支持即可。一般来说，2000～3000 字加图表的一份报告，教师评改得花 15～20 分钟，一位教师通常每班带 50 位学生，每一批他就要判阅 50 份报告，每份 20 分钟，就要花 17 个小时才能批得完；若教师同时教两个班，每班平均每周两次案例作业，则批阅每份报告的时间更短。因此案例报告一定要干净利落，其中的主要见解及分析论据应一目了然。

一般撰写报告是按照分析时的思路，一步步地把报告写出来。可是，教师和读者只想知道分析的结论，而对过程不甚在意。因此，报告若不从分析的起点，而是从分析的终点入手，会显得明智得多。

分析的主要成果和精华应该成为报告的主题，并应在一开头就明确地陈述出来。报告的其余部分则可用来说明三种内容：①为什么选中这一点来作为主要信息；②没选取中的其他方案是什么及其未能入选的理由；③支持发现及所建议方案的证据。慎重的办法是把报告剩下的这部分中的每一段落,都先以提纲的形式各列出一条关键信息。最好每一段落只涉及一条重要信息。一个段落若超过700个字,就一定是有几条不同见解,会使读者抓不住要领。

学生在报告定稿后,正式誊正(或打字)前,以及誊正(或打字)后,均应进行校阅,以及时发现问题并修改。

建议素来写作能力较弱的学生找一本入门性的写作技巧小册子学习,并安排更多时间在写稿和改稿上,同时要注意学习善写的同学的技巧和经验,并在教师批阅下发报告后重读一遍,记下写作方面的问题,以免下次重犯。

4. 图表的准备

把数据以图表的方式恰当地安排与表达出来,能有效地介绍许多支持性论据,但一定要使图表与正文融为一体,配合无间,让读者能看出图的作用。此外,还要使每张图能独立存在,即使不参阅正文,也能看得懂。图表应按报告正文中相应的顺序来编号,每幅图表都应有明确的标题;正文中要交代每幅图表的主要内容。

11.2.8 管理案例考试的准备与参加

案例考试常见的形式有二:一是课外作业式,除了不许相互讨论外,与平时的案例作业基本相似。二是课堂限时式,一般是4小时内交卷。因为时限短,这种试题会比通常的案例作业更短、难度更低。但正因时限短,要做出优秀的分析与答卷,仍是一场艰巨的挑战。

1. 案例考试的准备

由于案例分析本身的特点,考试的准备比较轻松。因为通过全课程的一贯努力,学生平时所积累的案例学习经验与练就的过硬功夫,不是开几次夜车所能替代的。准备无非是把全学期做的心得纪要、书面报告和笔记翻阅温习一下。最好把全课程中的主要分析工具列成一张清单,进行总结,并试着归纳出一个概念性的总框架,把它们全概括进去。除了这些准备,最重要的是保持头脑清醒,精神松弛,以便从容应战。

2. 参加案例考试的若干注意事项

平时案例作业时学会的"十八般武艺"全可用上,如先考虑案例的性质、找出关键问题、发掘暗含问题等。要注意以下事项。

(1) 时限很紧,一定要有时间安排,掌握好进度,注意效率。

(2) 通常开卷考,允许带书和笔记。为保险计,可以携带,但要有选择地力求精练,整理得有条理,易于查找,而且不能过分依赖它们。切莫为了查找一点资料而浪费大量时间,甚至心慌意乱。

(3) 案例考试是一场挑战:要在短短4小时内阅读、理解、分析、组织并用书面形式表达出来,而所提供的情况又多半是从未遇过的。光是阅读与分析就可能占掉3小时。看到时间一秒秒地流逝,千万别慌。要镇静地、有条理地、有信心地去做。常言道:"磨刀不误砍柴工。"最好用草稿纸以简练而系统的方式,先列出分析提纲,并随时注意可否把分析的某些形式转化为图表形式来表达。

可以花上10~15分钟,来考虑和决定用什么样的方式陈述你的分析。

(4) 因为时间限制,案例考试的要求,一要切题,二要简明,三要有重点。与其废话连篇，言之无物，或未触要害，隔靴搔痒，不如寥寥数段，却一针见血，确有创见。其实，这种考试只要有一两点独到的关键性发现，就可得高分。

（5）答卷的方式之一，是开门见山地列出主要论点和建议，再提供必要的支持性论据。如"我建议采取下列方案：如此这般。理由是：一、二、三、四……"这种提纲式答卷不必深入解释推导出这一建议的过程，但重要的支持性论证与解释不可少；若能有点定量分析，则更能加强建议的说服力。

这当然不是唯一的答卷方式，仅供参考。总之，要切题，简练，重点突出。

第 12 章　管理案例教学应用的战略与战术

12.1　管理案例教学应用的战略制定

12.1.1　课程战略的意义

"战略"这个术语，借用于军事学，指的是涉及战争的全局规划。也就是说，从纵向看，跨越时间坐标的一整个时期的各个阶段；从横向看，包括了整个形势的各个方面。因此，战略是从整体、从长远、从较宏观的层次所作的考虑。

战略一词既然源于军事学，就必然与战争有关，广义地说，至少与竞争有关，涉及对手及其他有关的参与者。此外，战略是关于如何克敌制胜的道理。扩而言之，战略应包括如何在竞争中争先，在竞争中实现自己的根本意图与主要目标的原则、方针和规划。

案例教学课程也有一个战略问题。既然是整班一块学习，就存在竞争。学生之间互为竞争对手。想要在竞赛中力挫群雄，至少需跻身前列。

此外，除了在整个课程中有一个根本性的意图之外也要有些主要的、较具体的目标。为了实现这些意图与目标，就需要正确地估计自己的主、客观条件，也就是分析出自己和同学们的长处和弱点，找出环境中的机会与威胁。这里要插进一句话：在案例课中，教师是最关键的环境因素，他虽不是竞争对手，却是一个关系重大的参与方面，一切机会与威胁都受他的左右。虽然教师不是唯一的环境因素，课程本身的特点也是另一种环境因素，但教师无疑是最重要的因素，不能不郑重考虑。

然后根据扬长避短、取长补短的原则，巧妙地利用环境所提供的机会与条件，避开或消除可能的威胁，对整个课程、整个学期的学习，进行统筹安排，以最佳方式设计出实现根本意图与主要目标的计划，这就是所谓的"课程战略"。

12.1.2　案例课的主要战略目标

每一个学生在案例课程中当然可以有也必然会有一些自己独特的目标，但下述三个目标是最主要且共同的。

（1）最大限度地学到有用的管理知识与技巧。这不仅指的是掌握案例分析本身的能力，更指的是独立地、综合性地做好管理工作的能力，也就是把所学的各门单科性的、专门职能性的管理要领与方法，灵活地、创造性地、有效地、协调地运用起来，分析与解决遇到的各种管理问题的能力。

（2）取得力所能及的最好成绩。成绩具体指的是分数和评语。不必讳言，这是学生们普遍重视的目标。追求高分——当然是通过正当、合理的手段——与竞争一样，不一定是坏事，它不一定就与合作和互助不能兼容。相反，只要处理得当，它不仅是积极的促进动力，而且有利于培养学生的进取精神。

（3）尽可能地对全班的整体成效作出有益的贡献。如果说前两项目标主要与个人有关，那么这一项则主要与集体有关。每位学生都应努力对集体作出贡献，这里主要指在案例的课堂讨论中作出积极贡献。理由有二：一是，学生有责任将自己的见解与设想让全班都了解，一方面能提高全班讨论的质量，另一方面使别人能学到有益的东西。有学生总爱给自己的沉默找借口，而这多半不是事实。二是，学生对自己也负有责任，应当将自己的想法讲出来，使之能接受公开的批评与辩论的考验。暴露自己的观点，不仅能使观点本身而且还能使产生观点的整个思考过程和方法得到检验和改正。

12.1.3 案例课的根本战略意图

根本战略意图比目标要略为笼统些，对案例课来说是独特而重要的一项，就是要通过整个案例课，逐步领会、归纳和建立起一套有个人色彩的、适应个人具体特点的有效的案例学习体系，包括独特的工作方法、思维逻辑、分析程序与决策手段等。这实际上也是案例本身的主要目的：帮助学生培养出分析处于变化中的新环境的能力，以及把分析结果以口头和书面方式有效地传播出去的能力。建立个人的案例学习体系，并非着眼于应付案例课本身，而在于把它推而广之，应用到其他课程的学习中和以后职业生涯的工作实践中去，受益终身。因此，案例学习体系实际上是分析与决策工作体系。

前面说到，案例学习体系主要依靠个人在实践中的体会与领悟。建立案例学习体系是一个潜移默化、涓滴成河、从量变到质变的过程，别人无法越俎代庖。既然如此，它就不应是一种意图或目标，而是一种自然演进的结果。不对！因为有战略意图的自觉意识，与没有这种意识大不一样。没有这种意识，任其自流地痛苦摸索，不但进展缓慢，而且有时终身不能"悟道"，停滞在混沌状态。

学过上百案例，依旧不甚了了的，大有人在，就是这个道理。反之，有了明确的战略意图就能不断地自觉地去总结、去探求、去思索，便能大大加速"豁然开朗"的到来。

12.1.4 主要战略因素的分析

知己知彼，百战不殆。正确的战略设计来源于对主、客观战略因素的正确估计与判断。对于案例课的课程战略来说，主要考虑的因素有三。

1. 究竟掌握了这门课的哪些知识和技巧

在确定课程战略前先问问自己：了解了这门课的哪些内容，懂得了哪些主要概念，是否会应用这门课程所涉及的主要工具？对自己懂的部分的深度又如何。这门课是不是相当倚重定量分析技巧，自己的运算能力如何。自己在全班能否算尖子生，是头等还是中等或是劣等。

2. 同学们的实力

与其他同学相比，自己是处于优势还是劣势。发言积极性较高的同学有哪些，发言水平如何。有的同学为何发言较少。不同课程中的优等生分别是谁，以及比自己强的同学强在哪些方面。

3. 教师在案例课教学和主持案例课堂讨论中所常用的方法与风格

教师在全班讨论中主动干预的程度如何，课堂中的对话主要是发生在师生间还是学生相互间。讨论中，教师主要是任讨论自然发展，还是发言引导，使讨论约束在特定范围与方向；是主动点名发言，还是征求自愿发言；是否常在讲座中插讲一些短课，介绍某些理论或工具。在每课终结前是教师自己做小结还是让学生来做归纳，或是留待下课时再小结，或干脆不管。教师是否难得开口，少作评论，而让学生们自己思考去得出结论。碰上难点和僵局，教师是马上解围或仲裁，还是冷眼旁观，静待发展。

第一个因素与自己关联，了解较多，也较易回答。对于后两个问题，很可能开头一无所知，只好利用前几节课进行观察，搜集情报。情况不明，切忌轻举妄动，这是常识。

12.1.5　课程战略的具体制定

战略当然没有什么标准的、统一的样板。所谓"运用之妙，存乎一心"，一切要视具体情况而定。例如，如果实力确实非常强（一直是各门课全优，案例分析已有一定经验，或有相当的管理实践经验等），不妨采取"全主宰型"战略，也就是在每堂课中都力争出人头地，引人瞩目。

但若实力并非太强，只属中上水平，或者只对课程中某些章节比较熟悉，而对相当一部分内容不甚了解，或者因同时选修多门课程，必须兼顾，不可能把精力全放在这门案例课上，那么自然不能采取上述战略而应改用"重点进攻型"战略，即对不同案例采取不同姿态。

对十分有把握的案例，可以扮演"专家式见证人"角色；若时间不足以全面准备，可在较内行的题目上当"抢险队员"或"识途老马"；如果没有时间准备而自恃有较好的洞察力或概括力，便可用心倾听，充当"质询者"来收拾残局。既然跻身中上之列，当然不能"屈尊"去做"龙套演员"。但还要参照"对手"和"环境因素"特点，如教师对讨论喜欢紧密监控，每遇到残局总是躬亲指点，那就演不成"抢险"一角。

总之，正确的战略设计必须以具体为主，以客观条件为依据。在开学的头一两节课，不妨根据事先的初步了解，暂先拟定一个临时的试探性战略；待探明真正底细，再作调整。这临时战略，为慎重计，当然以较保守收敛为妥，除非有十成把握，否则不宜锋芒毕露。

战略设计要从发展的、动态的角度来考虑。要看到自己的能力在不断改变，同学与教师的情况也在不断改变，需要不断重新估计，不能以不变应万变，如教师常因学生案例学习的经验日趋丰富，自治能力逐步提高，而越来越放松监控，那么战略便应随之修正。

总之，战略设计是从课堂角色和所采用分析类型的组合角度来考虑的。对所取角色与分析类型切不可僵化、固定，随着经验的积累，技巧与知识都会改变，对课程的内容及对教师与同学的了解也会加深。同样，同学们的技巧与知识也在改变，要充分估计这些新情况对战略的影响。同时，除了这门案例课，还要兼顾其他课程，战略应从全局的各方面来统筹安排。

12.2　管理案例教学应用的战术考虑

相对于战略来说，战术是涉及较微观、较局部、较短期、较具体的事。但战术又与战略密不可分，它受既定战略指导，又为战略服务。

案例课有战略问题，自然就也有战术问题。有关案例课的战术考虑很多，这里只提及重要的几个方面。

12.2.1 聚集力的调节

聚集力是指吸引教师与同学们注意的能力，也就是在群众的背景对比下的显眼程度，所以也可叫显眼度。聚集力的调节是个战术问题，但它必须与选定的战略配合良好。

若实力雄厚，决定采用"全主宰型"战略，自然要将聚集力调节到最大；若实力虚弱，或这门课不能作为重点，主要精力不能投入，决定采用"壁上静观，待机而动"的战略，那就应将聚集力适当调低。

调节聚集力的一个有力杠杆，是在教室里的位置。不同的座次有不同的显眼度。如图 12-1 所示的半环形的阶梯教室，各种座位按显眼度可分为四种类型："1"是突出型，"2"是中间型，"3"是隐蔽型，"4"是死角型。可以根据自己既定的战略做出这项战术决策，即座位的选择。若基础太差，想"山林归隐"，或者相反，想韬光养晦，就选"死角"型；若不善辞令，又有点怯场或害羞，但却不甘寂寞，不想完全无声无息，那就选"隐蔽"型座次；若要进可攻，退可守，就选"中间"型；若要主宰全场，当然就选正对教师视线，处于他频繁扫视区域，又在全班众目睽睽之下的"突出"型。第一排最适合脸皮薄的同学坐，因为处于教师平视视线之下，万一被点名叫起来，又感觉不到众人视线的聚射。坐在后排容易分心，而且万一被点到，大家会刷一下全都回过头，易使人发慌。

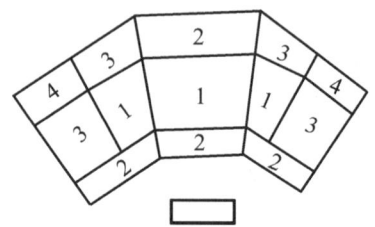

图 12-1 教室的显眼度座次图

总之，无论哪类教室，都可找到这四类显眼度不同的座次，只是具体划分随室内布局而变罢了。到底该选什么座次，一是取决于自己所制定的课堂战略与能力的高低，二是取决于在规模不同的集体里讨论时应如何行事所依据的标准。这里说的能力含义颇广，既包括对有关课程内容的理解和经验，也包括口才。在选择座位时，应先考虑自己的具体特点：在大庭广众中发言是否会发慌，发言时音量的大小，倾听他人讲话时是否常心不在焉，若当众突然被提问，是否会发呆。

选座位问题在其他课中可能是小事一件，在案例课中可不宜掉以轻心。一般教师在第一次坐定后，就基本不容许再随意调换座位了。那在第一次选座位时，就更应慎重考虑。除非教师排定座次，指定各人位置。

调节聚焦力还有别的办法：调节和周围同学的反差，即改变与"背景"的对比度，衣着的颜色与式样、发型等都能影响对比度。有些人具有先天的聚焦力，如全班唯一的女生、少数民族、留学生、特别年长或年轻等。越特殊，就越引人注目。总之，不管是根据什么既定战略，是想默默无闻还是想崭露头角，利用这一战术手段都会有助。

12.2.2 提问的处理

这也是个值得研究的战术问题，因为在案例课中总会遇到各式提问。案例课中遇上的提问，大体上不外乎三类：一是教师在刚上课时的第一问，若被选中该如何作答；二是教师和同学提的其他问题；三是自己向教师或同学提的问题。

对于第一类问题，关键的一条是自己的回答应能引起人们的进一步讨论，哪怕准备不足也不能推脱不答。除非事先因正当理由已向教师打过招呼，这回不拟卷入讨论。表示退缩，不愿参加，是犯了战术上的一大错误，不仅会使自己处境尴尬，也使教师为难，给他留下不良印象，使自己陷于被动，以后要下大力气才能挽回。

因此，对问题决不躲闪回避应该算一条战术原则。接受了这一条，多半就不会对这种当头一棒的提问猝不及防了。即使确实准备不充分，也要设法婉转地把话题引到多少能有点话可谈的领域去。如不妨以攻为守，这样说："对这一点我不太懂，不过我倒是看了一些问题……"如此等等。

对于别人问出的难题，不要轻易地以"情况不够清楚，恕难置答"来搪塞。案例一般总是信息过量而不大会过少。就算有些情况确实不太明白，也可作估测或提出假设，而且教师多半会进一步追问："你到底想了解些什么情况？了解了又打算怎么办？"所以得先考虑一下想要答好此问，究竟需要掌握哪些情况，做到心中有底。

自己想提出问题时，则更应该深思熟虑。不但问题要提得中肯、切题，不被人认为是打岔干扰，而且自己对问题也要有所准备。教师很可能把问题反问回来："那你看呢？"以问制问。

12.2.3 联系外界实际经验

案例法的主要优点之一，是有机会将各方面的经验汇聚起来。在讨论中把个人的经验适当地和案例中的情况联系起来，会大大丰富全班的讨论。不过也得注意要适度使用，避免偏离正题。

12.2.4 案例学习的道德问题

这也应属于战术范围。前文曾从教师角度谈及此问题，接下来从学生角度展开讨论。

学生在这方面常犯的毛病主要有两类，一是千方百计想知道案例中单位的真实情况和结局或后果。若某案例用了假名，就想探出真名，然后私下接触，刺探"真情"，以为这样分析质量就高。殊不知这是一种误解，以为人家实际做出的决策就是正确答案，或认为对别人而言正确的答案，对自己也一定正确。

二是利用同组其他同学的成果，剽窃别人的心得。这种不劳而获的"寄生虫"行为是不可取的。学生在案例学习中应当遵守的道德规范，至少有下列两条：①不得把有关某一案例的情况提供给还没在课堂上学过此例的他人；②未经教师同意，不能去探听散播除案例本身提供的内容以外的有关该案例所涉及的单位的情况。

开发一篇案例，从选题、调研到定稿，要花费不少人力、物力，一般要 30~40 天。据美国的资料显示，一篇综合性案例的成本约为 2500 美元，但许多案例在教学中用过 1~2 次后，就被教学实践淘汰了。一般在 4~5 篇中才有一篇具有使用价值的优秀案例。若把废弃的案例的成本也算进去，一篇好案例竟然要 1 万美元左右的成本。在中国，成本当然不会这么高昂，但开发出一篇高质量案例也绝非易事。许多学生根本不知道，要是他们事先泄露了案例分析与讨论情况给别人，会造成多大损失。一份质量优秀而又久经考验，并已积累了相当使用经验的案例，非常难得。若案例遭到泄露，教师就只好把这份案例抽出来束之高阁，从而严重削弱课程的教学质量。

当然，如果有一位老乡或密友前来询问某案例的分析、讨论情况，也不必粗暴拒绝，应当向他解释，因为很可能他不知道这种做法的后果。其实，造成此情况也与某些教师有关，他们喜欢在课堂上把案例的有关情况向学生作全面介绍，使学生误认为总能轻而易举地得到完整的、现成的成套答案，不必自己费脑筋。在国外，甚至有高年级学生把上学年某教授案例课的笔记高价向新生兜售的现象。

不错，要弄到某一案例的参考答案不是办不到，但这种"信息搜集"活动并不是学习。学生在整个学习阶段中所能做到的最重要一步，也许就是认识到只有通过自己的努力，才能掌握真才实学；第二步可能就是认识到自己有责任帮助别人学习。但借笔记给人看或口头介绍某案例的分析经验，可绝对不是在帮助别人学习。

当然，教授们可以在每次教学时改用新案例，以减少学生去打听有关某些案例"内部参考消息"的诱惑力。不过这非常困难，代价又高。说到底，只有师生共同遵守有关的道德规范，案例教学制度才能坚持和发展。而且，学习道德教育正是学校进行精神文明建设的重要组成部分。

第 13 章　管理案例教学的实施路线

为了达到案例教学的目的，需要精心设计案例教学过程。基于建构主义理论，一个完整的案例教学路线需要包括的环节如图 13-1 所示。

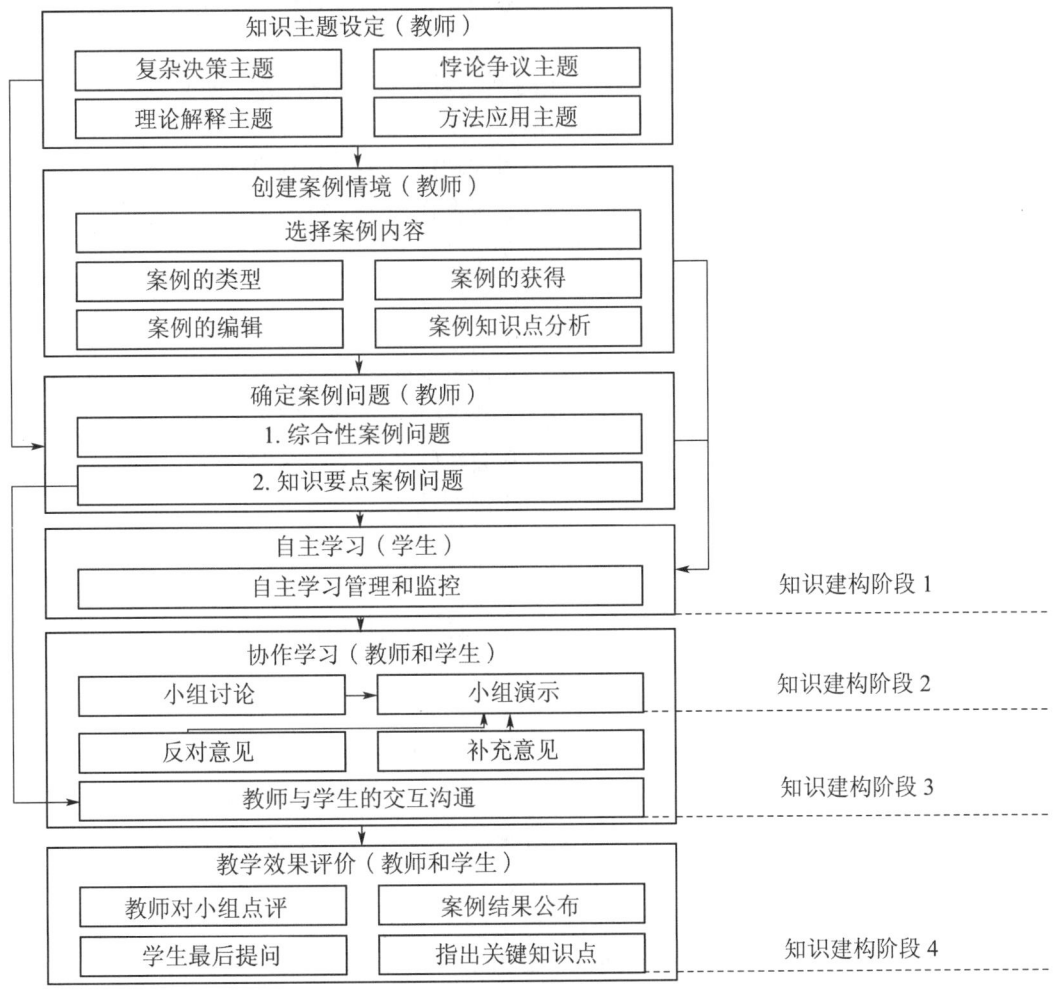

图 13-1　案例教学的完整路线

13.1　知识主题设定

在案例教学设计之初，教师需要根据教学目标设定相关的知识主题。知识主题可大体划分为以下几个类型。

13.1.1 复杂决策主题

复杂决策主题需要学生从实践决策的角度出发，对所学到的各项理论进行综合应用，从而构建出一套完整的知识体系。这类主题包括冲突决策或关键点决策，需要符合实践性设计原则和完整性设计原则。

比如，案例《不破不立，不塞不流——国网北京市电力公司利益相关者管理本土化创新之路》（吴春林）的正文讲述国网北京电力企业履行社会责任的探究与举措，但尾声并未明确说明该举措所形成格局的可持续性，给予读者丰富的空间来思考未来企业开展利益相关者管理工作的可能性，引导读者融入实际问题，提出多方面、可实施的决策以解决管理问题。

又比如，案例《九死一生：高科技企业的创业过程》讲述了易优创业过程的多个波折。通过呈现危机，可使读者结合相关理论模型认识到创业过程的关键要素，并分析创业团队组建的基本原则。该案例并非通过描述公司成功的案例以起到直接的借鉴作用，而是在文末以相较失败的情形为结局。因此，很明显该案例属于决策型案例，引导读者化身为"创业者"，为企业应对困难、成功创业进行决策。

13.1.2 悖论争议主题

有些理论知识看似无法挑战，但实际上这些理论在实际的应用中存在适用范围和适应性。比如，一般提高价格将使销量下降，而高价格又是高质量的结果，为了销量降低成本，似乎违背了需求的原则。悖论争议主题通常会在问题设计、案例讨论方面进行多层级设计，以引发适当的冲突，促使学生进行知识建构和迁移。

13.1.3 理论解释主题

理论解释主题主要关注一些关键的理论知识，目的是使学生通过案例的讨论和学习建构相关的理论知识。

比如，案例《微医：重塑就医流程的战略布局》（金晓玲、尹梦杰、张晓洁、周中允）的正文讲述了微医平台在建立过程中遇到的困难和逐一解决这些困难所采用的方法。按照时间顺序，吸引读者一步步地深入阅读。该案例的主旨是通过案例的叙述来让读者了解微医平台创造过程的相关理论知识，而不是重点展示决策过程的阻碍和纠结。

又比如，案例《风口之下，一代豪侠如何驰骋网络江湖?》（袁海霞）讲述了风波庄的企业转型。该案例通过对企业观点进行解析，讲述风波庄O2O转型历程、分析风波庄商业模式，引出O2O理论，配合案例问题，带领学生深入研究O2O理论相关内容。

13.1.4 方法应用主题

方法应用主题的目的是使学生通过实践学会具体的操作方法。对于一些难以理解的知识模块，通过引导学生实际操作以达到知识建构和迁移的目的。例如，在营销科学中计算顾客资产的方法是比较抽象的，但在一个真实的案例中，学生必须计算出顾客资产才能正确决策，这时学生就有很强的学习动机去学会计算方法。

比如，案例《晚安汽车旅馆》（*Good Night Motel*）正文讲述了汽车旅馆在价格方面的决策，案例给出了一个提议，循循善诱，将读者代入到案例的情景中，让读者来决定是否要采纳案例中给出的方法。

又比如，案例《给我烤个蛋糕（BMAC的未来发展抉择）》讲述了BMAC的经营者博尔根在对企业进行升级过程中的实践，描述了他通过产品定价、广告等诸多方面提高收益率，以及作出决策的过程。

13.2 创建案例情景

13.2.1 选择合适的案例内容

这是创建案例情景的核心。对案例内容的选择需要注意如下关键点。

(1) 案例内容必须是完全真实的。案例是对确已发生过的事实的记录，不是杜撰、虚构与主观臆想的产物，亦不得带有撰写者的分析与评论。

(2) 案例内容要紧扣知识主题。案例的内容需要围绕案例所研究的理论知识点来展开，不可脱离案例所确定的知识主题。

(3) 案例中最好有决策角色。为了便于学生在案例学习的过程中展开决策模拟，最好能在案例的设计中设置不同的决策者。

(4) 案例要排除干扰因素。为了排除决策之外的干扰因素，所选择的案例内容需要是学生所不熟悉的事件。

(5) 知情与不知情。教师作为案例教学的引导者，需要知道案例里决策之后现实中所发生的事情，但是为保证学生在决策时不受干扰，该部分内容在学生做出决策之前不可出现在案例内容的展示当中。

13.2.2 案例的类型

案例的形式是多样的，除了最为常见的书面案例之外，还有视频、音频、图片和照片等形式。教师可以选择单一形式的案例，也可以组合不同的形式设计出内容更为丰富的组合案例。

13.2.3 案例的获得

案例获得渠道一般包括学生论文、案例图书、案例库。除此之外，还有很多其他的案例获得渠道，包括其他发表的案例新闻、报刊评论、广告视频、网友评论、博客等。另外，教师自己制作的案例也是非常重要的案例来源，这需要教师加工和整理各类不同的信息。案例开发的思路一般来源于以下三个方面。

(1) 问题导向。根据问题找企业：哪些问题是教学中的重点与难点。

(2) 企业实践导向。从实践找问题：企业的实践与教学中的哪些重点与难点相关。

(3) 相关问题与企业实践的信息来源。媒体报道、公开发表的文章、演讲、行业研究报告、研究型案例、企业最佳实践案例、现有教学案例、课堂讨论（特别是EMBA或高管培训课程）等。

13.2.4 案例的编辑

一般而言，获得的二手案例并不能满足教学的需要。这时，教师就需要对案例进行二次编撰，以便满足建构理论的需要。例如，应当将案例决策事件发生的结果去掉，让学生在无结果的干扰下模拟决策。

13.2.5 案例知识点分析

案例教学的目的是让学生能够通过实践建构知识，因此在案例正式投入使用之前，教师需要对案例内容进行全面的分析，寻找出关键的知识点和决策点，以此来作为案例问题设置的依据。

13.3 确定案例问题

设置案例问题的目的是引导学生理解课程理论、构建完整的知识体系。在案例的设计中，案例问题的设置分为两个部分：第一部分是综合性案例问题，主要供学生课前自主学习使用；第二部分是知识要点案例问题，用于学生在课堂上的协作学习。

综合性案例问题通常用于课前的预习，让学生能够了解案例的全貌，它需要涵盖案例需要解决的主要问题以及案例可能构建的主要知识框架。这部分案例问题的数量一般控制在 3～5 个。部分水平较高的学生在进行这一部分问题的回答时就可以建构较为完整的知识结构。

知识要点案例问题较为深入，通常用于课堂讨论的引导。其设置目的是让学生建构完整的知识体系，这部分案例问题应当遵循多层级、递进式和完整性的设计原则。例如，在对营销决策案例进行分析时，提出消费者购买决策各阶段的问题，使学生能够全面建构消费者决策的知识体系。

13.4 自主学习

自主学习的目的是要求所有的学生能够仔细阅读并分析教师所设计的综合性案例问题，从而使学生在正式学习开始前完成知识建构的准备工作。一般而言，在案例教学过程中，案例要提供给学生足够的信息，但应避免学生提前获知事件的决策结果，以免干扰他们的知识建构过程。

自主学习阶段是学生进行知识建构的重要阶段，其最终期望的结果是学生能够直接通过自主学习完成知识的建构，并形成完善的决策分析能力。然而，自主学习的弱点是教师很难进行监控。如果学生没有在自主学习上投入足够的精力，其决策分析能力和知识建构能力的提高将是有限的。为保证自主学习的质量，教师应当对学生的自主学习阶段进行适当的管理。例如，可以要求每一位学生完成综合性案例问题，并进行评价记录。

13.5 协作学习

协作学习可以包括两个阶段,第一个阶段是让学生进行分组讨论,并要求 1～2 组学生在课堂上进行案例分析演示,其他的同学进行案例分析的补充。这样做能够在以下三个层面促使学生完成知识的建构:一是小组讨论过程能够使学生完成知识建构;二是学生小组的案例演示过程可以使部分学生完成知识建构;三是案例演示之后,在教师的引导下,学生提出的补充意见或反对意见能够协助学生完成知识建构。

第二阶段,在经过了小组讨论、案例演示和案例讨论之后,学生通常能获得一个比较完整的案例决策方案,但是这个方案往往不够完善。此时需要教师利用主要知识要点的案例问题对学生进行多层级、递进式的提问,以帮助学生建构完整的知识。

13.6 教学效果评价

在案例教学结束之后,需要对本案例的教学效果进行评价。教学效果评价包括以下几个方面:

①教师对小组的案例分析水平进行最后的点评,帮助学生确认其建构的知识;
②教师询问学生是否有其他问题并回答,帮助学生完善其建构的知识体系;
③向学生公布案例的真实发生结果,并点评案例结果,促使学生进行自我评价;
④指出案例所涉及的关键知识点,强化学生通过案例理解理论的学习成果。

【实例分析】
一、案例情境简述
20 世纪 90 年代中期,芝加哥第一银行发现他们的利润率远远低于竞争对手,主要原因是很多客户选择柜台交易而不是自助服务,这使成本大大上升。为了解决这一问题,该银行的财务总监吉根森决定对那些选择柜台服务的小额支票顾客收取 3 美元的费用,以促使他们使用 ATM 和电话银行。这一决定引起了消费者团体、媒体、政客的强烈批评,竞争对手也乘机挖走芝加哥第一银行的顾客。在这种情境下,芝加哥第一银行似乎必须做出抉择。

二、案例问题:
①您是否同意芝加哥第一银行的做法,为什么?
②请您思考在激烈的市场竞争中,如何维持顾客资产和公司盈利之间的平衡?

三、教学过程
(1) 知识主题的确定
本案例是一个悖论争议主题的案例,主要的争议点如下:一般认为在企业经营过程中保持对顾客的忠诚是非常重要的,因此企业不会轻易得罪顾客,但是并不是所有的顾客都是优质的顾客,因此如何进行顾客的保留将成为一个难题。

教学实践发现,大约 1/3 的学生支持芝加哥第一银行的做法,但有 2/3 的学生不支持该做法,这种冲突将非常有利于案例的讨论,并有利于学生构建相关的知识。

案例主题:顾客满意和顾客忠诚、顾客保留利益与顾客保留成本的深度概念解析。

（2）创建案例情境

本案例完全符合前述案例情境选择的关键要点，即案例是完全真实的；案例情境能够紧扣知识主题；案例有决策角色；案例事件是学生所不熟悉的；学生不知道之后发生了什么。这一案例的决策将有助于学生深入了解顾客满意和顾客忠诚理论。在使用案例之前对其进行了删节，去掉了案例事件的结果。

（3）确定案例问题

问题主要包括两部分，第一部分是综合案例问题（参见"一、案例情境简述"），主要是让学生在自主学习过程中思考整个案例的内容，并进行相关的分析。第二部分是知识要点问题，它包括一系列递进式问题：有多少人同意芝加哥第一银行的做法？同意和反对的原因是什么？请思考芝加哥第一银行的行为对顾客决策过程的影响。我们如何深度细分忠诚的顾客？芝加哥第一银行需要怎样做，才能够更好地将非盈利的顾客转化成盈利的顾客？芝加哥第一银行应当如何化解当前的危机？

（4）自主学习

由于本案例是一个随堂案例，因此要求学生在课堂上花时间阅读案例，并思考两个案例问题。

（5）协作学习

本案例较短，故可以不进行小组讨论和小组案例展示。教师通过知识要点问题来引导学生们进行案例讨论。由于这是一个悖论争议案例，因此讨论的过程将比较激烈，特别是对知识要点问题中的同意和反对原因的讨论。通过学生的讨论和教师的引导，使学生能够建构出完善的知识体系。

（6）教学效果评价

案例的真实发生结果：芝加哥第一银行主要通过增加 ATM 而使非盈利顾客转化成为盈利顾客，同时也增加了顾客的便利性。出纳员柜台交易量则下降了 1/3，80% 的储户交易是通过电子系统完成的，利润则上涨了 28%。

最后总结知识要点：顾客满意和顾客维持成本之间的关系；顾客购买服务的决策过程；将非盈利的顾客转化成盈利顾客需要什么条件；如何进行市场危机的处理。

以上是一个营销管理的随堂教学案例，案例完全真实，涉及看似冲突的管理抉择，借由案例问题引导知识点的串联，通过自主阅读和课堂讨论逐层深入，最后教师还给出了案例的真实发生结果，并总结知识要点。从教学过程看，该案例遵循了多层级设计、递进式逻辑设计、冲突式设计以及实践性设计、完整性设计五大案例教学优化设计原则，故更能适应我国的 MBA 教学和企业培训。

第 14 章　管理案例的教学实施步骤

14.1　课前

14.1.1　具体步骤

1. 课程理论预习

教师在课程开始之前根据案例课程将要涉及的理论内容，提前跟学生们有个交代，并向学生提供相关参考书目及文献资料，鼓励学生课前自主学习，让学生们提前熟悉课程将要讲解的理论所涉及的概念、原理和模型，以免上课主题分散，无法聚焦，难以达到效果。

按照教学案例开发的要求，一个案例最好能针对教材某一个章节的某个或某几个相互关联的知识点展开，如果涉及的知识点很多，最好就放在课程结束时作为总复习的案例来使用。

例如，在"海尔集团的 SBU 再造机制"（湖南大学：曾薇）课程中，教师让学生在课前阅读案例，同时也提供其他相关的参考文献。如 2018 年哈佛商业评论全球版封面文章《科层制的终结》，主要以海尔为研究对象，让学生对海尔及其组织结构有更好的认识。

再如，在"江苏民企招聘外企高管（A）：派龙的橄榄枝"（山西财经大学：王玉娟）课程中，教师在设置"测试与相关知识回顾"环节时，先让学生完成几道基础测试题，再进行现场点评讲解，并对与该课程相关的 7 个知识点进行复习，包括人员选聘的途径、人才选聘的标准、彼得原理、组织外部环境因素、组织内部环境因素、环境分析工具、组织环境的特点。

2. 课堂案例熟悉

教师在课程开始之前将该课程将要使用的案例正文提前发放给学生，并结合案例使用说明，通过布置启发思考题的形式督促学生在课程开始之前自行熟悉案例内容，以便他们能更好地参与到之后的课堂互动中来。

例如，在"谁动了我的店铺？——竹叶青的门店布置与运营"（西南大学：石声萍）课程中，教师通过课前预备测试的形式帮助学生回顾有助于课程学习的案例内容，并通过一个简单的小结较为完整地回顾案例内容，以便后续课程的顺利开展。

又如，在"江苏民企招聘外企高管（A）：派龙的橄榄枝"（山西财经大学：王玉娟）课程中，教师让学生提前阅读案例，并思考两个问题：①企业创始人王健是否需要招聘李海涛？②李海涛要不要加盟王健的公司？每个学生在课前提交自己的思考观点。教师统计正反两派的人数并归纳总结各自的主要理由，以便后续课堂展开针对性的讨论。

再如，在"肯德基中国：数字化重构竞争战略"（广东财经大学：区霞）课程中，教师给学生下达课前预习内容，让学生认真去阅读案例及相关文献资料，了解肯德基公司相关信息。此外，还设计了到店体验的课前预热，让学生们深刻体验在数字化肯德基的消费感受。

课前预热：到店体验。

要求：①到店体验数字化点餐；②观察店面和周围顾客，回想去过的肯德基，思考其变化并记录总结；③尝试使用肯德基相关程序；④尝试微信小程序；⑤体验肯德基的外送服务；⑥搜索肯德基在各个社会媒体平台上的广告与话题讨论。

14.1.2 实施要求

在实施案例教学之前，做好案例讨论的准备工作，做好计划，尤其要突出课堂设计的成分，而且要明确该课程希望学生达到的目标层次以及所要掌握的理论知识点。

例如，在"从油条摊到爱心厨房：一对平凡夫妻的社会创业之路"（江西财经大学：郭英）课堂中，教师在课前做了如下准备工作。①案例正文发放：提前1周发放案例正文和启发思考题，请学生在课前完成阅读和初步思考，并请学生提前查阅与爱心厨房、社会创业相关的背景资料，初步理解社会创业理论。②制订教学计划：授课教师制订详细教学计划，包括案例讨论的形式、步骤以及每个讨论点的时间划分。③制作课件：根据整理的讨论点及教学大纲要求制作PPT课件。④设计分组：授课教师事先了解学生的就业背景和专业背景，尽量让每个小组学生的行业背景不相同，有利于学生快速理解案例，并结合自己所处行业展开讨论。

14.2 课中

14.2.1 具体步骤

1. 课程流程及规则介绍

授课教师在这一环节通过简单的情景导入引导学生进入课程的学习当中，并且向学生简单梳理课程推进的大体流程。如果课程当中会涉及一些活动或者沙盘模拟，需要在此环节向学生先进行简单的规则介绍。

例如，在"宏志达：创业融资与商业模式的耦合进化之路"（湖南大学：刘端）课程中，教师在课堂一开始就非常清晰地把课程的流程安排交代给学生："在正式讨论案例前，我先介绍今天这个课程的相关设置。首先，我简单跟大家介绍今天课堂讨论的游戏规则，然后和大家讲我为什么选择宏志达公司的案例。上堂课已经给大家布置好了作业，要求每一个小组提前进行组间讨论，然后将讨论后的启发思考题的分析结果在课堂上展示。因为时间原因，我们提前让每个小组抽取一道题目。每个小组展示以及其他同学参与讨论完毕后，我们将进入第三个环节，我将带领大家将宏志达融资和商业模式进化相关的四个启发思考题之间的关系以及分析逻辑进行归纳梳理。最后，对整个案例分析进行复盘。这就是今天课程的流程安排。"

再如，在"海尔集团的SBU再造机制"（湖南大学：曾薇）课程中，教师在小组讨论开始前将课程安排展示在PPT上：案例导入（10分钟）、小组讨论（30分钟）、小组发言（每组 5 分钟）、投票环节（5 分钟）、教师点评（25 分钟），把课程安排非常清晰地告诉了学生，紧凑，简练，前后呼应。

2. 分组及组织团队建设

学生在这一环节自行组成小组，确定各个组员的分工以及团队的领导者。在此环节教师可根据对学生个人特质的了解进行适当的调节，从而确保各组实力分配基本平衡、各个小组内部人员之间的能力配合得当。

例如，在"'四两拨千斤'——意大利环意旅行社的品牌联盟之路"（西北大学：李纯青）课程中，教师将班级分为 5 个小队，分别确定队长、队名、队呼和队旗，并邀请一队上台展现团队精神风貌。这在建立相互信任和共同协作的基础上，进一步深化和巩固团队意识，并作为暖场活动，帮助学生全身心地投入课程中。

3. 抛出课前思考问题

教师结合课程的核心知识点以及案例使用说明的建议，向学生提出课前思考问题，从而达到引导学生思考、推动课程环节深入的效果。

例如，在"秦智虞愚，以人为大——铁骑力士集团人才生态系统'活化'之道"（西南科技大学：何波）课程中，教师在课前让学生提前阅读案例并准备两道启发思考题：①农牧行业的人力资源都有何特点？②企业怎么做，您会愿意留在该企业？在课堂上教师先让学生在组内进行讨论，分享自己的观点，在不同思维火花碰撞下形成小组观点并汇报。

4. 学习内容介绍

教师通过绘制思维导图或者进行内容讲解的形式引导出课程所要学习的重点内容。

例如，在"江苏民企招聘外企高管（A）：派龙的橄榄枝"（山西财经大学：王玉娟）课程中，教师通过 PPT 呈现整个课程的知识体系，并在案例教学正式开始前说明课程主要涉及的组织环境、人员配备、录用决策三个模块的知识点，帮助学生回忆前面课程所学，并将课程内容与宏观课程内容串联在一起，形成一个较为完整的知识系统。

5. 涉及知识点讲解

教师结合案例使用说明的知识点分析框架，对所要学习的核心知识点进行细致的分析讲解。

例如，在"'永不过期'的道德基因：广药集团的战略性社会责任探索"（浙江大学：莫申江）课程的课前预习阶段，在正式讨论案例之前，教师首先从大家熟悉的战略管理之父波特及其价值链模型入手，引出战略性社会责任相关理论知识，用了大量时间重点讲解了核心知识点。

6. 小组代表上台针对游戏过程分享总结和反思

在课程的后期，尤其是当涉及沙盘演练、教学游戏等课堂活动的时候，需要在这一环节邀请各个小组的组员代表面向全班展示小组的成果，通常包括：针对案例思考题的小组讨论结果、小组的沙盘演练成果展示、小组的课程学习收获等。

在这一环节教师可以鼓励其他小组的学生在组员代表展示之后积极提问，并且围绕课程核心知识点引导学生展开讨论与思考。

例如，在"江苏民企招聘外企高管（A）：派龙的橄榄枝"（山西财经大学：王玉娟）课程中，教师将全班分为 8 个小组，就"企业创始人王健是否需要招聘李海涛"及"李海涛要不要加盟王健的公司"进行小组讨论,要求每个小组提炼出小组团队决策的观点及理由,并写在白纸上拍照上传。讨论结束后每组派代表进行成果汇报,其他组成员可进行补充或提出相反观点。最后的展示结果是:小组1、3、5认为"应当聘用",并从案例企业内部股权管理、行业前景等角度进行分析;而小组7则认为"不应当聘用",并从内部人事关系、信任缺失等方面予以佐证。

7. 教师点评

在全部小组展示完毕之后,教师需要对各个小组的展示成果做系统性的总结与工作点评,可以引入小组之间的计分竞争策略,并且在点评之后对表现优异的小组予以奖品鼓励。

系统性总结:例如,在"越界经营的风波:维康药业的渠道管理困局"(湖南大学:万炜)课程中,教师让学生就"李忠窜货事件对企业的影响是弊大于利还是利大于弊"进行辩论。在各个小组辩论结束后,教师用PPT对正反两方的观点进行了归纳,并进一步讲述"渠道"的理论基础。

计分竞争:例如,在"海尔集团的SBU再造机制"(湖南大学:曾薇)课程中,教师在全部小组汇报后让学生就每组的汇报情况进行投票,其中排名第一的小组可获得5分的平时分作为奖励,第二名的小组得3分,第三名的小组得1分。

8. 复习核心知识点

教师在这一环节需要将学生的思维由发散的讨论环节引导回核心知识点上,通过重新带领学生系统地梳理一遍核心知识点当中的关键内容,使学生在实际应用之后能够及时巩固核心知识点,起到加深学生理解、提升教学效果的作用。

例如,在"我的人生我做主:大学生员工的国企成长之路"(华中农业大学:施丹)课程中,教师在教学最后阶段简要而有逻辑地回顾案例中所涉及的知识点,从理论高度看案例,进行收尾:首先,总结案例教学的目标是实现"2个理论+2个方法","2个理论"分别是格林豪斯的职业发展理论和职业资源模型。然后,从个人和组织两个角度提供了"2个方法"(如图14-1所示),了解个人如何管理职业生涯,以及组织如何协助个人进行职业生涯管理。

第九讲 雇员开发与职业生涯管理

环节三:教师总结

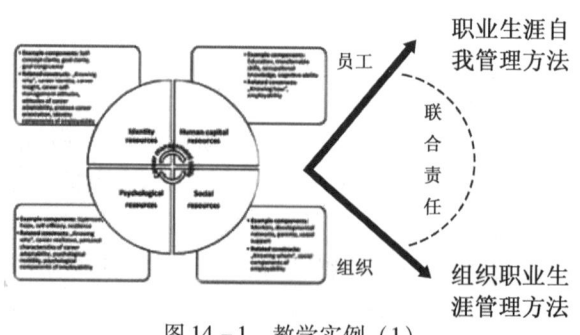

图14-1 教学实例(1)

资料来源:Hirschi, A (2012). The career resources model: an integrative framework for career counsellors. British Journal of Guidance & Counselling, 40 (4), 369-383.

9. 情景模拟

教师通过构建场景或进行实景模拟，让学生从视觉上立体清晰地感知到案例所述内容，同时也能吸引学生兴趣、激发学生的案例学习热情。

例如，在"谁动了我的店铺？——竹叶青的门店布置与运营"（西南大学：石声萍）课程中，教师邀请门店员工现场布景，让学生以顾客身份进行角色扮演，一方面可以帮助学生更好地代入案例，梳理故事情节与逻辑线索，另一方面也可以方便教师更好更高效地了解学生的观点与学习情况。此外，教师还在教室内构建模拟化的竹叶青店铺货架，让同学们按分组上台观看，找出竹叶青店铺在调改前后布置特点的差异。

再如，在"秦智虞愚，以人为大——铁骑力士集团人才生态系统'活化'之道"（西南科技大学：何波）课程中，教师在正式进入案例讨论前，展示了铁骑力士集团2017年年会的礼物（照片和笔记本、运动T恤等），表示这些物品的颜色均为橙色，定调为"活力"，并解释其中的原因。一方面，盈利是企业的目的，金钱是黄色的，企业要让所有员工听到金钱的声音；另一方面，该年会是在四川两弹城开的，通过"两弹一星"的精神传达"大力协同，勇于攀登，自力更生"的企业文化。通过实物展示，既吸引了学生的兴趣、激发了学生的学习热情，同时也帮助学生更好地了解案例企业并代入到案例情景中去。此外，教师在课堂的最后阶段邀请铁骑力士集团人力资源部负责人进行视频连线，现场解答学生对铁骑力士集团公司或人员激励等方面的疑惑。视频中学生分别就"高层干部如何安抚基层员工"以及"股权激励"两个话题进行了提问。

14.2.2 实施要求

1. 充分发挥教师的导向作用

（1）在实施案例教学过程中，应当引导学生明确任务和角色，并为学生营造畅所欲言、相互启发、相互争论的氛围。

例如，在"秦智虞愚，以人为大——铁骑力士集团人才生态系统'活化'之道"（西南科技大学：何波）课程中，授课对象为MBA学生，教师巧妙地把握该类学生的特点，从他们的工作经历出发提出讨论思考的问题，例如"在你的工作中领导是如何激励你的？""在你的工作生涯中是否有遇到令你觉得新奇的员工激励方式？"一方面，这类问题贴合MBA学生的工作情景，让学生有话可说、有事可分享；另一方面，教师也通过对这类问题的讨论，循循善诱，引出"激励""赋能""人才激活"等课程知识点。

（2）在课堂讨论过程中，教师应当密切关注学生讨论的进展和动向，并给予实时的引导和控制，避免讨论离题或是陷入困境（如讨论总是无法深入、无人发言出现冷场、双方争论不休以及学生思维角度需要调整等）。

①学生回答不够深入时，可以适时抛出新的思考问题，让学生顺着新的思路进一步深入讨论。

例如，在"宏志达：创业融资与商业模式的耦合进化之路"（湖南大学：刘端）课程中，学生对问题"在宏志达的创业发展过程中，企业的商业模式经历了什么变化？促使这些变化产生的主要因素是什么？"的回答不够深入，教师首先总结了学生的回答并予以肯定："通过第一组同学的回答，我们很清楚地了解了宏志达在创业发展过程中经历的4个阶段和3个转变。"然后，进一步提出新的思考角度，让学生顺着思路继续讨论回答：

"事实上,在转变的过程中,大家还应该有第二层和第三层的思考。第二层,宏志达确实经历了商业模式的转变,那么是什么驱动它转变的,即转变的驱动因素是什么?第三层,宏志达是如何实现转变的,即转变的途径是什么?我们一起来思考这两个问题。对于第二层问题,可以从内部因素和外部因素来看。在由代理经销向产销一体转变中,是什么内部因素促成这种转变?"

②学生回答偏题的引导。

例如,在"秦智虞愚,以人为大——铁骑力士集团人才生态系统'活化'之道"(西南科技大学:何波)课程中,教师提问:"5s、6s和基层创新活动带给员工什么样的感受?"学生回答:"我们是做电子科技产品制造的,我们公司也在大力推行5s,最初的时候员工很不喜欢,我们也是先奖励,员工就会有自己的成就感,然后他就会给我们提很多的意见,一线的意见一提上来它就形成了公司的'知识库',就可以慢慢去改进……"此时教师提问:"所以你觉得5s这件事带给员工什么样的感受?"及时将学生的回答重新导向回问题本身,避免学生偏题。学生继而回答:"员工从抵触到后来的乐意接受、积极主动,是员工对公司长远发展的认可,也是员工的自我成长。"

③出现冷场时,可以转换提问的方式,或结合问题的具体场景帮助学生思考。

例如,在"秦智虞愚,以人为大——铁骑力士集团人才生态系统'活化'之道"(西南科技大学:何波)课程中,教师提问:"在你的工作中领导是如何激励你的?"学生可能一时间缺少回答思路,此时教师进一步给出具体的工作场景,帮助学生把抽象的问题具象化:"假设现在领导手里有一件非常棘手的事情没有人愿意做,他恰好找到了你,那么他会如何激励你来做这件事儿呢?"

④争论不休时,要予以及时的引导与控制。

例如,在"海尔集团的SBU再造机制"(湖南大学:曾薇)课程中,教师让学生就其他小组的回答进行补充或提出质疑。其中有学生认为海尔的SBU可能会导致内部交易成本上升,但有学生认为SBU能够节省交易成本。由于在该案例中并未有具体的数据证明交易成本的上升与否,没有绝对的对错之分,因此教师从交易成本的渊源出发进行解释,指出科斯本人在讲交易费用的时候也讲到了交易到底是通过内部交易还是外部交易能产生更低的交易成本。如果一个大公司里面大家都"算"得那么清楚的话,容易出现一个零和博弈的过程。

⑤学生思维角度需要调整时,可以对学生的回答进行点评并提出新的思考角度供学生对比、讨论,帮助学生反思自己的答案,拓宽学生思路。

例如,在"江苏民企招聘外企高管(A):派龙的橄榄枝"(山西财经大学:王玉娟)案例教学中,某同学在角色扮演中扮演王健时提到自己的观点是"坚决不能让海涛这么快就成为总经理,需要先过渡一下"。教师对其进行了针对性的提问与引导:"第一,是否真的需要等到李海涛成长了才能让他加盟呢?中国有句老话讲,'万事俱备,只欠东风',如果你不给他一个东风,不给他一个成长机会,他怎么成长呢?第二,王健和海涛通过前期的合作已经建立了一个非常好的信任关系,海涛也给了你很好的信誉,那王健为什么就不能给他(机会)呢?第三,对于派龙来讲,它是有现金流问题的,李海涛有丰富的经验能帮助你解决这方面的问题,而且有研究表明,外部人员的到来对于解决现有公司的业绩问题是非常有帮助的。你会改变你的决策吗?"在此基础上,教师进一步让学生就这两种不同的观点以小组为单位展开讨论,并要求提炼出小组团队决策的观点及理由。

(3) 案例讨论结束之后,教师应对学生的讨论情况及主要观点进行总结和评价,对于在讨论中表现出色的学生及时给予肯定和表扬,对于讨论中存在的问题与不足也需明确指出,并针对案例提出的问题作出恰当的点评,进一步加深学生对理论知识的认识与理解。

例如,在"海尔集团的 SBU 再造机制"(湖南大学:曾薇)课程中,学生在用双因素理论解释"SBU 再造机制对海尔人员产生的影响"时,将"晋升"归纳为保健因素之一。在学生回答后,教师首先对学生的答案予以肯定:"赞同该同学的说法,SBU 制度激发了员工内驱力,在激励因素上得到一个很大的提升。"但同时也及时指出错误之处,认为"晋升"不能成为保健因素的证据,并解释:"在大多数的管理中,保健因素是指'给了但员工只是觉得没有不满意,不给就会不满意',但很多员工在企业中可能并不会100%晋升,因此'晋升是保健因素'这一观点值得商榷。基础工资等更会成为保健因素。"

在这一环节,比较有效的做法是,在学生回答问题的同时,教师将关键词句写在黑板上,最后结束时,呈现出来的就是这一部分的理论框架。这样的板书很容易让学生觉得理论模型是他们构建和推导出来的,记忆很深刻。有错漏之处,教师也可以就此进行补充和订正,可以收到意想不到的教学效果。

2. 灵活选取并搭配多种组织形式

(1) 从理论与实践的逻辑关系角度,案例教学应用可以分为以下三种组织形式。

① "理论—实践"式:教师先讲有关的管理理论,在学生掌握了理论知识后,再让学生用该理论去解决实际问题。这种形式较为常见,也较易开展。

例如,在"'永不过期'的道德基因:广药集团的战略性社会责任探索"(浙江大学:莫申江)课程中,教师首先从大家熟悉的战略管理之父波特及其价值链模型入手,引出战略性社会责任相关的理论知识,帮助学生深入掌握战略性社会责任理论知识(如图14-2所示)。此后阶段性提出"医药行业企业适合开展的社会责任项目""广药面对这些

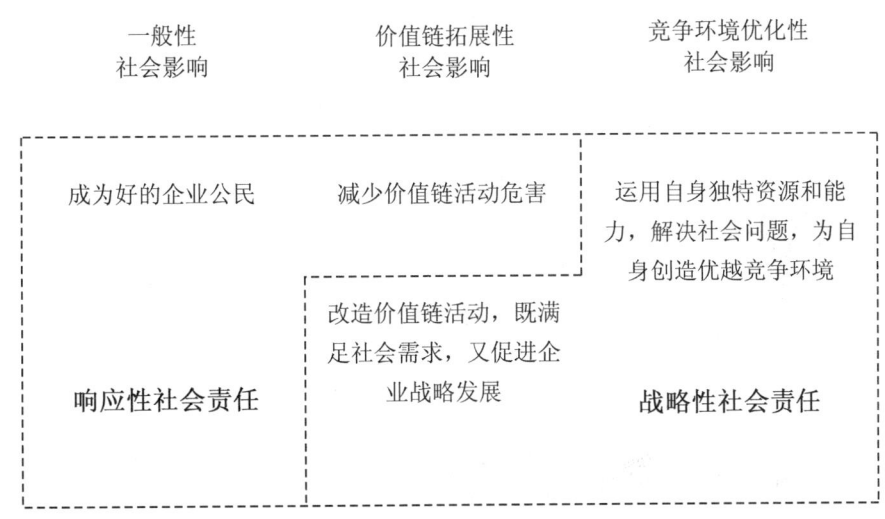

图 14-2 教学实例(2)

资料来源:莫申江,陈宏辉."永不过期"的道德基因:广药集团的战略性社会责任探索,中国管理案例共享中心。

挑战要不要继续进行企业社会责任项目，如何回应这些挑战"这两个问题，结合案例内容的分析，引导学生在认识理论知识后学会知识的运用。

②"实践—理论"式：在讲授理论之前，学生在教师的引导下自己总结提炼出理论。这种方式适用于比较简短、争议不大的课堂引例。

例如，在"谁动了我的店铺？——竹叶青的门店布置与运营"（西南大学：石声萍）课程中，教师先让学生观察对比门店布置调改前后的差别，小组发言后教师提出了该课程的重要理论——磁石点理论与五个磁石点配置。竹叶青的磁石点主要用到了第一和第三磁石点理论。第一磁石点主要为主力产品"论道"，吸引大量购买。

③"实践—理论—实践"式：首先，教师布置相关案例让学生认真阅读，提出问题启发学生去分析思考并回答；然后，教师总结评价并讲述涉及的理论；最后再让学生回顾案例中的问题并加以解决。这一方法对教师的引导与点拨能力要求很高。

例如，在"海尔集团的 SBU 再造机制"（湖南大学：曾薇）课程中，教师让学生在阅读案例的基础上，回答四道启发思考题：①海尔的组织结构发生了什么样的变化？变化的原因是什么？②从激励的角度讨论 SBU 再造机制对人员造成的影响？③用激励理论来解释造成这种影响的原因是什么？④SBU 再造机制有何负面作用？对此有何建议？前三道思考题涉及组织环境分析、激励理论等知识点（如图 14-3 所示），第四个问题则在前三个问题回答的基础上，引导学生运用所学知识为海尔 SBU 机制带来的弊端提出改善建议。最后总结出海尔基于战略的组织演进，帮助学生理解战略人力资源管理应当支持组织的变革并有效管理变革。

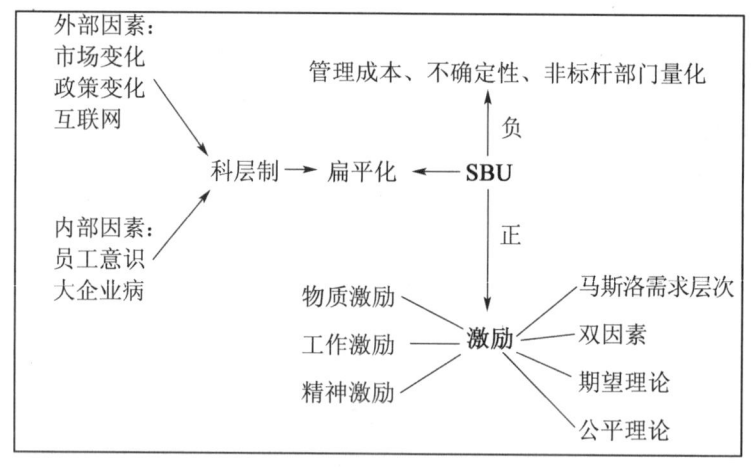

图 14-3 教学实例（3）

资料来源：《海尔集团的 SBU 再造机制》，曾薇，中国管理案例共享中心

（2）从参与主体角度，案例教学应用可以分为以下两种组织形式。

①小组积分式：以小组为单位组织学生，学生可以通过共同参与及表现赢得小组成绩，也可以通过书面报告形式上交自己的观点或小组讨论结果。此种形式重在为学生创造团队合作、相互竞争的积极氛围，使学生在交流、讨论和争辩中提高分析和解决实际问题的能力以及沟通、合作的能力。

例如，在"海尔集团的 SBU 再造机制"（湖南大学：曾薇）课程中，教师课前将学生分为四个小组,小组讨论阶段就四个启发思考题进行回答,并需将讨论结果进行记录(记录结果在汇报时呈现于屏幕)。而后每个小组分别就一个问题进行汇报,汇报时教师将每组的回答要点进行板书,形成一个清晰易懂的思维框架。每组汇报后其他学生可进行补充或提出质疑,最后教师讲解每个问题背后涉及的知识点并形成较为合理的案例分析答案。

②教师点评分析式:主要以教师为主体,教师在提供案例并提出要解决的问题之后,层层深入地剖析案例,寻找理由并找出解决问题的办法,旨在让学生学习教师运用管理理论分析思考实际问题的方法和路径。

对于案例组织形式的选取,要结合所要讲授理论的内容特点,着眼于效果和学生的实际态度和反应。可以结合多种形式,力求多样、灵活、有针对性、搭配适当。不论是采取何种组织形式,归根结底都是要做好学生的组织工作,充分调动学生参与案例教学的积极性和主动性,更大程度地发挥案例教学的优势与效果。

例如,在"江苏民企招聘外企高管(A):派龙的橄榄枝"(山西财经大学:王玉娟)案例教学中,教师鼓励学生分别对王健与李海涛两个案例主人公进行角色扮演,并分别从王健与李海涛的角度思考主要问题:(王健角度)是否要招聘李海涛?(李海涛角度)是否要进入该公司?再通过随机抽签的形式选取两位代表上台陈述自己的观点,这样一方面可以帮助学生更好地代入案例,梳理故事情节与逻辑线索,另一方面也可以方便教师更好更高效地了解学生的观点与学习情况。

3. 采取激励手段进行课堂管理

(1) 以物质奖励(如"分数")与精神奖励相结合的方式,让学生感到压力以使他们产生动力和紧迫感。

例如,在"宏志达:创业融资与商业模式的耦合进化之路"(湖南大学:刘端)课程中,教师同时对小组成绩和个人成绩进行评价。在小组报告所占的40%分数中,其中一半分数由教师根据大家的小组报告和作业成绩来给,另外一半由在座学生进行票选,选择展示最优、分析最佳的组。另外,在课堂讨论过程中有20%的个人表现分,由助教记录学生在课堂上的讨论表现。

(2) 采取竞争激励的方式,如小组对抗、辩论赛等,努力营造积极向上的竞争氛围,增强学生的竞争意识与参与意识。

例如,在"越界经营的风波:维康药业的渠道管理困局"(湖南大学:万炜)课程中,教师通过辩论赛的形式就"李忠窜货事件对企业的影响是弊大于利还是利大于弊"进行讨论。在辩论环节里,将时间按照"422"来分配,每一方会有一位一辩选手上台向大家阐述为什么该方持有这种观点,另外一方二辩在陈述之后针对一些问题进行反驳,二辩结束之后,三辩来把整个小组对于这个案例的观点做一个总结陈词。

(3) 有选择地采用目标激励的方式。

例如,在"从油条摊到爱心厨房:一对平凡夫妻的社会创业之路"(江西财经大学:郭英)课程中,教师首先介绍了课程的教学目标:①了解什么是社会创业;②区分不同的社会创业类型;③分析社会创业的商业模式;④明白社会创业的脆弱性。然后说明了课堂教学内容以及当中的重点、难点,且针对教学难点给学生提供了解决方法,激励学生积极参与到课堂教学当中。

对于课堂管理策略的选取与应用，都需要在管理教学实践中不断地进行摸索与积累，结合具体情况进行选择、调整或组合。

14.3 课后

14.3.1 具体步骤

1. 课后作业巩固学习成果

教师通过布置课后作业或者思考题的方式，引导学生在课程结束之后自主地对所学到的知识点进行复习巩固，并且能够将理论知识点实践到实际应用中去。

例如，在"'永不过期'的道德基因：广药集团的战略性社会责任探索"（浙江大学：莫申江）课程中，教师除了在课上对学生进行指导以外，还为学生布置了以"综合以上内容，结合实际，讨论对于现在所工作的组织内，什么是最值得开展的战略性社会责任实践"为题的课后作业，引导学生复习"战略性社会责任"理论知识，并应用于实践。

再如，在"江苏民企招聘外企高管（A）：派龙的橄榄枝"（山西财经大学：王玉娟）课程中，教师在课后布置两道作业：①个人作业，运用职业选择的社会认知理论，分析未来可能的职业选择；②团队作业，模拟招聘，分别尝试扮演人力资源面试官和求职者，做一次录用决策和职业选择决策。这两项作业一方面能帮助学生巩固课堂上所学的职业选择的社会认知理论等知识。另一方面也考虑到了即将毕业的本科生的现实需要，将"职业选择"和"模拟招聘"作为作业内容。

2. 相关资料推荐与知识点延伸

教师结合课程核心知识点以及相关延伸内容，可以向学生推荐有关的参考书目，辅助学生的课后学习，促进学生对于所学知识点的理解。

例如，在"江苏民企招聘外企高管（A）：派龙的橄榄枝"（山西财经大学：王玉娟）课程中，教师结合课程主题"VUCA背景下的人员招聘"，向学生提供了三本推荐阅读书目：《杜拉拉升职记》《海底捞你学不会》《管理的实践》。

再如，在"秦智虞愚，以人为大——铁骑力士集团人才生态系统'活化'之道"（西南科技大学：何波）课程中，教师在课程的最后向学生提供了一些与案例相关的资料，包括：①"秦智虞愚，以人为大——铁骑力士集团的人才生态系统'活化'之道"的后续两个案例；②案例作者对案例进行解读的视频；③10篇关于人员激励的文献，帮助学生从理论上去认知激励理论；④铁骑力士集团的访谈视频，分享案例主角本人的所思所想。以上四份材料从不同的视角帮助学生复习巩固课堂上所学知识，同时也深化学生对案例的理解。

14.3.2 实施要求

1. 教师提升分析水平

课堂结束后，教师也需要通过复盘总结切实提高自身的业务能力，精挑细选案例并进行适当有力的组织，以提升引发学生讨论热情的能力，使教师加大投入并提高自身对案例的分析水平。

例如，在"'四两拨千斤'——意大利环意旅行社的品牌联盟之路"（西北大学：李纯青）课程中，教师请学生在课后 24 小时内反馈课堂学习感受，方便学生和教师进行复盘和反思，内容包括：通过这堂案例学习课，知识、技能在哪些方面有改善；价值观、做人做事态度方式有没有改变，这些改变是在课前、课中、课后哪个阶段产生的。

2. 学生巩固学习成果

案例教学应用可以采取学生自导式，即主要由学生在课下单独完成对案例的分析与思考，加深对理论知识的掌握与应用，可以作为课堂案例讨论的补充形式。

例如，在"从油条摊到爱心厨房：一对平凡夫妻的社会创业之路"（江西财经大学：郭英）课程中，教师布置小组作业，鼓励学生到爱心厨房实地调查，获取真实的信息（比如社区是否真的支持），两周后提交一份 3000 字以上的报告，让学生对案例的学习从课堂延伸到实践中，通过自主学习和实地探索深化课堂学习成果。

第15章 精品课程示范

案例《"咖啡帝国"梦碎,瑞幸"异军突起"后折戟沉沙》由华南理工大学陈明教授讲授,课堂视频时间约 128 分钟。实施过程分为课前、课中、课后三个阶段。

15.1 课前计划

给学生下达课前预习内容,让学生认真去阅读案例,并布置以下两道思考题供学生进行课前分析与讨论,为接下来课堂讲授的知识点埋下伏笔。
①为什么要成为头部企业?
②如何才能成为头部企业?

15.2 课堂教学设计

表 15-1 为课堂设计表示例。

表 15-1 课堂设计表

时间	实施流程	活动内容	目标
视频约 26 分钟	课堂导入	教师通过时事热点与简单的问题引入课程内容。最后引入课程主题	帮助学生代入案例背景,加深学生对案例的理解,同时帮助学生认识到课程所涉及知识点的意义
视频约 77 分钟	案例分析与小组讨论	通过循序渐进的思考题让学生们一步步进行思考,同时进行小组讨论,以问题回答分享的形式展现出来	帮助学生深刻感知案例重点内容,引起更加广泛的思考
视频约 25 分钟	案例小结与知识拓展	教师先对案例进行后续分析并延伸,对知识点进行拓展	于课程末尾总结案例知识点,提炼升华

该案例教学视频中,教师提出此篇案例的五大思考题,在讨论过程中先启发相关理论框架,后进行集中讨论分享,最后教师总结。该案例课堂的核心在于通过介绍瑞幸在战略方面的整改与后期效果,引导学生思考战略选择的相关理论,以及战略改变后如何进行下一步发展的思考。

1. 课堂导入

先通过瑞幸财务造假问题引入，介绍瑞幸的故事梗概，引导学生对案例基本框架进行深度思考，构筑思维导图，理清逻辑。之后给出两道思考题"企业经营梦寐以求的目标——头部，如何成为头部企业？""为什么要成为头部企业？"

如图 15－1，对于第一个问题，教师给出了"做大、做强"的提炼。对于第二个问题，教师解释为"环境所迫、利益驱使"。针对环境方面，教师提出了波特五力模型，对瑞幸为什么要成为头部企业的原因进行分析。

接下来，关于"如何做大"的问题，教师解释可通过垂直延伸和横向拓展的方式实现"做大"。关于"如何做强"的问题，则通过增加利润，包括增加业务收益和资本收益的方式实现"做强"。通过循序渐进的问题，更易引导学生回顾案例并深刻思考，逐渐引入课程主题。

通过课前提问的形式帮助学生回顾有助于课程学习的案例内容，并通过一个简单的小结较为完整地回顾案例内容，以便后续课程的顺利开展。

图 15－1　教学实例（1）

2. 案例分析与小组讨论

（1）教师提出第一个问题："瑞幸创业之初的战略规划是什么？"在让学生们思考之前，教师提出"企业战略"的概念，即企业根据环境变化，依据自身资源和实力选择适合的经营领域和产品，形成自己的核心竞争力，并通过差异化在竞争中取胜。提出战略制定的内容和步骤：机会分析—市场定位—愿景使命—战略目标—战略选择。

随后经过五分钟的小组讨论，教师要求各小组将结果写在 A4 纸上，然后分组说出答案。

第一组表示："看到现磨咖啡市场有大量需求，在中国购买咖啡不够方便，瑞幸的定位是做低成本产品，目标人群是中青年，对口感品质等痛点进行改进。其愿景是做出比星巴克更好的咖啡，使命是'让中国人喝到便宜好喝的咖啡'，短期目标是完成投资和门店扩张，长期目标是让咖啡变成日常，战略选择是低成本和差异化模式。"

第二组表示："中青年成为消费主流群体，瑞幸聚焦一、二线白领群体，其战略为高差异化战略,使客户产生黏性。"

第三组表示:"瑞幸采取新零售模式的销售模式,采用 App、大厅等新式模式。"

随后,教师总结瑞幸所发现的五大痛点:越来越多人喜欢咖啡、中青年成为消费主体、消费者对口感品质有高要求、目前咖啡购买不方便、价格贵。

之后,教师引用瑞幸咖啡创始人钱治亚的一句话:"我们不是在卖空间,是在卖咖啡,我们不是'第三空间',我们说的是'无限场景',我们就是要我们的消费者随时随地享用到一杯好咖啡。"

(2)教师提出第二个问题:"为了实现战略目标,瑞幸都做了什么?"将制作好的表格提供给学生们进行选择判断。经过讨论后,教师公布答案并分析。随后提出"瑞幸的资本投资了事业还是机会?"的问题,通过分析判断瑞幸是在投资机会,引导同学们一步步思考瑞幸模式的失败转向。

(3)教师提出第三个问题:"为了配合战略的实施,瑞幸采用了怎样的商业模式?"教师首先讲解商业模式的定义,并与经营模式相区别。接着讲解瑞幸的商业模式——异军突起,表现为低成本快速扩张、疯狂引流与变现、增资扩股与套现三个方面。

(4)教师提出第四个问题:"瑞幸的商业模式存在哪些问题?能从中分析出导致后期瑞幸财务造假的根本原因吗?"基于该问题需同时研讨三个问题:规模扩张真能降低成本获得竞争优势吗?瑞幸获取流量真是为了消费变现吗?瑞幸追求资本放大效益错在哪?小组讨论后将答案写在 A4 纸上分组进行展示,如图 15-2。

第一组表示:"规模扩张不一定能降低成本获得竞争优势",同时举出肯德基和海底捞的例子,"瑞幸前期初心是为了流量变现,后期更多是为了让财报好看。瑞幸错在盲目追求资本价值而忽略业务价值,甚至为了追求资本价值捏造业务价值。"

第二组表示:"规模扩张不能获得竞争优势,获取流量也并不是为了消费变现,而是追求资本收益。本组认为瑞幸错在业务根基不稳且未创造正向现金流。"

第三组表示:"规模扩张没有获得竞争优势。同时瑞幸也只追求资本收益,没有追求业务收益。"

图 15-2 教学实例(2)

教师给出总结:"商业模式再怎么玩,价值拔高才是根本,光靠降低价格就做错了本质。同时,还要靠顾客的重复消费和连带消费变现流量价值,不断增加销售额和利润。"

接下来教师强调,瑞幸财务造假的根本原因是资本的贪婪。同时介绍商业模式画布的概念,如图15-3所示。商业模式画布是一种用于梳理商业模式的思维方式和工具,有助于描述商业模式、评估商业模式和改变商业模式,并以一种极其简练的、可视化的、一张纸的形式表现出来。它由客户群体分类、价值主张、渠道通路、客户关系、收入分析、核心资源、关键业务、重要伙伴以及成本分析等九个模块组成。商业画布能够帮助管理者催生创意、降低风险、精准定位目标用户、合理解决问题、正确审视现有业务和发现新业务机会等。

图15-3 教学实例(3)

最后,教师邀请在证券公司工作的同学跟大家进行分享:"瑞幸的失败来自于资本驱动,过快的扩张使得其财务数据无法跟上,于是只好作假以获得融资。"

(5)教师给出第五个问题:"当前环境下瑞幸咖啡应对其战略做出何种调整以尽快恢复发展?"

第一组表示:"打造如生椰拿铁这样的爆品。锁定目标人群,稳扎稳打去发展。"

第二组表示:"收缩规模,降低补贴力度,实实在在做产品,继续强化差异化发展。打造品牌新形象。"

第三组表示:"向投资者表示歉意,以重新获得信任。更加聚焦产品。"

教师总结:"重点在于业务,要关注产品偏好、服务偏好、人员偏好、品牌偏好。增加总价值,减少总成本。"

采用循序渐进的形式能帮助学生更好地代入案例,融合理论知识进行独立思考与表达;教师的点评有助于学生深化对案例及理论知识的理解。同时,通过小组讨论引导学生在掌握相应理论与理解案例的基础上进一步思考案例决策问题,并且小组讨论与发言的时间需要灵活变通。

3. 案例小结与知识拓展

教师给出瑞幸整改的基本思路:首先应把疯狂扩张的脚本慢下来,依托积累数据、技术和实体运营经验,尽快调整发展战略。稳定和提升业务收益,开店不再追求数量,改为以质取胜。其次，进行产品线调整，进一步提炼出独特的品牌定位。最后，将低价补贴转变为精细化社群运营策略，重点提升客户留存率和复购率。其整改措施包括管理层重组、新老团队矛盾迅速解决、回归客户与产品本质、利用粉丝经济营销出圈、控制成本和多元发展，获得投资者信任与谅解等。最后，教师给出了瑞幸在整改后取得的各项成效，并送给瑞幸和学生们一句话：不忘初心、牢记使命、诚信经营、稳步前行。

除了对案例本身的决策问题的思考以外，案例教学更应当注重于帮助学生构建决策理论框架，形成系统的管理思维。

15.3 课程实录和使用说明的变化内容

任何收录到案例库的案例除了案例正文外，还需要配备案例的使用说明，也就是教师使用的教案或手册、教学笔记等。实际授课时，很多时候会根据教学的课程内容、学生情况以及时间安排进行相应的修订和调整，以实现更好的课堂教学效果，这种改变是正常的。开发案例的作者所提供的使用说明仅仅是一个老师备课的参考，更多的还是要发挥授课老师的自主性，对案例的使用流程、素材的节选甚至适用理论做出更适合自己教学需要的改造。表15-2就是采用《"咖啡帝国"梦碎，瑞幸"异军突起"后折戟沉沙》的案例素材上课时，课程实录与使用说明之间的差异比较，供大家参考。

表15-2 变化内容表

变化内容	使用说明	课程实录
教学目的与用途	本案例主要适用于"资本运营与公司战略"课程	本案例适用于"商业模式涉及与创新"课程，涉及商业模式调整、战略分析与调整等内容
分析思路	首先建议师生仔细阅读案例正文，案例正文的前三个部分分别对应启发思考题的前三题，案例正文的第四部分对应启发思考题的后两题 接下来结合启发思考题，学生应查阅资料，明确相关理论知识并将专业知识与现实案例相结合，对启发思考题进行分析和解答。希望借助教师的思考和发挥，巩固学生的理论知识储备，提高学生运用知识分析问题和解决问题的能力 请思考瑞幸"异军突起"的战略发展模式与其财务造假事件的发生是否存在逻辑关系？思考这种急功近利的发展模式必然会导致财务造假吗……	提出以下五个重点学习题供学生思考： （1）瑞幸创业之初的战略规划是什么？ （2）为了实现战略目标，瑞幸都做了什么？ （3）为了配合战略的实施，瑞幸采用了怎样的商业模式？ （4）瑞幸的商业模式存在哪些问题？能从中分析出导致后期瑞幸财务造假的根本原因吗？ （5）在当前环境下瑞幸咖啡应对其战略做出何种调整以尽快恢复发展？
	变化说明： 使用说明中的思考题着重分析上市公司财务造假的动因和商业模式的制定，课程实录中思考题（3）着重分析配合战略的商业模式分析	

续表

变化内容	使用说明	课程实录
理论依据及分析	公司战略与商业模式 商业模式的制定 战略分析与战略调整	（1）课程实录中，对涉及知识点的分析贯穿于课程全程 （2）课程实录中，对商业模式调整的分析主要体现在第 3 和第 4 个思考题 （3）课程实录中，对战略分析调整的分析主要体现在第 5 个思考题 （4）课程实录中对商业模式介绍与分析的内容更加突出
建议课堂计划	课中计划： 课堂讨论前言：教师简单扼要地介绍讨论主题（2～5 分钟） 分组讨论：每组 4～5 人，分组讨论，深入了解瑞幸目前的发展状况和面临的问题（20～25 分钟） 讨论总结：教师对案例讨论进行归纳总结，并进一步提出发散性问题让学生进行课后思考（5 分钟）	（1）课堂导入（视频约 26 分钟） （2）案例分析与小组讨论（视频约 77 分钟） （3）案例小结与知识拓展（视频约 25 分钟）

参考文献

[1] 余凯成. 管理案例学 [M]. 成都：四川人民出版社，1987.

[2] 刘亚平. 案例教学法在企业培训中的应用 [J]. 中国成人教育，2005（6）：115-116.

[3] 李宏. 哈佛商学院的案例教学法 [J]. 安阳工学院学报，2009（3）：117-119.

[4] 耿波. 市场营销教学中案例教学法的应用体会 [J]. 文教资料，2006（36）：122-123.

[5] 周英男，陈芳. 建构主义理论在 MBA 案例教学中的应用研究 [J]. 管理案例研究与评论，2008（1）：68-72.

[6] 黄劲松. 基于建构主义的工商管理案例教学方法论 [J]. 管理案例研究与评论，2009，2（5）：350-355.

[7] 郭文臣，王楠楠，李婷婷. 描述型案例和决策型案例的开发 [J]. 管理案例研究与评论，2014，7（5）：427-435.

[8] 王淑娟，马晓蕾，崔淼. 中国本土案例撰写现状再分析——第二届"百篇优秀管理案例"评选综述 [J]. 管理案例研究与评论，2012，5（1）：69-76.

[9] MEYER H D, SHANNON B. Case writing as a signature pedagogy in education leadership [J]. Journal of Educational Administration, 2010, 48（1）：89-101.

[10] CINNÉIDE B Ó. Proposed enhancement of the contribution of the teaching note to the case writing process [J]. Journal of European Industrial Training, 1998, 22（1）：28-32.

[11] RATHORE A K, KUMAR A. Case study method: for training and case-writing [J]. Tecnia Journal of Management Studies, 2010, 4（2）：73-80.

[12] CELLUCCI L W, KERRIGAN D, PETERS C. Case writing matters [J]. Journal of Case Studies, 2012, 30（1）：1-7.

[13] GRAGG C I. Because wisdom can't be told [J]. Harvard Alumni Bulletin, 1940（10）：78-84.

[14] BERGER K, STRATTON W E, THOMAS J G, et al. Critical incidents: demand for short cases elicits a new genre [J]. Business Case Journal, 2012, 19（1）：6-20.

[15] 小劳伦斯·E. 列恩. 公共管理案例教学指南 [M]. 郅少剑等，译. 北京：中国人民大学出版社，2001.

[16] 傅永刚，王淑娟. 管理教育中的案例教学法 [M]. 大连：大连理工大学出版社，2008.

[17] 沈波. 论管理案例与管理案例教学法 [J]. 南京广播电视大学学报，2003（1）：69-71.

[18] 王淑娟，胡芬. 案例开发：教学案例的规范性及现状评估——第二届"中国管理案例共享国际论坛"（2011）综述 [J]. 管理案例研究与评论，2011，4（2）：92-101.

[19] CHOWDHURY B. Reflecting on management situation: the craft of case-writing [J]. Journal of the Management Training Institute, SAIL, Ranchi, 2011, 39（3）：38-41.

[20] LEENDERS M R, ERSKINE J A. Case research: the case writing process [M]. 3rd ed. London: University of Western Ontario, 1989.

[21] CAPPEL J J, SCHWAGER P H. Writing IS teaching cases: guidelines for JISE submission [J]. Journal of Information Systems Education, 2002, 13（4）：287-294.

[22] SCANLAN C. Reporting and writing: basics for the 21st Century [M]. New York: Oxford University Press, 2000.

[23] PETERS C, CELLUCCI L W, KERRIGAN D. Improving the hook in case writing [J]. Journal of Case Studies, 2012, 30（2）：1-6.

[24] HANSEN A J. Writing cases for teaching: observation of a practitioner [J]. Phi Delta Kappan, 1997, 78（5）：398-403.

[25] 马晓蕾. GDC 公司内部的文化冲突 [DB/OL]. http://www.cmcc-dlut.cn/Cases/Detail/333.

[26] EISENHARDT K M, GRAEBNER M E. Theory building from cases: opportunities and challenges [J]. Academy of Management Journal, 2007, 50 (1): 25-32.

[27] JICK T D. Mixing qualitative and quantitative methods: triangulation in action [J]. Administrative Science Quarterly, 1979, 24 (4): 602-611.

[28] MILES M B, HUBERMAN A M. Qualitative data analysis: an expanded sourcebook [M]. 2nd ed. Beverly Hills: Sage Publications, Inc., 1994.

[29] MERTON R K. Social Theory and Social Structure [M]. New York: Free Press, 1968.

[30] BACHARACH S B. Organizational theories: some criteria for evaluation [J]. Academy of Management Review, 1989, 14 (4): 496-515.

[31] DAVIS M S. That's interesting! Towards a phenomenology of sociology and a sociology of phenomenology [J]. Philosophy of the Social Sciences, 1971, 1 (2): 309-344.

[32] WEICK K E. Theory construction as disciplined imagination [J]. Academy of Management Review, 1989, 14 (4): 516-531.

[33] Yg C A B O. Concept fallibility in organizational science [J]. Academy of Management Review, 1989, 14 (4): 579-594.

[34] EISENHARDT K M. Building theories from case study research [J]. Academy of Management Review, 1989, 14 (4): 532-550.

[35] STRAUSS A, CORBIN J. Basics of qualitative research: grounded theory procedures and techniques [M]. Newbury Park, CA: Sage, 1990.

[36] LEE T W. Using qualitative methods in organizational research [M]. Thousand Oaks, CA: Sage, 1999.

[37] RAMARAJAN L, DESSAIN V, MOLONEY E. Leading Change in Talent at L'oréal [EB/OL]. [2022-07-04]. http://www.hbs.edu/faculty/Pages/item.aspx?num=57781.

附1 "全国百篇优秀管理案例"评选评审指南

为进一步提高"全国百篇优秀管理案例"的水平,使案例评审更具操作性、针对性和准确性,根据中国管理案例共享中心案例评审要点,制定本评审指南,供评审专家在案例评审时参考。

分值分布(满分6分)

案例内容	分值比重
案例正文	1/3
使用说明	1/3
综合评定	1/3

(一)案例正文

选题的典型性。案例的选题应从教学需要出发,以本土企业或在华投资经营的外资、合资企业为撰写题材,案例所包含的管理问题应该是当前管理实践中有一定的典型性和代表性的问题。如果在案例中将商业事件作为读者评价/决策的对象,应该具有层次感和丰满度。案例中的关键事件应同时兼顾框架和细节,要与课程和知识点密切相关。出现关键事件缺少具体描述和数据支撑、过多描述与课程和知识点无关的商业事件、微案例中商业事件涉及的知识点不止一个等情况都建议扣分。

谋篇布局合理性。案例谋篇布局要综合考虑案例的决策主题和素材,案例的主线要清晰明了,案例素材和主线结构匹配要合理。案例内容要完整,包含背景资料、焦点事件、主人公等内容。

焦点事件选择的合理性。对于决策型案例,决策点是案例的关键;对于描述型案例,核心问题在于冲突的过程。而无论是决策型案例还是描述型案例,都离不开焦点事件。案例的焦点事件应与课程教学目标、教学知识点相对应。焦点事件应选择合理,能够描述清楚却不冗长,表达清晰。

材料真实客观。案例必须以真实的管理情境为素材进行编写,情境是读者分析焦点事件的重要依据,素材必须是经过作者实际调研和访谈获取的第一手资料,不能是从网上获取的二手资料或虚拟资料。情境应与教学目的、案例主题和知识点相关。缺少引致事件发生和决策的情境,以及引入大量与事件发生和决策无关的情境建议扣分。

写作的规范性。

(1)题目。以不带暗示性的中性标题为宜,应让读者能立刻捕捉到案例的要点。基本规范为"企业名+主题",若题目中无企业名称,或为"基于……的研究"的范式建议扣分。

(2)正文。正文中对焦点事件的描述应该保持客观,不作评论分析。一般案例在8000字以内为宜,微案例不超过3500字。采用学术型论文的写作方式(频繁出现"分析了""探讨了""提供借鉴"等说法），或提出"研究结论"等建议扣分。

（3）图表的规范性。正文中的图表主要是对关键信息的披露，应该合理运用图表展示与案例分析直接相关的结构化信息，如果正文中包含大量只起参考辅助作用的图表，则建议扣分。

（二）案例使用说明

教学目标设定的合理性。案例教学目标的设定要与课程教学目标和知识点对应，要综合考虑案例的知识覆盖和对学生分析问题、解决问题能力的训练。"适用课程"以 $1\sim2$ 门与案例素材有较强关联性的课程为宜，指出该案例可以使学生掌握哪方面的理论知识及培养学生哪方面的能力。适用课程超过 3 门，或与案例素材关联性不强，未指出该案例在使学生掌握某方面理论知识或培养学生某方面能力上的作用建议扣分。

核心理论选择的恰当性。选取的基础理论知识及分析方法应与案例决策问题紧密相关，而不是普遍联系。理论的学习应鼓励学生阅读教科书，案例使用说明中对理论的陈述不必过于繁琐，列出框架与条目即可，篇幅不宜过长。

分析的深度与逻辑性。案例分析要由表及里，层层递进，厘清现象与理论之间的关系，有利于教师和学生对案例问题进行系统的总结，同时帮助教师和学生有针对性地学习案例相关的知识。案例分析要将理论与实际结合起来，体现出案例素材梗概、关键要点、分析逻辑以及所涉知识与能力。只单纯地罗列出相关理论知识，缺乏案例分析内容，或所列理论与案例分析内容不匹配建议扣分。

课堂提问设计的合理性。课堂提问是把握课堂讨论方向和节奏的重要工具以及线索，问题和问题之间也要由表及里，层层递进，既要紧密围绕案例的决策点，又要贴合理论脉络，还要有利于案例教学讨论的进行。90 分钟的案例课程问题数量一般在 10 个左右。

课堂计划的合理性。案例课堂教学计划要考虑教学目标和学生特点等因素，课堂教学计划包括学生课前计划和教师课前计划的安排、课堂讨论交流的方式、时间进度计划、教师注意要点和课后如何评估等内容。缺乏课前计划、课中计划及课后计划三部分任一内容，课中计划缺乏小组讨论环节或教师互动式提问环节建议扣分。

（三）综合评定

根据案例整体的编写情况进行综合评定，"优先推荐"的案例加 2 分，"推荐"的案例加 1 分，"不推荐"的案例不加分。

"全国百篇优秀管理案例"评选打分表

案例编号		案例名称		
第一部分 案例正文（按 0.1～0.4 算分）				
分值维度	4	3	2	1
选题的典型性	□很好	□好	□一般	□差
谋篇布局的合理性	□很好	□好	□一般	□差
焦点事件选择的合理性	□很好	□好	□一般	□差
材料真实客观	□很好	□好	□一般	□差
写作的规范性	□很好	□好	□一般	□差

续表

第二部分 教学使用说明（按0.1~0.4算分）				
分值维度	4	3	2	1
教学目标设定的合理性	□很好	□好	□一般	□差
核心理论选择的恰当性	□很好	□好	□一般	□差
分析的深度与逻辑性	□很好	□好	□一般	□差
课堂提问设计的合理性	□很好	□好	□一般	□差
课堂计划的合理性	□很好	□好	□一般	□差
总分			审稿人	
推 荐 意 见（请选择1项）：	□优先推荐（+2）		□推　荐（+1）	□不推荐

评审意见：（不少于200字）

附2 《哈佛商业评论》投稿指南

在《哈佛商业评论》，我们相信"管理"。如果世界上的组织和机构得到更有效的运营，如果企业的领导做出更好的决定，如果人们的工作效率更高，相信我们所有人——员工、老板、客户、家庭和企业利益相关者——都会过得更好。本刊试图用想法武装读者，帮助他们在工作中变得更聪明、更有创造力、更果敢。为此，本刊聘请了管理理论和实践领域首屈一指的专家来分享他们的见解和建议。

HBR（*Harvard Business Review*）涵盖广泛的主题，包括战略、领导力、组织变革、多样性和包容性、创新、决策、营销、职业转型、工作生活平衡和团队管理。本刊发表各种篇幅的文章（有些同时提供纸质版和电子版，有些仅提供电子版）、图表、播客、视频以及其他任何可能有助于我们有效分享想法的媒介。

本刊在评估所发表内容时关注以下五个品质：

（1）专业知识：投稿者不必出名，但必须对所写的主题有专业深入的了解。

（2）证据：仅仅向读者证明您已经深入了解某一主题是不够的，您必须提供能够支持你研究的证据或描述相关的例子。如果您有有趣的数据，也请提供给我们。

（3）创新性：管理中的新想法是罕见而珍贵的，这也是读者喜爱 HBR 的主要原因之一。如果您正在写一个陈旧的话题，我们将寻找一个独特的论点或见解。我们还将研究如何将其很好地建立在本刊已经发表内容的基础上，以及它是否会特别地被 HBR 的读者所接受和喜爱。

（4）实用性：HBR 读者不仅是为了了解管理思维的新发展，也是为了改变他们及其组织实际做事的方式。如果您能解释自己的想法，让读者了解如何在实践中应用它，这将使它更强大、有效。

（5）写作具有说服力和可读性：HBR 读者聪明、忙碌且有质疑精神，只有及时抓住读者的兴趣才能保证不让他们流失。

基于上述这些维度，本刊努力发表符合本刊对多样性、公平性和包容性的承诺的内容。这意味着我们寻找代表本刊所服务的不同受众的作品。本刊将优先考虑涵盖广泛示例和观点的内容，并尽可能避免刻板印象和带有偏见、贬低意味的内容。

关于流程的一般说明

本刊收到的投稿量远比收录量多，由于空间和时间有限，或者因与本刊已出版的其他作品区分度不高，我们经常不得不拒绝好的投稿。由于本刊收到的投稿量很大，故可能需要几周的时间来评审一份稿件。如果本刊对您提交的部分内容提出修改意见，请尝试其他更好的想法；如果本刊的编辑多次说"不"，这可能意味着你的作品不适合本刊的受众。

本刊的编辑过程比许多其他出版商更严格，您可能会被要求进行多轮修订。撰稿人经常告诉我们，他们很感谢在工作上得到的额外照顾和关注。

本刊保留对标题的最终决定权。本刊的编辑花了数年时间研究哪些类型的标题能使

HBR 的文章最有可能被阅读、被在线搜索或在社交媒体和世界各地的办公室被分享。如果本刊重写您的标题，那是因为我们相信修订后的版本能帮助您将想法传达给目标受众。

本刊力求文章的真实性，您的作品应当是原创的。本刊不会发布在其他地方出现过的，或被视为广告宣传的，或没有包含严格引用的文章（尽管这些可能不会出现在成品中）。本刊要求我们的作者披露他们与文章中所引用公司的所有财务关系。在发布您的定稿之前，本刊会要求您签署一份版权协议，但作者仍能在文章中保有他们的基本思想。

关于集成式 AI 的使用，我们理解投稿者可能想使用类似的工具挖掘创意和示例。本刊要求作者向他们的编辑分享使用这些工具的方法。重要的是，作者应对其作品的准确性、完整性和原创性负责。

在确定何时、何处发表之前，本刊会评估您的观点和想法。本刊将考虑接收仅包含简短摘要的投稿，本刊可以帮助您确定您的想法是否应该以杂志文章、电子文章、播客、图表、视频还是其他形式发表。也就是说，HBR.org 和杂志的提交流程之间存在一些差异。

HBR.org 的流程说明

HBR.org 涵盖了前沿和经典的管理主题，从新研究到实用建议，再到关于现代工作场所或时事的文章。如果您先向本刊发送简短的摘要，这对我们尽早为您提供反馈很有帮助，但在正式接收一篇文章之前，我们需要看到完整的初稿——即使本刊已要求您写，或即使您以前为本刊写过。如果您与 HBR 的编辑没有联系，您可以通过超链接 Submittable 发送您的内容。

杂志的流程说明

杂志的长篇文章的评审过程更正式。您可以针对某个专题向编辑发送简短的摘要，但一旦您的想法被敲定，那么您应当提交一份正式的提案和叙述大纲。该提案应该回答以下问题，但不需要采用问答格式。

（1）您所写的文章的核心内容是什么？
（2）您有哪些重要、有用、新颖或有悖常理的观点？
（3）为什么管理者需要知道这件事？他们该如何应用您的想法？
（4）您想法的来源是什么？这个想法建立在过往的哪些工作上（无论是您自己的工作还是其他人的工作）？
（5）您借鉴了哪些学术、专业或个人经验？

叙述性大纲不应超过 800 字，并应说明文章的基本结构。我们想了解您论点逻辑的推演过程，以及您为论点提供了哪些证据。请用实践中的具体事例来说明您的观点，或者提供一个扩展的详细例子。如果您与 HBR 的编辑没有联系，您可以通过超链接 Submittable 发送您的内容。

感谢您考虑与本刊合作。

Maureen Hoch　　HBR.org 编辑
Amy Bernstein　　《哈佛商业评论》编辑

附3 华南理工大学工商管理学院华南管理案例研究中心介绍

华南管理案例研究中心暨华南案例教学实验中心（以下简称案例研究中心）为国家新型工业化发展创新研究基地暨广东省新型工业化发展研究所专设的科研机构。这是教育部985工程二期国家创新基地建设项目广东省新型工业化研究基地建设的一部分，依托国家教育部直属的全国重点大学——华南理工大学雄厚的教学和科研实力，立足华南、面向国内外的中国企业管理案例的研究、教学、培训与学术交流提供支持与服务的公共平台。

致力于建设以中国本土企业管理（尤其是新型工业化以及泛珠江三角洲企业）为主的管理案例库，为推动和提升工商管理案例教学水平，促进中国企业的管理现代化，尤其是为华南企业提供企业管理的案例借鉴。

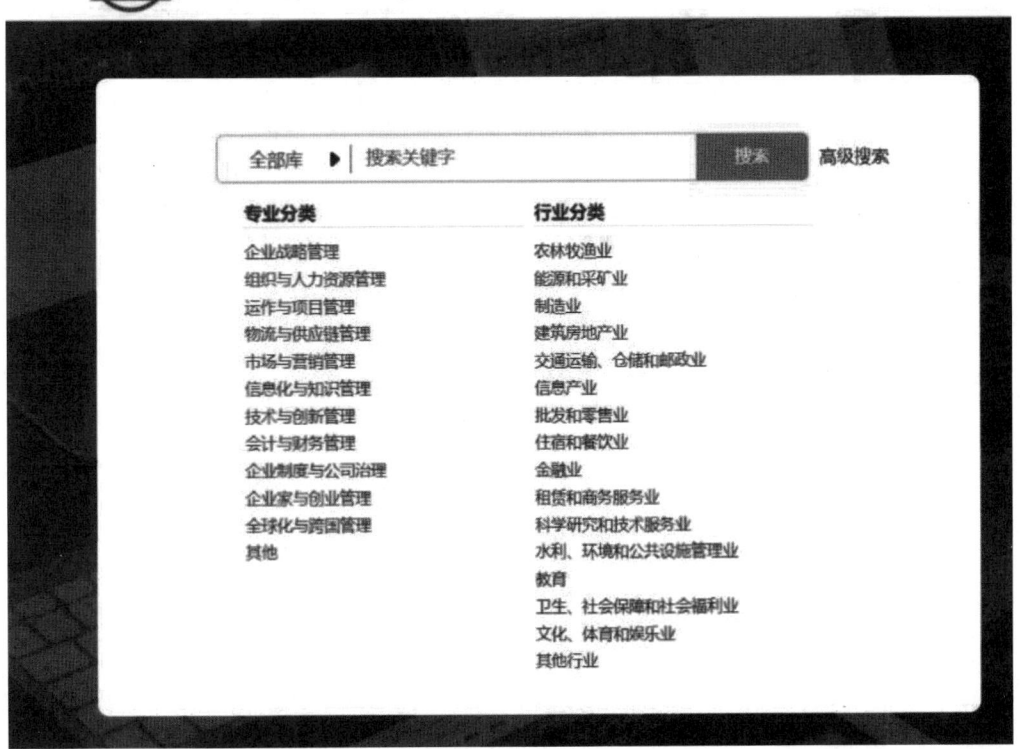

案例研究中心的日常工作包括"华南管理案例全文数据库"的更新和维护，组织教师开展案例研发和案例教学研讨，开展对外交流、企业管理咨询和培训服务。案例中心成

立 14 年以来，围绕案例库建设、案例系列文集出版、案例师资培训、AMBA（The Association of MBAs，工商管理硕士协会）国际认证等展开了一系列的开拓性工作，取得了丰硕的成果。与校图书馆合作建成开通了"华南案例管理全文数据库"，迄今为止现已入库的案例有 1741 篇，其中自编案例 1022 篇，选编案例 719 篇。收录的案例覆盖战略管理、市场营销、人力资源管理、会计与财务管理、物流与供应链管理、运作与项目管理、信息化与知识管理、技术与创新管理、公司治理、企业家与创业管理、全球化与跨国管理等工商管理教学的各学科领域。

联系方式
联系电话：020-87114100
联系邮箱：bmanli@scut.edu.cn
联系地址：华南理工大学汕头校友楼 5 楼案例中心

附4　华南管理案例研究中心企业案例工作坊

（一）项目背景

习近平总书记在经济社会领域专家座谈会上指出，时代课题是理论创新的驱动力，新时代改革开放和社会主义现代化建设的丰富实践是理论和政策研究的"富矿"，我国经济社会领域理论工作者大有可为。案例是将实践问题理论化、系统化的重要载体，是将高水平研究、教学与实践有机融合的重要途径，是深挖实践"富矿"、讲好中国故事、形成中国特色哲学社会科学理论体系的重要抓手。大力加强案例建设，是针对我国改革开放伟大实践，开展学理性探究、理论性构建，推动学科发展、学术繁荣，促进人才培养模式改革和教学体系、教材体系建设的重要举措和有效途径。

华南管理案例研究中心计划组织"企业案例工作坊"，为专家学者和青年教师提供一个相互交流、合作的平台，让教师深入了解企业，提升案例采编能力和EMBA/MBA专业学位管理课程的授课效果。具体来说，举办"企业案例工作坊"可以在师资培养、案例开发、专业学位案例教学等方面给学院带来益处。

（1）组织专家学者和青年教师前往企业调研，并与企业负责人进行深入的沟通交流，让他们体验企业的运作过程，领悟企业家的抉择与困惑，在此过程中提升教师理论与实践结合的能力。

（2）通过让青年教师更多地与企业高层接触和沟通，丰富他们的案例储备、锻炼他们的实践思维，提升青年教师与MBA、EMBA等企业高管学生进行沟通和上课的自信心。

（3）通过搭建这一校企合作平台，为教师提供与企业接触的机会，可以解决部分教师平常较少与企业接触，没有渠道采写案例，不了解企业实际经营困境等问题，有助于让科研和教学更贴近企业的实际发展需要。

（4）在开发案例的过程中，华南管理案例研究中心将为老师们提供专业的服务和指导，帮助青年教师尽快熟悉案例开发的基本方法，提高教师的案例采编能力。

（5）从"企业案例工作坊"产出的教学案例将为工商管理学院专业学位的学生们提供更加真实、丰富、前沿的案例教学素材。

（6）同时，通过严格把控企业选择、素材质量和开发过程，这些案例也将比各教师分散撰写案例或者用学生论文改写案例等方式有更高水平的产出，能够更加有机会获得国内案例比赛的奖项，甚至进入国外案例库，助力工商管理学院专业学位教学项目的声誉提升。

（7）此外，通过采编华南地区具有典型性和代表性的企业案例，有助于更好地服务地区经济发展与人才培养，帮助提升华南理工大学工商管理学院在企业界的影响力。

（8）在"企业案例工作坊"进行的过程中，还有可能遇到和识别出新的企业管理问题，可以与企业开展研究合作，以推动理论和实践的融合发展。

(二) 开展模式

"企业案例工作坊"每期计划以一个华南具有代表性的优秀企业为主体，面向华南理工大学工商管理学院招募3～5位教师作为采编负责人。采编教师将在华南管理案例研究中心的组织下，带领团队赴企业实地调研，完成拟定选题方向的案例编写工作。选题负责人需提交至少一份完整的教学案例。在此过程中，参与教师可以充分深入地了解企业实践，丰富自身学术领域的实践思考，提高自身案例开发的水平以及与企业沟通对话的能力。若选题负责人提交的案例满足各大案例库的要求，得到案例库收录或获案例库评选奖项，能帮助企业在各大高校间展开正面的宣传。本项目的经费来源为企业赞助。每期活动的主要环节如下。

1. 企业报名

由企业填写报名表，介绍企业的基本信息，包括行业、业务、所涉职能部门、典型事件和经验、决策困惑和难点等内容，并附上企业相关介绍资料。华南管理案例研究中心将对企业报名资料进行审核和筛选，与企业进行初步沟通，并匹配相应领域的采编负责人。

2. 首次座谈会

安排采编负责人与企业负责人进行会面，听取企业的概况介绍。座谈会上，首批参与调研的采编负责人将组成专家团，专家团会围绕战略管理、企业文化、技术创新等主题发掘企业管理案例，并与企业负责人进行初步的提问和沟通。首次座谈会后，专家团也可以分主题组织案例小组，招募相关领域的教师加入，再共同对企业进行调研。

3. 第二次座谈会和现场调研

安排采编负责人、各案例小组与企业负责人进行会面，由企业负责人介绍企业的经营情况、战略管理、企业文化等更详细的企业信息，并总结管理经验。之后，采编负责人分别介绍各自的采编构想及调研计划，与到会的企业领导及其他调研协调人进行交流讨论。

然后，全体采编教师在企业负责人的带领下参观企业，了解企业的产品及业务范围。之后按选题分组，由企业安排适合的职能部门负责人或业务负责人，接受采编教师的深入访谈，根据访谈结果约定后续的访谈及调研方式。同时，企业在被采访的过程中，也可以获得案例采编团队的管理问题诊断与咨询服务。

企业需为教师案例调研和采编提供场地、人员、资料、资金等资源支持，如企业内部参观、高管团队访谈、教师差旅费用和专项奖励资金等。

4. 案例编写与成果汇报

采编负责人根据要求，带领案例小组完成案例的编写，开发既能体现企业文化和品牌、讲述中国故事，又适于课堂教学、提升人才培养质量的高水平本土案例。

案例撰写完成后，"企业案例工作坊"将与企业共同开展专家交流研讨会，并通过各种宣传形式，进一步拓展优秀案例和企业的宣传力度。研讨会上，采编负责人分享获奖案例，与与会教师进行交流探讨，同时可以邀请相关领域的知名专家，对案例进行点评，激励案例采编教师团队进行更深入的学习与挖掘。

5. 案例投稿和参赛

采编负责人可以将撰写完成的案例进行投稿和参赛，进一步扩大教师、学院和企业的影响力。若案例成功入库或获奖，企业也可享有在高校领域的宣传效果，为其塑造良好的企业形象。

（三）企业专项奖励

若编写的案例成功被选入国内外知名案例库或获奖，企业需提供给获奖教师以下奖励金：获得中国管理案例共享中心"全国百篇优秀管理案例"，奖金1万元/篇；获得中欧商学院"中国工商管理国际最佳案例奖"，二等奖奖金1万元/篇，一等奖奖金3万元/篇，最佳奖奖金5万元/篇；获得清华大学"卓越开发者"案例大奖赛，三等奖奖金1万元/篇，二等奖奖金3万元/篇，一等奖奖金5万元/篇；入选毅伟案例库，奖金5万元/篇；入选哈佛案例库，奖金5万元/篇。

华南理工大学工商管理学院
华南管理案例研究中心
2023年4月7日